Weinwege genießen in der Südpfalz

Band 1

Mechthild Goetze

Weinwege genießen in der Südpfalz

Band 1: Von Neustadt bis Landau und Speyer

Fotos von Manfred Urban

Hartmut Hillebrand Verlag

Die in diesem Buch beschriebenen Wege wurden von der Autorin alle erprobt. Die Informationen wurden mit großer Sorgfalt recherchiert und geprüft. Dennoch können sich Irrtümer eingeschlichen haben oder es ergeben sich Änderungen nach Drucklegung. Diese werden bei Folgeauflagen selbstverständlich berücksichtigt, der Verlag nimmt entsprechende Hinwese dankend entgegen.
Verlagsprogramm und weitere Informationen: www.hartmut-hillebrand-verlag.de

Die Deutsche Nationalbibliothek verzeichnet diese Publikation in der Deutschen Nationalbiografie; detaillierte bibliografische Daten sind im Internet über http://d-nb.info/1021767719 abrufbar.

ISBN 978-3-942512-01-5
Lektorat: Hartmut Hillebrand
Karten, Layout und Umschlaggestaltung: Manfred Urban, Otterstadt bei Speyer
Fotos auch von Adnan Al-Karghuli, Mechthild Goetze, Hartmut Hillebrand, Dieter Stein, Walter Wipplinger
Gesamtherstellung: ColorDruckLeimen GmbH

Wandern mit Genuss

Wer zu Fuß oder mit dem Rad das Weinland Pfalz durchstreift, erlebt es als ein unübersehbares Rebenmeer. In Weinlaub eingebettet liegen Dörfer und Städtchen, manche in kleinen Tälern. Wer einen dieser Orte besucht, weiß bei den oft so zahlreichen feinen Weingütern nicht: Wo soll ich beginnen, den köstlichen Wein zu probieren?

Da kann dieses Buch vergnüglich von Nutzen sein. Es beschreibt Wege durch das Weinland, erzählt von der Geschichte dieser Landschaft, lässt auch alte Sagen und Geschichten nicht aus. Wer da anfängt zu blättern, beginnt schnell zu träumen und möchte die Orte mit eigenen Augen sehen, die Weine riechen und genießen. So kann sich jeder Südpfalz-Besucher, jede Südpfalz-Besucherin, ein eigenes Weingut- und Weinstuben-Erlebnis-Buch zusammenwandern.

Die Pfalz liegt im Süden des Bundeslandes Rheinland-Pfalz. 144 Weinorte lassen sich vom Zellertal im Norden bis Schweigen an der Grenze zu Frankreich zählen. Das Weinbaugebiet Pfalz ist nach Rheinhessen (ca. 260 km²) mit gut 230 km² Anbaufläche das zweitgrößte in Deutschland. Unterteilt ist es in 2 Bereiche (Mittelhaardt/Deutsche Weinstraße und Südliche Weinstraße).

Im Bereich Südliche Weinstraße, welcher in diesem Buch behandelt wird, gibt es 9 Wein-Großlagen und 114 Einzellagen.

Eine kleine Gruppe von Freunden, begeistert von guten und schönen Büchern, hat mit viel Einsatz das Buch „Weinwege genießen im Kraichgau" auf den Weg gebracht. Der Layouter, Manfred Urban, ist in der Pfalz daheim und wünscht sich ein entsprechendes Buch über seine Heimat. Schnell wird klar: Es wäre schade, die Pfalz in nur einem einzigen Band abzuhandeln. Selbst die Südpfalz allein bietet zu viel, um alles in nur einem Buch unterzubringen. Wir widmen daher dem Pfälzer Weinbaubereich Südliche Weinstraße zwei Bände.

Inhalt

Rundwege

Busfahrt

Radtouren

Wanderweg Deutsche Weinstraße

Frühlingsfahrt

Liegt's an dir, du hohes, weites
Wunderblaues Himmelszelt,
Liegt's an dir, du maiengrüne
Blütenschwere Erdenwelt,
Dass ich wandern, wandern muss,
Wandern muss und singen?

Liegt's an dir, du sonnengoldner,
Sonnentrunkener Feuerwein,
Liegt's an dir, du frühlingslachend
Waldesfrisches Mägdelein,
Dass ich weilen, weilen muss,
Weilen muss und trinken?

Wandern - weilen - weilen - wandern:
So zerrinnt mein Erdenwallen.
Singen - trinken - küssen - winken!
Und ich tauscht' mit keinem andern,
Bin der Glücklichste von allen!

Fritz Eckerle (1877-1925) aus Frankweiler!

Rebenlandschaft bei Frankweiler

Goldwäscherin von Martin Mayer, 1992

Rundgang in Speyer

Kurzinformation zum Ort

Speyer

gut 50.000 EW; uraltes weinfrohes Städtchen am Rhein; berühmt durch seinen Dom.

Wein & Sehenswert

Speyrer Altstadtfest (Sept.): in d. Gassen nördl. des Doms

Speyrer Weinprobe (Okt.): Weinverkostung an Ständen auf der Maximilianstraße

Weinhandel + Weinstuben

Restaurant Philipp eins: Johannesstr. 19

Backmulde: Karmeliterstr. 11

Restaurant Paparazzi: Ludwigstr. 2

... Weiteres siehe S. 171 f.

Weinlage:

Speyer ist kein Weinort im engen Sinne, aber Nachbarort Römerberg zählt zur:

Großlage Trappenberg (Bereich Südliche Weinstr.)

„Römerberger Narrenberg" (3 ha) Boden Lehm (liegt 92-117m hoch)

Kreuzgang Augustinerkloster

Domnapf

Weinweg 1

Speyer

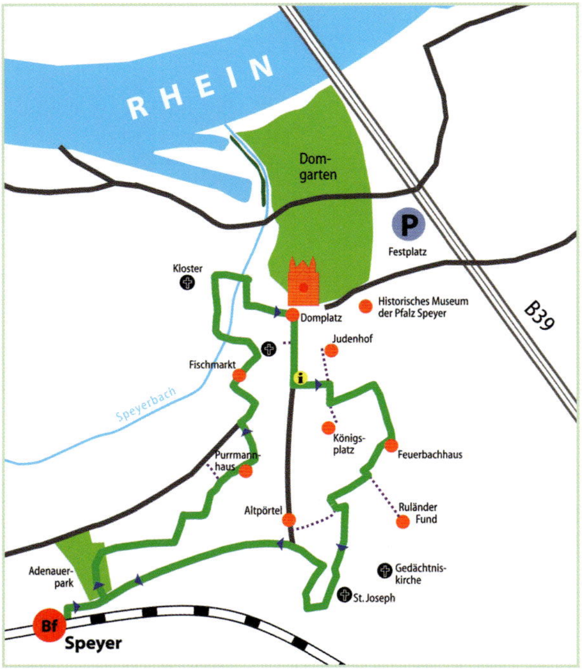

Start/Ziel: Speyer, Hauptbahnhof (Bahnhofstr. / Prinz-Luitpold-Str.)

Anfahrt: S-Bahn (Germersheim - Speyer - Ludwigshafen - Mannheim - Heidelberg - Karlsruhe)

Stadtbusse 561-564; Bus BRN 573 (Neustadt - Speyer) u.a.

Weglänge: 4,5 km / 3 Std.

Anforderung: Dieser Stadtbummel zum Genießen ist auch für Kinderwagen geeignet. Der Rundweg lässt sich jederzeit unterbrechen und kann bei einem nächsten Speyer-Besuch fortgesetzt werden. Es müssen ja auch die vielen feinen Weinlokale getestet werden! Wer eines Tages alles gesehen hat, fährt mit dem Rad „Vom Rhein zum Wein" nach Edesheim (siehe Weinweg 9).

km

Wegverlauf

Beim **Hauptbahnhof** von Speyer (*1) wird - das Bahnhofsgebäude im Rücken - die **Bahnhofstraße** überquert (Ampel). *Hier, beim Gasthaus Poseidon, prostet uns Gambrinus zu, allerdings mit Bier, nicht mit Wein.*

0,2 Wir gehen nach rechts zum **Adenauerpark** (*2) (0,2 km), den wir durchqueren. Es gibt hinter der Kapelle nach rechts einen Ausgang zur Straße **Hirschgraben**.

Auf der anderen Straßenseite folgen wir der Treppe hinauf und verlassen durch die alte Stadtmauer die ehemalige Vorstadt Altspeier. *Vor der Stadtmauer war ein Graben, Hirschgraben heißt daher die Straße heute. Am Westende der Mauer stand der Rote Turm, man riss ihn ab, als man nach den Napoleonischen Kriegen Geld brauchte (1819).*

km

0,4 Wir stehen hier auf dem Weidenberg (*3) (0,4 km). In uralter Zeit steht hier das Missions-Konvikt St. Guido (links/Nr. 17). *(Hinter dem Gebäude erblicken wir die alte Kirche im neuen Gewand - als Synagoge.)*

Wir folgen der **St. Guido-Straße** hinab, gehen am Ende (0,6 km) nach links weiter hinab (= **Rützhaubstr.**), dann nach rechts in die **Gutenbergstraße**. Links weitet sich ein Platz vor der Sparkasse - mit Skulptur und Brunnen (0,7 km).

km

Wir gehen auf die Sparkasse zu, lassen diese links liegen, wenden uns dann nach rechts einem Rest des alten Augustiner-Klosters zu. Wir überqueren die **Hagedornsgasse** dahinter

0,9 (0,9 km) ...

→ **Abstecher Restaurant** (70m)
An der **Hagedornsgasse** nach links zur **Johannesstraße** mit **Philipp eins**.

... und folgen geradeaus der **Kleinen Greifengasse**. Vorbei geht es am Geburtshaus des Malers Hans Purrmann (rechts/Nr. 14) zur **Großen Greifengasse** (1 km). Am Eckhaus zu erkennen ist: *dies ist einst das Haus der Speyerer Weber-Zunft „Zum Greifen“* (rechts/Nr. 6). Wir wenden uns nach links. Bei Nr. 9 (links) gibt es ein altes Wirtshausschild mit Reben. Gegenüber, das Bistumshaus St. Ludwig (rechts/Nr. 8) ist heute *Bildungshaus des Bistums Speyer.*
Wir treffen auf die Johannesstraße (1,1 km). *Vor uns sind kleine Häuschen beim Straßenschild Elendherberge zu erspähen. Als im Mittelalter viele Menschen von Pilgerstätte zu Pilgerstätte ziehen, finden sie in Speyer dort im Elendherberg-Almosen Quartier. („Elend“ bedeutete: im fremden Land befindlich.)*
Wir folgen der **Johannesstraße** nach rechts bis zur Heilig-Geist-Kirche (von 1702; 1,2 km). Gegenüber der Kirche führt nach links die **Hahnengasse** hinab zum **Fischmarkt**. Bei ihm gehen wir nach rechts zum Stelzenfisch-

1,3 Brunnen von Stefan Forler (1,3 km).
Am Brunnen vorbei gehen wir einige Schritte zur St. Georgengasse und blicken hier nach rechts. *Dort trägt der alte Torbogen zum St. Georgen-Hospital (*4) als Schlussstein den „Spitäler“, einen Bettelmann (1764). Und hinter dem Hospital beim Georgsturm (Läutturm der Dreifaltigkeitskirche) wird im 30jährigen Krieg*

km

Johann Joachim Becher (1635-82) geboren. Der wird später Kaiserlicher Hofrat in Wien. In Speyer gibt es das J.J.Becher-Haus im Judenhof.
Wir gehen nun am Kutscherhaus (links/Fischmarkt 5a) vorbei, *es ist einst das Kutschen- und Gesindehaus für einen Tabakfabrikanten.*
Wir erreichen dahinter den entzückenden **Holzmarkt**, der leider auch Parkplatz ist. Zwischen den kleinen Häuschen fällt nach links der Blick auf ein auffällig großes Haus (Nr. 10) *- das war die Zehntscheuer des Domkapitels.*
Wir folgen geradeaus der schmalen **St. Veltengasse** zur Ruine des Retscherhofs (*5).
Die Gasse biegt nach links (= **Margaretengasse**), unter einem Dach aus Reben gehen wir zum **Mittelsteg** und gelangen über den

1,5 Speyerbach (*6)(1,5 km).
Wir folgen nach rechts der **Hasenpfuhlstraße**, vorbei an farbenfrohen „Fischerhäuschen“ kommen wir zum Kloster St. Magdalena (links/Nr. 32; 1,7 km). An der Klostermauer hängt eine Gedenktafel für Edith Stein (*7). Wir biegen hier nach rechts und gehen über die **Sonnenbrücke**, *der einzigen in Speyer erhaltenen spätmittelalterlichen Brücke*, über den Speyerbach. Es gibt hier eine Edith Stein-Skulptur. Auf der anderen Seite liegt idyllisch das **Gasthaus Zum Halbmond** (Nikolausgasse 4; 1,8 km).
Wir folgen nach rechts der **Tränkgasse** und an ihrem Ende nach links der **Stuhlbrudergasse** zum **Domplatz**. Vorn an der Ecke bietet das **Wirtshaus Zum Domnapf** (rechts/Domplatz 1) einen prächtigen Blick auf den Speyerer Dom (*8).
Wir steuern den großen Domnapf (*9) auf

2,1 dem **Platz** vor dem Dom an (2,1 km).
Dem Dom gegenüber umrahmt die Bischofspfalz den Platz (Domplatz 1c, 2, Maximilianstr. 1-4;

Speyer

km

erbaut um 1704). Quer über den Platz nach Süden fällt der Blick auf das Historische Museum der Pfalz Speyer (*10). *Zwischen Bischofspfalz und Museum wohnten einst die Domherren, so lebte im Haus „Zum großen Senfgarten" (Domplatz 4) Freiherr von Beroldingen, den 1779 der Dichter Goethe besuchte (*11).*

Wir werfen auch, den Dom im Rücken, einen Blick in die Große Himmelsgasse (sie verläuft rechts parallel zu der breiten Maximilianstraße) zum Hotel Domhof. *Dort stand im Mittelalter der Ratshof, darin die Reichstage abgehalten wurden und wo das Reichskammergericht tagte (*12).*

Wir setzen unseren Weg auf der breiten **Maximilianstraße** fort, vorbei an Freiluft-Cafés. *Im Mittelalter wäre hier lautes Marktgetümmel zu erleben. Ihren Namen erhält die Straße, als Speyer zu Bayern gehört, zum 60. Geburtstag von König Maximilian I. (1756-1825).*

Dem Stadthaus gegenüber steht das alte Regierungsgebäude, das Lichtenbergersche Haus (links/Nr. 5). Dann, rechts, das Hohenfeldsche Haus (Nr. 99), *in welchem 6 Jahre lang die Schriftstellerin Sophie de La Roche lebte.*

Nun steht ein Pilger auf der Straße (2,2 km), *er „pilgert" nach Santiago de compostela.* Bei ihm erblicken wir nach rechts die Dreifaltigkeitskirche.

Linker Hand befindet sich das Hotel **Tor zur Pfalz** mit Weinstudio (links/Nr. 7-9). Bald dahinter stehen wir beim stolzen Rathaus mit

2,3 **Ratskeller** (links/Nr. 12; 2,3 km).

Hinter dem Rathaus führt ein kleiner Gang nach links, vorbei an der **Tourist-Information** (Nr. 13), in den **Kulturhof Flachsgasse**. Im Hof stehen Skulpturen, es gibt attraktive Räume von Speyerer Kunstverein und Städtischer Galerie. Durch den Hof gelangen wir zur

km

2,4 **Kleinen Pfaffengasse** (2,4 km).

→ **Abstecher Judenhof** (80m)
Der **Kleinen Pfaffengasse** nach links folgen. Hinter der Judengasse (20m) liegt die **Weinstube Eulenspiegel** (Nr. 23), dann der Judenhof (*13) (Nr. 21).

Wir folgen der **Kleinen Pfaffengasse** nach rechts und kommen zur Herdstraße (2,5 km). Vor uns liegt der **Königsplatz**, ein Park- und Marktplatz. *Hier etwa ist das Zentrum der römischen Stadt Speyer zu denken.*

→ **Abstecher Wittelsbacher Hof** (110m)
Wer weiter der **Kleinen Pfaffengasse** folgt, kommt schnell zum Wittelsbacher Hof (*14) mit **Restaurant Paparazzi** (rechts/Ludwigstr. 2).

Wir gehen nach links in die **Herdstraße**. Vom Tor Nr. 39 (rechts) prostet uns eine Skulptur zu. Vorbei am **Bistro Cristo** (links/Nr. 5) kommen wir zur Mönchsgasse (2,6 km).

Wir gehen nach rechts auf der **Mönchsgasse** zur Allerheiligenstraße. Hier sehen wir rechts das **Feuerbachhaus** (*15) mit Weinstube. Wir folgen - daran vorbei - der **Allerheiligenstraße**

2,9 bis zur Ludwigstraße (2,9 km).

→ **Abstecher zum Ruländer-Wein** (200m)
An der **Ludwigsstraße** nach links zur **Marienstraße** gehen. *Dort bei dem Eckhaus Nr. 2 wurde 1711 der Ruländer Wein entdeckt (*16).*

Wir gehen über die **Ludwigstraße** im Prinzip geradeaus weiter (= **Roßmarktstr.**). *Linker Hand steht im Mittelalter die Stadtmauer.*

Wir gehen nach links über das **Schulplätzel**

3,0 (3 km) und verlassen so durch die „Stadtmauer" die alte Stadt. Hier zeigt ein Brunnen ein Einhorn. *Das „edelste aller Fabeltiere" steht*

km

3,1 *für das Gute!* Hinter dem Plätzel verläuft die Karmeliterstraße (3,1 km).

→ **Abstecher Restaurant** (70m)
Auf der **Karmeliterstraße** nach rechts zur **Backmulde** (rechts/Nr. 11).

Wir folgen der **Karmeliterstraße** nach links und gehen sogleich nach rechts in die **Große Gailergasse**. Bald erblicken wir linker Hand in der Ferne die Türme der Gedächtniskirche. Am Ende der Straße liegt ein archäologisches Schaufenster (links/Nr. 13; 3,3 km).
Wir überqueren dahinter die **Gilgenstraße** und gehen auf die Kirche St. Joseph zu. *St. Joseph zeigt katholische Vielfalt (Jugendstil, Spätgotik, Barock, Renaissance) gegenüber protestantischer Strenge bei der in Sichtweite liegenden Gedächtniskirche!*
Wir gehen über den Kirchhof, der Weg endet hinter einem Parkplatz (3,4 km). Hier nach rechts, vorbei an einem Kneipp'schen Wassertretbecken, geht es zu einem winzigen Platz mit Kunst und Bänken (3,5 km).
Vor ihm gehen wir nach rechts zur **Kapuzinergasse**. Ihr folgen wir nach rechts zur **Gilgenstraße** (3,6 km).
Nach links erreichen wir den Postplatz mit Altpörtel. Das alte stolze Postamt ist heute Einkaufszentrum (3,7 km).
Wir folgen geradeaus der **Bahnhofstraße**. Dabei kommen wir vorbei an der auffälligen Villa Ecarius (rechts/Nr. 54) und dem Adenauerpark
4,5 (rechts/4,4 km) zum Bahnhof (links; 4,5 km).

Weberzunft „Zum Greifen"

Wandbild beim „Siebenweiberhof" in der Herdstraße

Geschichte(n)

*1. Speyer-Besuch mit (Wein-)Genuss

Wer heute Speyer besucht, besichtigt den Dom, das alte Judenbad und genießt das Leben an der Maximilianstraße. Schon viele sind in diese weinfrohe pfälzische Stadt gekommen.

Johann Wolfgang von Goethe, der große deutsche Dichter, besucht Speyer zweimal (1775 + 1779) und schreibt: „Für eine Stadt wie Speyer brauchte ich länger als drei Tage und sah sie nur halb." Damals wächst Wein noch nah der Stadt, gut 60 Jahre zuvor ist hier die Ruländer-Rebe entdeckt worden. Wein ist damals an der Haardt und auch in der Rheinebene das am meisten konsumierte Alltagsgetränk. Erst im 19. Jh. wird das Biertrinken in der Pfalz üblicher. Wein jedoch wird weiterhin „ungemein viel im Rheinkreis konsumiert", notiert der in Speyer geborene Publizist Georg Friedrich Kolb (1808-84).

*2. Im Adenauerpark

In diesem Park wachsen herrliche alte Bäume wie Zimtahorn und Zürgelbaum. In uralter Zeit ist dieser Park ein Friedhof, noch heute sind rund um die Gotische Kapelle „Unsrer lieben Frau" verwitterte Grabsteine zu entdecken.

Ein Speyerer Ratsherr schenkt im Mittelalter seinen Garten der Stadt, für eine Begräbnisstätte für Arme und Fremde. Als der Friedhof 1881 geschlossen wird, versinkt er in einen Dornröschenschlaf. Später entsteht auf einem Teil des Geländes die Kirche St. Bernhard, der Rest wird zum Adenauerpark gestaltet. Damals ist Konrad Adenauer (1876-1967) Bundeskanzler der Bundesrepublik Deutschland. Mit seinem Zitat „Ein gutes Glas Wein ist geeignet, den Verstand zu wecken" passt er gut in diese weinfrohe Stadt.

*3. Auf dem Weidenberg

Auf dem Weidenberg nimmt im Pfälzischen Erbfolgekrieg Speyers „Großer Brand" seinen Anfang:

1689 plündern die Truppen des französischen Sonnenkönigs Ludwig XIV. (1638-1715) Speyer. Der französische Kriegsberichterstatter Du Mont notiert: „Sie vermögen sich keine Vorstellung davon zu machen, welche Menge Wein in Speyer eingelagert war. Man könnte damit eine Stadt wie Paris auf länger als einen Monat versorgen, und zwar mit dem besten, der überhaupt getrunken werden kann."

Nun, am Dienstag nach Pfingsten (31. Mai), setzen die Soldaten hier auf dem Weidenberg erste Häuser in Brand. Es herrscht Windstille, das Feuer breitet sich nur langsam aus. Am Morgen erreicht es die Gassen beim Dom, greift auf die Häuser am Markt über, schließlich brennt es auch beim Altpörtel. Fieberhaft versuchen bischöfliche Bedienstete den Dom zu retten. Bei Anbruch der Nacht braut sich ein Gewitter zusammen und ein orkanartiger Sturm treibt das Feuer voran. Die Flammen ergreifen die Herdstraße und ziehen zur Pfaffengasse. Ein Funkenregen trifft die vordere Domkuppel. Bald beginnt die hintere Domkuppel zu brennen, es fangen die Bleiplatten auf dem Dach an zu schmelzen, schließlich ist das Dominnere von Rauch erfüllt ... Die Franzosen hinterlassen in Speyer nur verbrannte Ruinen.

Tor zum Adenauerpark

Retscher

*4. „Der wohlfeile starke Wein"

1711 steht in Speyers Chronik: Fremde würden oft klagen, sie müssten, wenn sie sich eine zeitlang in Speyer aufhielten, eine Krankheit überstehen. Doch sei zu bedenken, dass die Fremden vielleicht selbst daran Schuld seien, weil „zu Speyer der wohlfeile starke Wein oft Gelegenheit zu unordentlichem Leben" gibt.

*5. „500 Wagen kommen ..."

Bei der Ruine des Retscherhofs lässt sich noch vage ahnen, wie Speyer nach dem Brand 1689, als in der Stadt überall nur Ruinen stehen, ausgesehen haben mag. Der Retscher ist heute das einzige mittelalterliche Gebäude der Stadt. Über seine gotische Mauer hinweg ist malerisch die Dreifaltigkeitskirche samt Läutturm mit der goldenen Kugel auf dem Dach zu erblicken.

Das Anwesen lässt sich 1240 die Patrizierfamilie Retschelin errichten. Später dient es als Gerichtshaus, Zeughaus und Ratsschule (Retscher-Gymnasium), ist auch Betsaal der Lutheraner.

Ehe die Franzosen 1689 die Stadt verbrennen, müssen sich alle Speyrer und Speyrerinnen im Hof des Retschers versammeln. Hier erfahren sie, dass sie die Stadt verlassen müssen. Ein Bürger schreibt am Tag darauf (gekürzt): ... weil uns gestern Abend um 5 Uhr die schreckliche Botschaft angekündigt wurde, dass wir innerhalb von 6 Tagen diese Stadt zu verlassen hätten. Denn der König könne seine Völker nicht in hiesiger Gegend belassen und so große Städte bewahren, er habe andernorts für sie Verwendung. Das Allerschlimmste: keinem Menschen soll erlaubt werden, über den Rhein zu ziehen. Alle sollen sich ins Oberelsass, nach Burgund oder Lothringen begeben. Es sollen 500 Wagen hierher kommen, die die Güter der Bürger kostenlos abtransportieren. Das Jammern und Klagen ist unbeschreiblich.

*6. Großer Weinumschlagplatz

Wo der Speyerbach in den Rhein mündet, wird schon 1084 ein Rheinhafen erwähnt. Im Mittelalter gilt Speyer als größter Weinumschlagplatz am Oberrhein. Pfälzer und rheinhessische Weine werden von Speyer aus in alle Welt verschifft.

*7. Edith Stein, heilig gesprochen

8 Jahre lang lebt in Speyer die zum katholischen Glauben konvertierte jüdische Philosophin Edith Stein. Sie hat sich 1922 in Bergzabern taufen lassen und ist hier im Kloster St. Magdalena als Lehrerin tätig. 1930 besucht sie mit einer Schulklasse das Weingut Müller in Maikammer (Hartmannstr. 35/37). Dort stärken sich alle mit Kuchen und Neuem Wein. Heute wird dort Edith-Stein-Wein angeboten.

Edith Stein wird später Nonne. Dennoch ergreifen die Nationalsozialisten sie als Jüdin und lassen sie in Auschwitz vergasen.

Um diese Frau selig zu sprechen, kommt Papst Johannes Paul II. 1987 persönlich nach Speyer.

Kloster St. Magdalena

1232: als Kloster gegründet
1708: neue Klosterkirche (alte war 1689 abgebrannt)
1802-07: Kloster ist aufgehoben
1923-31: Edith Stein (1891-1942) ist Lehrerin hier
1998: E. Stein wird heilig gesprochen
heute: Ausstellung zu E. Stein in ihrem alten Zimmer

Kloster St. Magdalena

*8. „... der größte Dom"

Kaum ist der Salier Konrad II. (990-1039) zum Kaiser ernannt, beschließt er: Hier, in diesem „Küh-Städtchen" Speyer, soll der größte Dom der Christenheit entstehen! Als er stirbt, ist sein Dom längst nicht fertig. Erst unter Heinrich IV. (1050-1106), seinem Enkel, wird der gigantische Bau geweiht (1061). Der Dombau verändert Speyer. Hunderte von Handwerkern kommen, dazu Händler und Kaufleute.

Mehr als 500 Jahre steht der Dom nun an seinem Platz. Er sieht Ehrenvolles und Elend, sieht 50 Reichstage, sieht das Reichskammergericht. Dann kommt der Pfälzer Erbfolgekrieg und der Dom brennt wie ganz Speyer (1689).

Am Ende bestimmt Kaiser Napoleon, als Speyer zu Frankreich gehört: Der Dom wird die katholische Pfarrkirche der Stadt (1806)!

Speyrer Dom
1061: Weihe
1689: Zerstörung
1778: Wiederherstellung
1794: Verwüstung in der Franz. Revolution
1806-22: Wiederherstellung
seit 1981: Weltkulturdenkmal der UNESCO

*9. 1.580 Liter Wein passen hinein

Der Domnapf, auf dem weiten Platz vor dem Speyrer Dom, stammt von 1490. Doch gibt es vorher schon einen anderen Napf. Der Napf zeigt die Grenze zwischen der Freien Reichsstadt Speyer und der Dom-Immunität. Wer sich aus der Stadt zum Napf flüchten kann, darf nicht mehr belangt werden.

Jeder neue Bischof, frisch gewählt, lässt den Domnapf mit Wein füllen - 1.580 Liter passen hinein. Das Volk drängelt, schöpft den Wein in hölzernen Bechern und trinkt auf das Wohl des geistlichen Herrn. Manch einer fällt bei der Drängelei in den Napf, manch einer wird trunken davongetragen. Wird heute der Napf gelegentlich mit Wein gefüllt, dann nicht kostenlos, dafür aber streng hygienisch.

Die Salier sind die Gründer des Doms. Ihnen gehören, als sie herrschen, viele heute noch berühmte Weinlagen in der Pfalz. Im Andenken daran wird seit 1998 eine „Salierweinprobe" alle 2-3 Jahre begangen. Dabei werden ausschließlich Weine aus ehemaligen Lagen der Salier oder des Speyerer Doms gereicht.

2011, als Speyer ein dreifaches Festjahr begeht (900 Jahre Kaiserkrönung Heinrichs V. (†1125) & Verleihung der Bürger-Privilegien, 950 Jahre Domweihe) wird auch der Domnapf „zu des Volkes Lust und Fröhlichkeit" gefüllt. Den Wein liefern die „vier Schwaaben", Cousins aus Kirrweiler, dem ehemaligen Fürstbischöflichen Oberamt.

Domnapf
1314: erstmals erwähnt
2011: Festwein = „Domnapf-Cuvee" aus Kirrweiler

*10. Speyer und der „Römerwein"

Im Historischen Museum der Pfalz Speyer gibt ein Weinmuseum einen Einblick in die Kulturgeschichte des Weinbaus. Ehrfurcht kommt auf, steht man da vor einer Glasflasche mit zwei angesetzten Henkeln. Der älteste Wein der Welt befindet sich darin, abgedichtet mit Olivenöl. Mehr hat es nicht gebraucht, um ihn vom Jahr 325 bis heute zu konservieren. Das Gefäß wird 1867 bei Ausschachtungsarbeiten zwischen Speyer und Berghausen entdeckt.

Es stehen in dem Museum weitere Kostbarkeiten der Weinkultur. Als älteste Weinpresse gilt eine riesige Baumkelter von 1727. Sie steht, ebenso wie die großen 5.000 Liter Fässer, seit Gründung dieses Weinmuseums 1910 an gleicher Stelle. Das Museum ist damals weltweit die 1. öffentlich zugängliche Spezialsammlung seiner Art.

*11. Goethe in Speyer

Der Dichter Johann Wolfgang von Goethe (1749-1832), bekannt für seine große Reiselust, kommt 30jährig nach Speyer. Die Bildersammlung des Freiherrn von Beroldingen (1738-1816) will er sehen. Darüber schreibt er an Charlotte von Stein, einer Freundin in Weimar: „Wir fanden manches Gute an Gemälden, aber alles durcheinander gekramt."

Johann Wolfgang von Goethe war auch ein vergnügter Weingenießer. Für ein Zitat in seinem „Faust" (Auerbachs Keller) ließ er sich vielleicht gar in Speyer inspirieren? „Ein echter deutscher Mann mag keinen Franzen leiden, Doch ihre Weine trinkt er gern". Bekannter jedoch ist sein Spruch aus dem Westöstlichen Divan:

„Für Sorgen sorgt das liebe Leben,
Und Sorgenbrecher sind die Reben".

*12. Der Speyrer Reichstag 1529

In alter Zeit sah Speyer viele Reichstage. Besonders erinnerungsträchtig ist der Reichstag 1529, als viele Fürsten ihren Protest gegen die Vorherrschaft der Katholischen Kirche zeigten.

Stets vergehen Wochen, ehe sämtliche Herrscher für einen Reichstag zusammentreffen. Damals, 1529, zieht König Ferdinand I. (1503-65) am 4. März in die Stadt, 8 Tage später als angekündigt. Der König (er wird 30 Jahre nach diesem Reichstag zum Kaiser gewählt werden) ist ein strenger Herrscher, streng auch den Wein betreffend. Für seine Residenz Wien hat er verordnet, dass die Felder und Wiesen nicht zu Weingärten gemacht werden dürfen (1534).

Landgraf Philipp von Hessen trifft 2 Wochen nach dem König ein, mit 200 Pferden, 8 Trompetern und 12 Trabanten. Er bezieht das Eckhaus Johannesgasse / Mehlgasse.

Versammlungsort der Reichstage ist der Ratshof. Dort tagt ab 1530 auch das Reichskammergericht. Es wacht in Speyer 162 Jahre lang über das Recht als letzte Instanz für all die vielen Fürstentümer und freien Städte damals.

1689 verbrennt dieser Ratshof, das Reichskammergericht tagt danach in Wetzlar.

Hotel Domhof, Große Himmelsgasse 6
1340-1689: steht dort der Ratshof
1529, 15.3.-22.4.: Reichstag
1530/31-1689: tagt in Speyer d. Reichskammergericht
1990: Eröffnung des Hotels Domhof

*13. In Speyers jüdischem Viertel

Im Mittelalter lebt in Speyer eine große jüdische Gemeinde. Die Juden nützen mit ihrem europaweiten Handel, auch Weinhandel, der aufstrebenden Stadt.

Traubenidylle im alten Fischerviertel

*14. Im Wittelsbacher Hof

Im Wittelsbacher Hof, einst das renommierteste Hotel der Stadt, verkehrt in alter Zeit auch der Wittelsbacher König Ludwig I. von Bayern (1786-1868). Der regiert auch die damals bayrische Pfalz. Er ersetzt bei „Bayern“ und „Speyer“ das „i“ durch ein „y“, hebt gar die Pressezensur auf, jedoch scheitern viele seiner Ideen. Als sich ab 1830 die revolutionäre Bewegung formiert, wird König Ludwig zunehmend reaktionär, er beseitigt auch die Pressefreiheit wieder. Das Hambacher Fest 1832 zeigt die Unzufriedenheit der Pfälzer.

1846 kommt die Tänzerin Lola Montez (1818-61) nach München und wird die Geliebte des Königs. Bald stellt sich die Familie gegen ihn und er muss zugunsten seines Sohnes Maximilian II. (1811-64) abdanken. Er lebt danach noch 20 Jahre.

Jahrzehnte später, als Inflation, Arbeitslosigkeit und politische Unsicherheit das Leben prägen, besetzen die Separatisten das linke Rheinufer (Nov. 1923). Sie wollen die Pfalz vom Deutschen Reich abtrennen. Im Wittelsbacher Hof jedoch endet ihr Aufstand am 9. Januar 1924, dabei kommen der Separatisten-Präsident, Mitarbeiter und Angreifer ums Leben.

Wittelsbacher Hof, Ludwigstr. 2
1822: wird Poststation mit Gaststätte, erhält den Namen Wittelsbacher Hof (nach den Wittelsbachern)
1924: Anschlag auf die Separatisten

*15. Beim Feuerbachhaus

Anselm Feuerbach, einer der bedeutendsten deutschen Maler des 19. Jh., kommt in Speyer zur Welt. In seinem Geburtshaus erinnert heute eine Ausstellung an ihn und seine berühmte Familie.

Anselms Mutter Amalie ist an Schwindsucht erkrankt. Kein halbes Jahr zählt Anselm, als sie stirbt. Danach schickt der Vater, ein Archäologe, Sohn und Tochter nach Ansbach zu den Großeltern. 4 Jahre leben sie dort, dann heiratet der Vater erneut. Die Geschwister kehren nach Speyer zurück. Doch nach 2 Jahren (1836) zieht die Familie nach Freiburg.

Anselm verehrt seine Stiefmutter, welche später als Witwe in Heidelberg lebt. Oft ist er dort bei ihr zu Gast. Speyer jedoch besucht er nie wieder. Als Maler malt er riesige Historienbilder, Mythologisches und Porträts. Er ist noch ganz jung, da entsteht sein 1. Ölbild - und das hat mit Wein zu tun: Windgötter, dem Bacchusknaben Trauben stehlend.

Feuerbachhaus, Allerheiligenstr. 9
12.9.1829: Anselm Feuerbach (1829-80) kommt hier zur Welt
1848: A.F. malt „Bacchusknaben...“ (heute in Worms)

*16. Ruländer Wein

„Es hat Speyer im Mittelalter einen köstlichen roten Wein, Gänßfüßer genant, außerdem Mandeln und andere herrliche Früchte“. 1781 reist der Karlsruher Professor Heinrich Sander in das damals bescheidene Städtchen Speyer und schreibt weiter: „Beym Abschied gaben mir meine Freunde noch sehr guten rothen und weißen Speyerer Wein zu kosten, der viel Lieblichkeit und Feuer hatte.“ Wurde ihm da der Ruländer serviert, den Johann Seeger Ruland (1683-1745) 1711 in Speyer entdeckt hatte?

Johann Ruland ist verheiratet mit der Tochter des Speyerer Bürgermeisters. Als sein Schwiegervater 1708 stirbt, fällt ihm ein reiches Erbe zu, und er kauft einen Garten an der heutigen Ecke Ludwigstraße / Marienstraße. Der Garten, der einem Assessor vom Reichskammergericht gehört hatte, ist verwildert. In dieser Wildnis nun entdeckt Handelsmann Ruland zwei Rebstöcke und beschließt, die Trauben besonders zu lesen.

Im Folgejahr, an einem heißen Sommertag, sind Mann und Weib im Garten und bekommen Durst. „Was aus den Trauben wohl geworden ist?", denkt da Johann Seeger Ruland. Er und seine Frau trinken davon und finden den Wein süß und lieblich.

Das heimliche Feuer des Weins bringt sie auf die Idee, von diesen beiden Stöcken Ableger zu nehmen. Bald will jedermann davon haben, obwohl Johann Ruland als Handelsmann einen stolzen Preis verlangt. 1758 wird gemeldet: der vortreffliche Wein, der Gänßfüßer, der in Menge in Speyer wachsen soll - das war einmal. Heutigen Tages könne man anstatt Gänßfüßerwein den Rulandswein einsetzen. Der Name „Speirer", den Handelsmann Ruland seiner Entdeckung gegeben hatte, ist vergessen.

Doch macht dem Ruländer bald die Konkurrenz des Traminers zu schaffen. Außerdem erlauben damals die Zehntherrn keine Vorlese für frühreife Sorten. Oft verfaulen daher die Ruländer-Trauben. So findet man um 1830 kaum noch Ruländer in der Rheinpfalz. Anders sieht es damals in Baden aus, wo man Ruländersetzlinge aus der Pfalz z.B. im Kraichgau (in Unteröwisheim bei Bruchsal) pflanzt.

In Speyer selbst schwinden die Weinberge ganz, bis die Ruländer-Akademie wieder einen Ruländer-Wingert nicht weit vom Tafelsbrunnen, kurz vor Berghausen, anlegt. Auch vergibt die Akademie jährlich Preise für Ruländer-Weine aus der Pfalz.

Auf dem Grundstück, auf welchem die Ruländerreben entdeckt worden sind, steht heute ein Haus mit Gedenktafel.

Als Hauptanbaugebiet des Ruländers gilt heute der Kaiserstuhl in Baden. Dort geht die Anekdote:

Ein Arzt rät einem alten Bäuerlein wieder einmal, es solle doch wenigstens morgens den schweren Ruländer meiden.
Worauf der Mann entsetzt ausruft: „Aber Herr Doktor, soll ich vielleicht meinen Kaffee trocken runterschlucken?"

Ruländer
um 1711: J. S. Ruland entdeckt unbekannte Rebstöcke
um 1960: Gründung der Ruländer-Akademie
1983: Weinberg am Narrenberg (1.500 m² Ruländer)
seit 1992: Ruländerpreis - für pfälz. Ruländer-Weine

Altes Tor zum St. Georgenhospital & Dreifaltigkeitskirche

Rund um Hochstadt

Kurzinformation zum Ort

Hochstadt / Pfalz
(Verbandsgemeinde Offenbach an d. Queich)

ca. 2.500 EW; Bauern- und Winzerort, aus Ober- und Niederhochstadt zusammengewachsen.

Wein & Sehenswert

Weinlehrpfad mit Hochstadter Turm (1,4 km)

Weingüter + Einkehren

Weingut Stern: Hauptstr. 199

Weingut Schweder: Hauptstr. 211

... Weiteres siehe S. 150 f.

Weinlage:

Großlage Trappenberg (Bereich Südliche Weinstr.)

„Hochstadter Roter Berg“ (gut 300 ha); Boden: sandiger Lehm + Löss + Ton (liegt 130-150m hoch)

Ein Haus für Naturfreunde

Hochstadter Turm

Sitzgruppe bei Reben

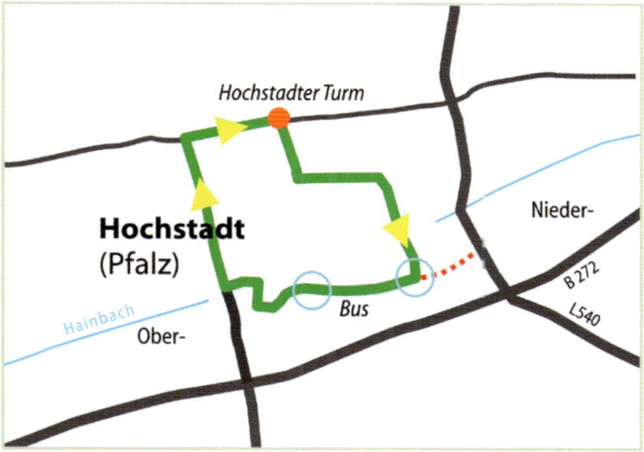

Start/Ziel: Hochstadt, beim ev. Pfarramt (Hauptstr. 119)

Anfahrt: bis „Hochstadt, Siedlung" mit Bus 587 (Landau - Dammheim - Bornheim - Hochstadt - Freimersheim - Germersheim)

Weglänge (ohne Abstecher): 4,3 km / 1,5 Std.

Markierung (M): Roll- un Schlapp-Tour (Bornheim, Essingen, Hochstadt, Offenbach)

Karte: Südpfalz. Wandern u. Radfahren zwischen Rhein & Reben; 1:40.000. - Pietruska-Verl., 2012

Anforderung: Abwechslungsreich geht es durch Weinberge und durch Hochstadt mit seinen schönen Fachwerkhäusern. Ein Abschnitt ist unbefestigt, dennoch eignet sich der Weg auch als kleine Radtour und für Kinderwagen.

Wegverlauf

km

Das **Pfarrhaus** im Blick folgen wir der **Hauptstraße** nach links und gehen sogleich vorbei an der **Weinstube Sterne Sepp** (links/Nr. 104). Wir kommen bald ins alte **Oberhochstadt** zu einigen märchenschönen Fachwerkhäusern und dem stolzen **Rathaus** (*1)(Nr. 75). Diesem gegenüber liegt das Haus der **Naturfreunde**. Hinter dem Rathaus treffen wir auf das **Weingut Wolfgang Fischer** (rechts/Nr. 73). Wir kommen zur **Kirche** (0,4 km).
Gegenüber führt nach rechts die **Rathausgasse** hinab. An ihrem Ende (0,6 km) gehen wir nach links (= **Obere Brückengärten**) bis zu
0,7 einer Kreuzung (0,7 km).

→ **Abstecher Hainbachhof** (100m)
Geradeaus geht es zu dem Weingut Hainbachhof mit Pferden.

Wir wenden uns nach rechts. Hinter dem Friedhof beginnt ein schattiger Hohlweg hinauf in die Weinberge. Oben finden wir eine Sitzgruppe mit Findling „Flurbereinigung Auf dem Berg 1998-99" (1 km).
Wir gehen geradeaus weiter. Bei Reben geht es hinab, dann hinauf zum Start des **Weinlehr-**
1,6 **pfads** mit Schautafel (1,6 km).
Wir gehen nach rechts (Reben vom Weingut Andreashof aus Queichheim, Hauptstr. 116). Schautafeln zeigen uns Chardonnay, Riesling, Grauburgunder und mehr. Vor uns im Blick haben wir den Hochstadter Turm.
Beim Turm (2,2 km) wenden wir uns nach rechts hinab auf einem Schotterweg. Der Weg biegt am Ende (2,5 km) nach rechts und führt dann hinauf. Oben (2,6 km) gehen wir nach links weiter auf einem Wiesenweg vor Reben. Still ist es hier, der Blick ist fantastisch, nur

km

Schatten fehlt, falls die Sonne heiß scheint. Wo der Weg endet (3,1 km), gehen wir nach rechts. Hinter dem **Weingut Gerhard Hörner** (links/Nr. 14) führt nach links der Edesheimer Weg (3,4 km). Wir gehen geradeaus auf der **Borngasse** hinab (M: Roll- un Schlapp) bis zur **Hauptstraße** mit Haltestelle „Gasthaus
3,8 Schwanen“ (3,8 km).

→ **Abstecher**

An der **Hauptstraße** nach links geht es zum **Weingut Stern** (links/Nr. 199; 250m). Gegenüber liegt vor dem Alten Schulhaus ein feiner Platz mit Bänken, Bäumen, Skulptur „Turnerin“ und Dorfgemeinschaftshaus.

Vorbei am Alten Schulhaus wird das **Gasthaus zum Ochsen** (*2)(rechts/Nr. 202) erreicht, dann die Kirche, das alte Gasthaus zur Pfalz (Nr. 206) und schließlich das **Weingut Schweder** (*3)(links/Nr. 211; 260m). Dahinter führt nach rechts die **Neustadter Straße** zur großen **Otto Pressler Weinkellerei** (rechts/Nr. 3-13; 500m).

Wir folgen der **Hauptstraße** nach rechts und kommen nach 500m wieder zur „Haltestelle
4,3 Siedlung“ (4,3 km).

Hochstadt - märchenschöne Fachwerkhäuser

Geschichte(n)

*1. Hochstadt geschichtlich

In alter Zeit liegt Hochstadt im Speyergau.

1251 wird in Urkunden unterschieden zwischen Ober- und Niederhochstadt. In Niederhochstadt sind Ortsherren die von Scharfeneck, von Leiningen und andere. Sehr früh kommt Niederhochstadt dann an den Geistlichen Orden der Johanniter.

Oberhochstadt dagegen zählt zu Zweibrücken-Bitsch. 1404 kauft das Hochstift Speyer halb Oberhochstadt. 1485 erwirbt die Kurpfalz den anderen Teil. Damit zählt Oberhochstadt zu einer Verwaltungsgemeinschaft von Kurpfalz und Hochstift, der „Landecker Gemeinschaft“.

Hochstadt
liegt ehemals im Speyergau
ab 1404/85: Oberhochstadt - Landecker Gemeinschaft
bis 1793: Niederhochstadt - es herrscht der Johanniterorden
1815: kommt nach frz. Zeit zu Bayern
1969: aus Nieder- u. Oberhochstadt wird Hochstadt

Bei den Bauernunruhen 1525 erstürmen Bauern das Kameralhaus der Ortsherren. Sie verbrennen die alten Urkunden in der falschen Hoffnung, damit enden ihre Abhängigkeiten.

Auch die Zeit der Erbfolgekriege (1688-1748) bringt Not. Ab 1709 wandern viele aus, vor allem nach Nordamerika. Hochstädter gründen in Pennsylvania den Ort „Host“. Einer der Auswanderer ist der Winzer Valentin Presser, ein Vorfahre des berühmten Rocksängers Elvis Presley (1935-77).

1793 kommen beide Dörfer zu Frankreich. Das Leben bleibt schwer. 1812 gibt es nichts zu ernten, 1813 besetzen die Franzosen die Dörfer, 1814 die Russen, 1815 kommt alles zu Bayern. Im Mai 1849 rücken die Freischaren in Hochstadt ein. Sie bleiben fast einen Monat und bedienen sich. Danach endlich geht es langsam aufwärts.

Nach dem 2. Weltkrieg wachsen beide Dörfer zusammen, sie werden 1969 zu Hochstadt zusammengefasst. 1972 erfolgt die Zuordnung zur Verbandsgemeinde Offenbach an der Queich.

*2. Es fließt der Wein in Strömen

Als Hochstadt ab 1815 zum Königreich Bayern zählt, haben die Wahlberechtigten - also alle volljährigen Männer - 12 Gemeinderatsmitglieder zu wählen, welche ihrerseits den Bürgermeister ernennen. Seinen Wahlzettel füllt jeder zu Hause aus.

Will einer Dorfoberhaupt werden, muss er ein volles Weinfass im Keller und ein schlachtreifes Schwein im Stall stehen haben. Am Wahltag „fließt der Wein in Strömen", heißt es 1839.

Ab 1866 ringen im Ort zwei Parteien um die Wähler, Preußen und Österreicher. Bestechungen sind gang und gäbe. Da will 1899 im Wahlmonat November jede Partei die Wähler mit „Worscht unn Wei" überzeugen, kostenlos! Die Dorfbewohner sind begeistert.

Das Hauptquartier der Preußen befindet sich bei einem reichen Bauern, der unbedingt Bürgermeister werden will. Kurz vor der Wahl lädt er einige Wackelkandidaten ein zu einem Umtrunk. Er spendiert ihnen einen ordentlichen Rausch, dann werden sie in den Stall schlafen gelegt. Sobald sie sich regen, geht es von vorne los - bis zum Wahltag. Der Gemeindeschreiber ist ein Preuße, er hat die Wahlzettel schon vorbereitet. Am Wahltag gehen die Preußen geschlossen zur Wahl, da bleibt den Unsicheren, benebelt vom Wein, nichts anderes, als sich anzuschließen und ihren vorbereiteten Wahlzettel abzugeben. Die Preußen erringen einen glänzenden Sieg!

Hinterher fechten die Österreicher die Wahl an. Und tatsächlich heißt es: „Wahlbestechungen sind in großem Umfang getrieben worden - von beiden Seiten". Bei der Wiederholung der Wahl siegen wiederum die Preußen.

Weingut in Hochstadt

*3. Pfälzer Wörterbuch

In Hochstadt wächst eine deutsche Weinkönigin auf: Katja Schweder. Die „Königin" 2006/07 muss für ihre Wahl auch ihr Wissen über die Pfalz und den Wein beweisen.

Wer in der Pfalz „WWW" sagt, meint nicht unbedingt das World Wide Web, sondern „Woi, Worscht unn Weck". Wer seinen „Woi" wie ein Pfälzer im Schoppen genießen will, mag hier auch von anderen Pfälzer Eigenheiten lesen:

Dubbeglas: Schoppenglas mit Tupfenstruktur

Herbschte: Weinlese

Metzelsupp: Wurstsuppe; Brühe, die bei der Herstellung von Würsten entsteht

Saumache: Saumagen; gefüllt mit Kartoffeln, Fleisch und Gewürzen

Schoppen: Weinglas mit 0,5 l

Schorle: Wein vermischt mit Mineralwasser

Vertel: Weinglas mit 0,25 l

Weck: Brötchen

Wingert: Weinberg

Woi: Wein

Woifescht: Weinfest in einem Winzerdorf, offene Winzerhöfe u. Weinstände auf der Straße

Woiknorze: großes Roggenbrötchen mit Kümmel

Woiprob: Weinprobe

Worscht: Wurst (Leberwurst, Blutwurst, Schwartenmagen)

Worschtsupp: Suppe mit Wurst- und Fleischstückchen der Hausschlachtung

Venningen und Altdorf

Altdorf

Hotte

Venningen - den Kirchturm im Blick

Kurzinformation zu den Orten

Venningen (Verbandsgemeinde Edenkoben)

ca. 940 EW; Winzerdorf mit Tradition.

Wein & Sehenswert

Weinfest (Juli): überregional beliebt

Weinkerwe (Sept.)

Weingüter + Einkehren

Jung - Wein- u. Likörgut: Am Mittelweg 14

Weinessiggut Doktorenhof: Raiffeisenstr. 5

Venninger Käseecke: Appenstr. 15 (mit Café)

... Weiteres siehe S. 176

Weinlage:

Großlage Trappenberg (Bereich Südliche Weinstr.)
„Venninger Doktor" (gut 350 ha); Boden: sandiger Lehm (liegt 142-149m hoch)

Altdorf (Verbandsgemeinde Edenkoben)

ca. 730 EW; schmuckes Dorf, ist im Norden von Weinbergen, sonst von Wiesen und Feldern umrahmt

Wein & Sehenswert

Weinkerwe (Sept.)

Weingüter + Einkehren

Weingut Gernoth Seith: Hauptstr. 7

Weinstube-Weingut Horst Litty: Hauptstr. 39

... Weiteres siehe S. 146

Weinlage:

Großlage Trappenberg (Bereich Südliche Weinstr.)
„Altdorfer Hochgericht" (70 ha); Boden: Löss + Lehm (liegt 124-146m hoch)

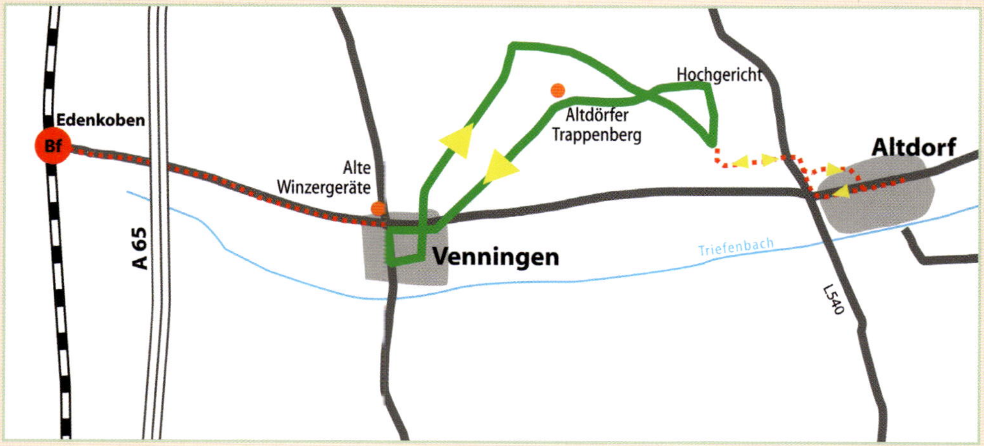

Weinweg 3

Venningen - Altdorf

Start/Ziel: Venningen, Edenkobener Straße (beim Kreisel)

Anfahrt: bis „Venningen, Kreisel" mit Bus 505 (Edenkoben - Venningen - Altdorf - Gommersheim)
...mit Fahrrad ab „Edenkoben, Bhf." (3 km): Den **Bahnhof Edenkoben** im Rücken nach rechts 300m an der breiten Staatsstraße fahren bis zu einer Ampelkreuzung (Schild: Venningen 2,5). Nach rechts geht es unter der Bahn hindurch in ein Gewerbegebiet zur Straße In den Seewiesen (0,6 km). Geradeaus weiterfahren, bei nächster Gelegenheit nach rechts wenden (beim „Mitfahrer-Parkplatz"), schnell geht es an die Venninger Straße. Zum Überwinden der Autobahn A65 wird man durch einen Tunnel geführt, dann hoch zu der Brücke. An der Edenkobener Straße geht es nach **Venningen**, wo der **Marienhof** am Weg liegt (Nr. 18/links; 2,7 km), und bald dahinter die Haltestelle „Venningen, Kreisel".

Weglänge: 6,3 km / knapp 2 Std.
Dazu Abstecher nach Altdorf: 2,9 km / 1 Std.

Markierung (M): blau + grün (Venninger Heimatverein 1979); Kraut&Rüben-Radweg

Karte: Südpfalz. Wandern u. Radfahren zwischen Rhein & Reben; 1:40.000. - Pietruska-Verl., 2012

Anforderung: Dieser Spaziergang durch die Weinberge zwischen Venningen und Altdorf bietet auch die Möglichkeit für einen Abstecher nach Altdorf. Da der Weg nicht durchgehend befestigt ist, ist er für eine Radtour nur bedingt geeignet, doch Kinderwagen zu schieben ist kein Problem. Empfohlen wird die Anfahrt mit dem Rad vom Bahnhof Edenkoben aus.

km

Wegverlauf

Am Ortseingang von **Venningen** trifft die **Edenkobener Straße** (von Edenkoben kommend) auf einen **Kreisel** und heißt dahinter **Altdorfer Straße**.
(Tipp: Am Kreisel 90m nach links gehen zu einem Platz mit alten Winzergerätschaften u.a.)
An der Altdorfer Straße wandern wir vorbei am **Weingut Wolfgang Bauer** (links/Nr. 3). Dahinter geht es bald nach links in die Reben (0,2 km; Weinlage „Venninger Doktor"). Die Landschaft hier ist einfach prächtig.
Wir kommen zu einer Wegverzweigung mit Sitzgruppe (0,4 km). Unser Weg, ein Schotterweg, führt sanft hinauf auf den Trappenberg, nach welchem die Großlage hier heißt. Es geht dann wieder leicht hinab und der Weg endet
1,6 (1,6 km).
Wir gehen nach rechts und zwischen Reben auf einen prachtvollen Nussbaum zu. Bei einer Wegverzweigung (1,9 km) halten wir uns rechts, bleiben also auf unserem Weg, und kommen zu einer Kreuzung mit Kreuz und Ahorn (2,1 km). Geradeaus und leicht hinauf spazieren wir weiter neben Reben, bei denen immer wieder einmal ein Prachtbaum steht und Schatten spendet an heißen Tagen.
An einer Kreuzung (2,6 km) folgen wir dem Asphaltweg nach links und gehen gleich wieder nach rechts, nun schon in der Weinlage „Altdorfer Hochgericht" - bis der breite Weg endet (3 km). Hier gehen wir nach rechts hinab - in der Nähe befand sich einst die Altdorfer Gerichtsstätte (*1). Wir kommen zu
3,3 einer 5-Wege-Kreuzung (3,3 km).

→ **Abstecher Altdorf** (2,9 km)

Wer Altdorf einen Besuch abstatten möchte, geht geradeaus hinab und folgt, wo die Rebenpracht endet (0,2 km), direkt hinter

km

den Reben nach links einem Wiesenweg. Es wird die Straße L540 gequert (0,6 km), hinter dieser nach rechts auf dem Asphaltweg weitergehen, bei nächster Gelegenheit nach links (0,8 km).
Der Weg endet vor dem Altdorfer Matratzenlager (1,2 km). *(Nach links liegt das*

km

Gästehaus Vinetum *vom Weingut Horst Litty, Raiffeisenstr. 4.).*
Hier wird nach rechts der **Raiffeisenstraße** gefolgt (M: Kraut&Rüben) und sogleich nach links dem **Brunnenweg** bis zur Hauptstraße (*2)(1,4 km).
*(Abstecher an der Hauptstraße nach links, vorbei an s'Türmel (*3) zu* ***Weingut Spelzenhof*** *(links/Nr. 77; 180m).)*
An der **Hauptstraße** (*4) geht es nach rechts, vorbei am **Weingut Horst Litty** (Nr. 39), zur Raiffeisenstraße (1,6 km).
(Abstecher geradeaus auf der Hauptstraße findet sich nach 170m das nette ***Weingut G. Seith*** *(rechts/Nr. 7).)*
Auf der **Raiffeisenstraße** nach rechts gehen, nach 100m dem Weg nach links folgen. Wie auf dem Hinweg geht man am Ende nach rechts, quert die Straße L540, folgt dem Wiesenweg am Rand von Reben bis zu einem Weg nach rechts - zurück zu der 5-Wege-Kreuzung.

Zurück nach Venningen gehen wir an der 5-Wege-Kreuzung scharf nach rechts (M: blau + grün). So folgen wir einem Schotterweg zwischen Reben hinauf und sehen in der Ferne die Waldhänge der Haardt.
3,8 Bei einer Kreuzung mit Nussbaum (3,8 km; bekannt vom Hinweg) gehen wir diesmal nach links (Schotterweg mit Grasnarbe) bis zu einer Schotterweg-Kreuzung in den Reben (4,5 km). Hier gehen wir nach links hinab, den spitzen Kirchturm von **Venningen** im Blick, zur
5,5 **Altdorfer Straße** (5,5 km). Wir gehen nach rechts (M: blau) zum Ortsrand (5,7 km).
Für einen Rundweg durch den Ort wenden wir uns am Ortsrand nach links in die **Raiffeisenstraße**. Gleich geht es vorbei am feinen **Doktorenhof** (*5) hinter altem begrüntem

km

Gemäuer (links/Nr. 5). Die Straße endet an
5,9 der Dalbergstraße (5,9 km).

→ **Abstecher Wein- u. Likörhof Jung** (310m)
An der **Dalbergstraße** nach links aus dem Ort hinaus zu dem Weinhof gehen (Am Mittelweg 14).

Wir folgen der **Dalbergstraße** nach rechts und kommen zum Dalberger Hof (*6)(rechts/Nr. 17).

→ **Abstecher Venninger Käseecke** (120m)
Nach links führt die **Appenstraße** zu einer feinen Einkehrgelegenheit (links/Nr. 15).

Am Ende der **Dalbergstraße** steht ein Ensemble aus Kirche, Rathaus und Skulptur „Knospe“ (Bildhauer W. Pietron). Dahinter
6,1 (6,1 km) an der **Hauptstraße** nach rechts gehen, an der Ecke liegt **Bioweine Croissant** (rechts/Dalbergstr. 1), dann die Haltestelle „Venningen Ort“.
Der Hauptstraße weiter folgend, vorbei an **Spiegels Weinstube** (rechts/Nr. 13-15) und
6,3 **Weingut Marienhof** (links/Nr. 10), geht es zurück zum Kreisel (6,3 km).

Venningen - Weingut Bauer

Geschichte(n)

*1. Das letzte Hochgericht der Pfalz

In Altdorf weisen Gewannnamen wie „Hochgericht“ oder „Galgen“ auf einen alten Richtplatz hin. Die Weinlage heißt Altdorfer Hochgericht.

Im Jahr 1787 wird in Gommersheim in einer Scheune die Leiche eines Mannes gefunden. Seine Söhne sollen die Mörder sein. Über die beiden „Roten Buben“ wird im Schloss zu Altdorf verhandelt. Nach 3 Monaten erfolgt das Urteil: Tod durch das Rad! Der Amtmann bereitet die Hinrichtung vor. Einen Henker fordert er aus Bruchsal an, und den Richtplatz beim Schloss lässt er mit einem Graben umgeben.

Am 15. Juni, dem Tag der Hinrichtung, läutet am frühen Morgen die Armesünderglocke. Richter und Schöffen sitzen an dem mit schwarzem Samt bedeckten Richtertisch. Die Brüder werden hereingeführt, man nimmt ihnen die Ketten ab. Donnernd spricht der Ankläger die Anklage, ungefesselt wiederholen die Brüder ihre Geständnisse, der Gerichtsaktuarius verliest das Urteil. Feierlich erhebt sich daraufhin der Richter, zerbricht zwei Stäbe und wirft jedem Angeklagten die Teile vor die Füße.

Ein langer Zug zieht da zum Richtplatz. Die Brüder gehen mit zwei Geistlichen, hinter ihnen kommen ungeheuer viele Schaulustige. Alle knien an der Stätte des Gerichts nieder zum Gebet. Der Pfarrer segnet den älteren Bruder und betritt dann mit ihm das Blutgerüst. Der Verurteilte wird entkleidet, setzt sich selbst auf die „Breche“, einem Brett, an dem Pflöcke befestigt sind, damit er hohl liegt. Mit gespreizten Armen und Beinen liegt er da und wartet auf sein Ende. Der Henker hackt ihm die rechte Hand ab, rädert ihn, haut ihm dann den Kopf ab. Hand und Kopf werden als Abschreckung aufgespießt. Der Bruder hat die gleiche Prozedur zu erleiden.

Es ist dies die letzte brutale Hinrichtung im Land.

*2. Altdorf geschichtlich

Im Süden von Altdorf steht in alter Zeit eine Wasserburg. Hier leben die Adligen von Altdorf, sie sind die Ortsherren bis 1485. Ihnen folgen die Herren von Ochsenstein, dann die Grafen von Zweibrücken-Bitsch, 1570 erben die Grafen von Hanau-Lichtenberg den Ort.

Altdorf gehört nach dem 30jährigen Krieg der Grafschaft Degenfeld-Schonburg als kurpfälzisches Lehen. Die Degenfelder bauen die Wasserburg aus zu einem Schloss, es dient als Amtssitz und Gerichtsort.

Das Schloss wird in den französischen Revolutionskriegen zerstört und nach 1800 vollkommen abgetragen.

Altdorf

12. Jh - 1485: Ortsherren - die Adligen von Altdorf
ab 1485: Ortsherren - die von Ochsenstein, später die Grafen von Zweibrücken-Bitsch
1570: die Grafen von Hanau-Lichtenberg erben d. Ort
1793: Verwüstung der Wasserburg
1802-14: ist französisch, danach bayrisch

*3. Die versteinerten Jungfrauen

Es war einmal, da leben in dem Schlosse zu Altdorf zwei Edelfräulein, die über die Maße geizig sind. Wochenlang lassen sie ihre Diener ohne Lohn. Als sie einmal eine Witwe um ihr Hab und Gut bringen, flucht diese ihnen hinterher: „Ihr werdet keine Ruhe finden, ehe alle Leute ihr Geld zurückerhalten haben, das ihr ihnen auf unrechte Art nahmet!“ Die Edelfräulein vernehmen den Fluch, doch sie zeigen keinerlei Regung. An ihrem Lebensabend vergraben sie ihr Geld im Schlossgarten.

Kaum sind die Edelfräulein tot, da erfüllt sich der Fluch. Beide werden zu Stein. Am Turm zu Altdorf stehend schauen sie auf die Schlosswiesen. Dort liegt das unrechte Gut bis heute - ungefunden.

*4. Altdorfer „Stickel Hupser“

In alten Zeiten kraucht und krakeelt das Kleinvieh in den Dörfern auf allen Gassen. In Altdorf begrenzt man die Gassen mit einem Palisadenzaun. Die Bauern, die ins Feld müssen, hüpfen darüber hinweg, hopplaho über die „Stickel“. „Hüpfen“ heißt damals „hupsen“, die Altdorfer sind die „Stickel-Hupser“!

Dalberger Hof

*5. Die Weinlage Venninger Doktor

Im 17. Jh. besitzt jeder Bauer auch einen Wingert. Die Weinberge liegen in den Gewannen Trappenberg, Obergarten, Grein, Maikammerer Gärten, Seelbehälter, Neugarten und am Kirrweilerer Weg. Alle Lagen zusammen heißen heute Venninger Doktor. Namenspate dieser großen Weinlage ist Florenz von Venningen (1466-1538), bereits 1583 heißt hier ein Gewann „Im Doctor Florentz“.

Florenz von Venningen ist Kanzler des Kurfürsten in Heidelberg. Groß ist sein Interesse an Medizin, in seinem Haus in der Heidelberger Kanzleigasse lässt er eine Apotheke einrichten. In seinem Arzneibuch steht auch etwas über die Wein- und Essigzubereitung. Wein und Essig sind Genuss- und Würzmittel, doch nimmt man sie - neben Wasser und Weinbrand - auch, um flüssige Arzneien herzustellen. Um trüben Wein klar zu machen, gibt das Buch den folgenden Rat: Wacholderholz ohne Rinde auf dem Herd veraschen, mit geriebenem Kalmus und gestoßenen Salbeiblättern vermischen. Alles in ein Säckchen füllen und dieses in den Wein hängen. Nach 3 Tagen ist der Wein klar.

*6. Venningen geschichtlich

Im Mittelalter leben in Venningen die Ritter von Venningen, wo heute der Dalberger Hof steht. Sie besitzen dort eine Wasserburg. Der Ort Venningen jedoch gelangt um 1100 in den Besitz des Hochstifts Speyer. 1316 ziehen die Ritter nach Kirrweiler, in Venningen lassen sie einen Schultheiß für sich agieren.

In Venningen haben auch die Nonnen des Klosters St. Lambrecht Besitz. Dieser fällt nach Auflösung des Klosters an die Universität Heidelberg (1553). Die verpachtet alles an die Kurpfalz, doch nach 10 Jahren werden Bürger aus Venningen die Pächter.

Nach 1611 erwerben die Herren von Dalberg den Besitz. Die Dalberger, hohe Beamte, haben großen Besitz in St. Martin. Im 30jährigen Krieg wird Venningen fast komplett zerstört. Einige Jahre später (1666) plündern Kurpfälzer im Krieg gegen das Hochstift Speyer den Ort. Und 1674 zünden die Franzosen 7 Häuser an. Ein Dalberger lässt 1711 in Venningen den Hof erbauen, der heute Dalberger Hof heißt.

Venningen
um 1100 - 1794: zählt zum Hochstift Speyer
1565: die von Walbronn erben den Venningener Besitz, später gehört alles denen von Dalberg
1622: wird zerstört
2009: feiert 1.150jähriges Dorfjubiläum

Weinstube Marienhof

Rund um Kirrweiler

Kurzinformation zum Ort

Kirrweiler (Verbandsgemeinde Maikammer)

ca. 2.100 EW; staatlich anerkannter Fremdenverkehrsort mit prachtvollen Winzerhöfen und Resten der Sommerresidenz der Fürstbischöfe von Speyer.

Wein & Sehenswert

Weinlehrpfad (Start: Friedhof; Länge: ca. 2,5 km): vorbei am Nickelsee

Weinfest (Juli): überregional beliebt

Weinprobe „Trauben und Wein“ (Okt.)

Weingüter + Einkehren

Weingut Anslinger: Am Neugarten 19

Weingut Michael Oberhofer: Hauptstr. 110, mit Weinstube St. Urban

... Weiteres siehe S. 160 f.

Weinlage:

Großlage Trappenberg (Bereich Südliche Weinstr.)

„Kirrweiler Römerweg“ (215 ha); Boden: Lehm (liegt 143-159m hoch)

„Kirrweiler Mandelberg“ (rd. 200 ha); Boden: sandiger Lehm (liegt 124-148m hoch)

„Kirrweiler Oberschloss“ (175 ha); Boden: sandiger Lehm (liegt 125-154m hoch)

Kirrweiler, Schlossbezirk
Johann von Nepomuk vor der Kirche - "hilft, die Würmer vom Wein zu vertreiben"

Kirrweiler

Start/Ziel: Bahnhof Maikammer-Kirrweiler (Hauptstr. / Am Bahnhof)

Anfahrt: Bahn (Neustadt - Maikammer-Kirrweiler - Edenkoben - Edesheim - Landau - Wissembourg)

Weglänge: rd. 9 km / 2,5 Std.

Markierung : Expo 2000; Fassboden 6; Pfälzer Mandelpfad; Kropsbachau

Karte: Südpfalz. Wandern u. Radfahren zwischen Rhein & Reben; 1:40.000. - Pietruska-Verl., 2012

Anforderung: Kirrweiler umrunden auf ebenen, abwechslungsreichen Wegen. Am Ende wird auch Kirrweiler selbst erkundet. Als Radtour ist der Weg nur eingeschränkt geeignet, da einige Wegabschnitte unbefestigt sind.
Kinderwagen geeignet!

Wegverlauf

km

Das **Bahnhofsgebäude Maikammer-Kirrweiler** im Rücken gehen wir nach links in **Am Bahnhof**, überqueren dann nach links die Bahn (0,2 km), halten uns auch dahinter links (= **Bordmühlweg**; M: Expo 2000). Am Ende liegt ein Wingert am Weg (0,4 km), hier gehen wir nach rechts neben der Hauptstraße weiter. Wir überqueren dann die Autobahn A65.
Gleich hinter der Brücke beginnt **Kirrweiler**
1,0 (*1) (1 km) mit dem **Weingut Michael Oberhofer** samt Weinstube St. Urban (*2) (links/ Nr. 110).
Wir gehen nach rechts und auf die A65 zu, vor der Böschung der Autobahn biegt der Weg nach links.
Hinter einem Graben (1,3 km) folgen wir nach links einem Pfad. Vorbei an einer Sitzgruppe geht es nach rechts hinab zum **Schlossweiher**. Wir folgen dem Uferweg. Am Ende (1,7 km) geht es kurz hinauf - und wir stehen vor Reben (Großlage Mandelhöhe, Weinlage Oberschloss; M: Expo 2000).

km

Wir gehen - die Reben im Blick - nach links, sogleich führt der Weg im Bogen nach rechts und endet schnell (1,8 km). Hier wenden wir uns nach links (M: Expo 2000).
Der Weg - nun asphaltiert - endet erneut vor Reben (2,1 km). Wir gehen nach links auf Kirrweiler zu. Vor dem 1. Haus jedoch gehen wir nach rechts (= **Am Rebenmeer**; 2,2 km) und bald vorbei am **Weinhaus Matt-Schwaab** (links/Nr. 1).
2,6 Der Weg endet vor dem Riedgraben (2,6 km). Hier nach links gehen.
Hinter dem Sportplatz (mit Storchennest!) beginnt **Kirrweiler**, wir kommen zur **Markt-**

Kirrweiler

km

3,1 **straße** (3,1 km). An ihr wenden wir uns nach links. Wir gehen gleich vorbei am **Weinhaus Hermann Zöller** mit Gutsausschank (rechts/Nr. 16a).

Bald sehen wir das **Weingut Roth** (links/Nr. 49). Davor folgen wir nach rechts dem **Heuweg**, er führt vorbei am **Weinhaus Ralph Anton** (links/Nr. 3; 3,5 km) in die Reben *(Weinlage Mandelberg; VDP Erste Lage, bekannt für Weißburgunder)*. Wir tanken hier Stille und Weite.

Am Wegende (4,2 km) wenden wir uns nach links, bald geht es nach rechts, Reben in der Ferne. Der Weg knickt nach links (M: Kropsbachau; „Frohnrainweg“), wir überqueren dann den kleinen **Kropsbach**.

Bei nächster Gelegenheit wenden wir uns nach links (4,8 km), der Weg ist unbefestigt, bald gehen wir neben dem Bach. In Kurven kommen wir wieder nach Kirrweiler (5,8 km).

Mit der Straße **Wohlfeil** gehen wir vorbei an Resten der Stadtmauer zur **Marktstraße** (6 km). Wir wenden uns nach rechts in den alten Ort.

Die Straße knickt nach links. Wir wechseln die Straßenseite zu einem Brunnen und steigen bald dahinter nach links die Treppe hinauf zu einer **Bildsäule** (*3) vor der Kirche.

Wir gehen an der **Kirche** (*4) vorbei zur
6,3 **Kirchstraße** (6,3 km).

→ **Abstecher Edelhof** (100m) **oder Rathaus** (110m)

Wer an der **Kirchstraße** nach links geht, kommt zum Edelhof (Nr. 18) mit **Weinstube** (*5).

Wer an der **Kirchstraße** nach rechts geht, erreicht den Dorfplatz mit Brunnen und Rathaus.

Gegenüber der Kirche beginnt die **Schlossstraße**, der wir folgen. Schnell weitet sie sich zu einem kleinen Platz mit verschiedenen Weingütern, z.B. **Markus Schwaab** (links/Nr. 16; 6,3 km).

Wir folgen der Straße weiter zum **Weingut Schlössel** (*6) mit Hauswingert (links/Nr. 14; 6,4 km). Hier folgen wir dem Fußweg geradeaus (M: Fassboden 6) bis **Am Schlossgarten** (6,5 km) und gehen nach rechts zur **Haupt-**
6,7 **straße** (6,7 km). Schräg gegenüber gibt es eine alte Weinbergsmauer vor einem Neubau (Nr. 54).

→ **Abstecher Weinstube** (50m)

Auf der **Hauptstraße** nach links zur **Oberschlossschänke** (rechts/Nr. 62).

Wir gehen nach rechts und sogleich nach links in die **Jahnstraße** (6,7 km). Am Ende der
6,9 Straße (6,9 km) beeindruckt das **Weingut Anslinger** (links/Am Neugarten 19) + **N. Zöller** (rechts/Nr. 70). Wir gehen nun im Prinzip geradeaus in die Reben (Weinlage Römerweg), vorbei an einer mächtigen **Libanon-Zeder** (*7).

→ **Abstecher zum Weinlehrpfad** (230m)

Vor der Zeder nach rechts zum Friedhof gehen, der Weinlehrpfad beginnt vor dem Friedhof, beim ältesten Weinberg von Kirrweiler (*8).

Nach etwa 450m führt bei der Weinlehrpfad-Schautafel „Ein Jahr um den Rebstock“ ein asphaltierter Weg nach links über die A65 (7,4 km).

Wir gehen hinter der Brücke geradeaus weiter zwischen Reben (M: Mandelpfad).

Am Wegende (8,3 km) nach links wenden und dann am Ende nach rechts der **Raiffeisenstraße** folgen. Diese endet am **Bahnhof**
8,9 **Maikammer-Kirrweiler** (8,9 km).

*1. Kirrweiler geschichtlich

Kirrweiler zählt schon früh zum Hochstift Speyer, das setzt die Herren von Kirrweiler als Ortsherren ein. Kirrweiler erhält 1466 das Marktrecht und wird mit Mauer und Türmen umgeben.

35 Jahre später, als der letzte derer von Kirrweiler stirbt, übernehmen die Herren von Venningen den Besitz. Philipp Florenz von Venningen stirbt 1565 als letzter Mann der Familie. Fürstbischof Marquard von Hattstein (1529-81) gibt nun den Ort seinen eigenen Brüdern Georg und Konrad.

Jahre ziehen ins Land mit Krieg und Frieden. In der Französischen Revolution wird Kirrweiler schon im März 1793 besetzt. Doch vertreiben die Preußen die Franzosen gut 1 Monat später, es wohnt dann Prinz Louis von Preußen (1772-1806), „Liebling aller Frauen", im Schloss. Doch schnell erobern die Franzosen Kirrweiler zurück. Sie haben im Ort ihr Hauptquartier, bis sie es im April 1794 nach Neustadt verlegen. Ende Mai erobert der preußische Oberst Blücher (1742-1819) Kirrweiler, er kämpft bald bei Edenkobens „Schänzel" gegen die Franzosen. Im Juli dann richtet der freigiebige Prinz von Hohenlohe (1746-1818) sein Hauptquartier in Kirrweiler ein. Doch wiederum kommen die Franzosen, alle flüchten aus dem Ort.

Im Juli 1794 endet die lange Herrschaft des Hochstifts Speyer, Fürstbischof von Limburg-Stirum (1721-97) berichtet: „Unsere Schlösser und Häuser zu Edesheim, Kirrweiler und Speyer sind sammt den dabei befindlichen Amtshäusern und Kellereien, theils vollends zerstört, theils verbrannt, so daß sich weder Wohnungen für unsere Beamten, noch Keltern für den Herbst, noch Keller oder Fässer zur Aufhebung unserer Weine vorfinden". Kirrweiler kommt nun zu Frankreich.

Kirrweiler
seit alter Zeit Besitz des Hochstifts Speyer
1201-1501: es herrschen die von Kirrweiler
1466: erhält Marktrecht u. Stadtmauer
1623: wird Oberamt d. Hochstifts Speyer (für Diedesfeld, St. Martin, Maikammer, Venningen, Rietburg, Kestenburg, Edesheim u.a.)
1794: wird französisch

*2. St. Urban & St. Martin

St. Urban und St. Martin heißen die bekanntesten Weinheiligen. St. Martin, Schutzpatron der Winzer und Zecher, hat seinen Tag am 11. November. St. Urban, benannt nach Papst Urban I., ist Schutzpatron der Winzer und des Weines, besonders in Rheinhessen. In einer Weinstube, die seinen Namen trägt, kann sich ein Weingenießer also gut beschützt fühlen. Als Urbanstag gilt der 25. Mai.

*3. Bischofsbesuche in Kirrweiler

In dem Schlossbezirk mitten in Kirrweiler sitzt in alter Zeit ein Oberamt des Hochstifts Speyer. Das Land der Fürstbischöfe ist groß, sie residieren auf der anderen Seite des Rheins. So lassen sich die Fürstbischöfe in Kirrweiler nur selten blicken. Frisch gewählt jedoch reisen sie durchs Land und lassen sich von ihren Untertanen huldigen.

Von Bischof Siegfried von Venningen (†1459) weiß man, dass er nach seiner Wahl 1456 dreimal in Kirrweiler weilt. Bei seinem 1. Aufenthalt geloben ihm die Untertanen aus den Dörfern bei Kirrweiler die Treue, sie sind zu Fuß anmarschiert. Der Bischof speist hernach und reitet weiter zur Kestenburg. Bei seinem 2. Besuch kommt er von Landau und hat auf dem Weg im Kloster Klingenmünster schon morgens vor 5 Uhr die Messe gelesen. Diesmal übernachtet er in Kirrweiler. Er ist am nächsten Morgen vor 7 Uhr auf den Beinen, um zur Burg Landeck zu reiten. Beim 3. Kirrweiler-Besuch reist der Bischof aus Deidesheim an. In Kirrweiler geloben ihm am nächsten Morgen die aus Kirrweiler und Fischlingen ihre Treue.

*4. Vorsorge treffen für einen guten Herbst

In Kirrweiler bei der Kirche steht eine alte Bildsäule und zeigt den heiligen Johann von Nepomuk. Laut Inschrift soll er „die Würmer vertreiben von unseren Weinbergen".

Tatsächlich sind Reben mehr als Anderes durch Schädlinge bedroht. Die Aussichten für den Herbst sind bei Winzern oft ein Gesprächsthema. Viele suchen überall nach Omen für den Herbstsegen. Naht Weihnachten, blüht die Christrose im Garten, die „Weinblume". Je zahlreicher und prächtiger ihre Blüten sich entfalten, desto mehr Wein wird es im kommenden Jahr geben, wird orakelt.

Andere deuten aus dem Efeu an alten Häusern den Herbstsegen. Je voller der Efeu hängt, desto besser die Ernte.

*5. Im Schloss zu Kirrweiler

Der Edelhof in Kirrweiler, heute fein renoviert, blieb vom Schloss der Fürstbischöfe von Speyer.

Kirrweiler gehört schon sehr früh zum speyerischen Hoheitsgebiet. Zunächst haben die Bischöfe ihr Amt auf der Kestenburg, doch ab etwa 1450 dient ihnen daneben ein Schloss in Kirrweiler als Amtssitz.

Von diesem Schloss ist ein Grundriss von 1743 erhalten. Da sieht man, dass das Anwesen von Wassergräben umgeben ist. Vor den Wohngebäuden liegt ein Platz, der Fronhof. Hier hat schon vor 1422 die Kelter ihren Platz, sie ist lange Zeit die einzige Kelter der Region.

In diesem Fronhof haben sich an Frontagen die Untertanen des Hochstifts einzufinden. Die Handfröner aus Kirrweiler müssen in Schlosswingert und Burggarten die Reben schneiden. Die aus Edenkoben machen Kammert. Die aus Weyher müssen „raugraben", also die Wingerte umgraben. Die Fröner aus Maikammer haben zu „rühren", also Unkraut zu hacken. Die aus St. Martin müssen „trittwercken", sie stampfen vermutlich die lockere Erde fest. Die Witwen Kirrweilers kommen schließlich bei der Traubenlese zum Einsatz.

Für den Fürstbischof beaufsichtigt im Schloss sein Schaffner Bäcker, Küfer, Köchin und anderes Personal. Dem Bischof ist nur eine Kammer vorbehalten, darin stehen 3 Betten, 2 Truhen und eine Kiste zur Aufbewahrung des Schriftguts.

Das Schloss gehört jedoch zu einem Viertel auch den Edlen von Kirrweiler. Diese teilen ihren Anteil 1316 mit Walther von Schifferstadt und Friedrich von Venningen. Die Ritter von Venningen leben nun 250 Jahre in dem Schloss, doch 1565 sterben sie aus.

1620 zieht ins Schloss gar das Oberamt des Hoch-

stifts. Dies wird im 30jährigen Krieg 1621 erobert, doch auch wieder zurückerobert. Gut 40 Jahre später, im Krieg zwischen Hochstift Speyer und Kurpfalz, hausen die Söldner der Kurpfalz im Schloss „auf das Grausamste“ (1666). Sie zerschlagen Keltergeräte und verbrennen „Stiefeln und Balken“ in den Weinbergen.

1673 und 1674 kommen französische Truppen, 1675 verbrennen sie gar die Kirche im Ort, und 1678 zieht die französische Armee von Straßburg nach Norden und kommt bis nach Kirrweiler. Auch im Pfälzer Erbfolgekrieg wird Kirrweiler angegriffen. Jedesmal wird das Schloss wieder hergerichtet und das Oberamt verbleibt darin.

1743 sind im Schloss zeitweise 400 französische Husaren einquartiert. 1753 plündern kurpfälzische Truppen im Oberamt Kirrweiler. Zerstört wird das Schloss erst in der Französischen Revolution. Nun endet die Zeit des Oberamts Kirrweiler, der Amtmann flüchtet Ende 1795 nach Deidesheim.

Bei diesem Schloss gibt es immer auch wieder Neubauten. Das Amtshaus, das im späten 18. Jh. entsteht, ist heute Rathaus (Hauptstr. 12).

Schloss Kirrweiler / Marienburg
1280: erstmals als Marienburg erwähnt
1316-1565: darin leben die Herren von Venningen u.a.
1431-1795: Amtssitz des Hochstifts Speyer

*6. Einnahmen rund um den Wein

Den Ortsherren alter Zeit liegt sehr viel am Weinzehnten. Fürstbischof Marquard von Hattstein (1529-81) lässt seine Dorfordnung 1575 sogar mit Bestimmungen darüber beginnen. Da sollen zu Beginn des Herbstes die Zehntherren in die Unterämter gehen und den Untertanen einbläuen, dass sie wahrheitsgemäß die Wingerte zu nennen haben, die sie in diesem Herbst abernten werden.

Eine weitere Einnahmequelle des Hochstifts sind die Un- und Lagergelder, heute würde man sagen: Getränke- und Umsatzsteuer. An die „Ungelder“ muss jedes Fass Wein gemeldet werden.

Als sich nach dem 30jährigen Krieg das Leben wieder normalisiert hat, bestimmt Fürstbischof von Metternich-Burscheid (1617-75): Wirte dürfen ein 2. Fass erst anstechen, wenn Un- und Lagergeld des 1. Fasses bezahlt sind.

*7. Zedern sind Statussymbol

Eine mächtige Zeder steht am Ortsrand von Kirrweiler bei den Weinbergen, man pflanzte sie 1989. Zedern sind in Weinorten immer wieder zu entdecken. Für die Winzer an der Haardt gelten diese Bäume lange Zeit als ein Statussymbol.

*8. Wölfe & Marodeure

Der Vogt von Kirrweiler berichtet 1634: Im Amt Kirrweiler hätten die französischen Soldaten Weine Ihrer „Churfürstlichen Gnaden“ genommen (der damalige Fürstbischof von Sötern (1567-1652) war zugleich Kurfürst von Trier). Die Weinberge kümmern ungepflegt vor sich hin, das Land liegt dicht mit Unkraut bewachsen öd da. Wölfe und Marodeure ziehen umher, das Fleisch von Hunden, Katzen und Ratten gilt als Leckerbissen. So weit in den Weinbergen überhaupt gelesen wird, geschieht dies vielfach erst nach Martini, also nach dem 11. November.

Hotel Schloss Edesheim

Zur Blume

Weinexchange

Weingut Erlenmühle

Edesheim und Roschbach

Kurzinformation zu den Orten

Edesheim
(Verbandsgemeinde Edenkoben)

ca. 2.300 EW; Winzerdorf mit Schloss, Nepomuk bewacht die Reben vor der Kirche.

Wein & Sehenswert

Schloss Edesheim (erbaut ab 1594; Luitpoldstr. 9; www.schloss-edesheim.de): Schloss d. Speyrer Fürstbischöfe, seit dem 19. Jh. Weingut; Schlossfestspiele im Park

Weinexchange (März): Weinmesse mit Kunst, jedes Jahr steht ein anderer Wein im Mittelpunkt

Jahrmarkt in d. Winzerhöfen (Sept.)

Weingüter + Einkehren

Wein- u. Sektgut Diehl: Eisenbahnstr. 3a

Weinstube Zur Blume: Ludwigstr. 100

Hotel Schloss Edesheim: Luitpoldstr. 9

Vinothek - Weingut Oberhofer: Staatsstr. 1

Weingut Ernst Minges: Staatsstr. 51

Weingut Werner Anselmann: Staatsstr. 58-60

... Weiteres siehe S. 151 f.

Weinlage:

Großlage Ordensgut (Bereich Südliche Weinstr.):

„Edesheimer Rosengarten“ (340 ha); Boden: sandiger Lehm (liegt 142-175m hoch)

„Edesheimer Schloss“ (3 ha); Boden: sandiger Lehm + Letten (liegt 148m hoch)

Roschbach
(Verbandsgemeinde Edenkoben)

ca. 850 EW; Winzerdorf, eingebettet in Reben.

Wein & Sehenswert

Weinfest (Juli)

Weingüter + Einkehren

Weingut Argus: Am Rosenkränzel 23

Weingut Karlheinz Roth: Hauptstr. 9

... Weiteres siehe S. 170

Weinlage:

Großlage Bischofskreuz (Bereich Südliche Weinstr.)

„Roschbacher Rosenkränzel“ (rd. 130 ha); Boden: sandiger Lehm + Letten (liegt 210-230m hoch)

Insektenhotel bei Roschbach

Weinweg 5

Edesheim - Roschbach - Edesheim

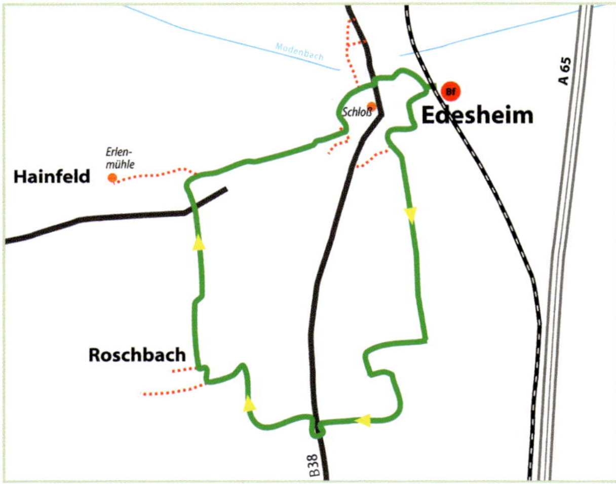

Start/Ziel: Bahnhof Edesheim (Eisenbahnstr.)

Anfahrt: Bahn (Neustadt/Weinstr. - Edenkoben - Edesheim - Landau - Wissembourg)

ÖPNV unterwegs: „Roschbach, Raiffeisen" - Bus 542 (Landau - Roschbach - Essingen - Landau)

Weglänge: knapp 8 km / gut 2 Std.

Markierung (M): Fassboden 5; Mandelpfad; Gemarkungsweg Edesheim

Karte: Südpfalz. Wandern u. Radfahren zwischen Rhein & Reben; 1:40.000. - Pietruska-Verl., 2012

Anforderung: Auf ebenen Wegen mit kleinen Hügeln geht es viel vorbei an Reben. Auch als Radtour oder mit Kinderwagen ein Vergnügen!

Wegverlauf

km

Die Eisenbahnstraße quert beim **Bahnhof Edesheim** die Bahn. Wir folgen der **Eisenbahnstraße** Richtung Ort, gehen vorbei am **Winzerhof Norbert Schwarz** (rechts/Nr. 23), bis nach links die Straße An der Blenk führt

0,2 (0,2 km).

→ **Abstecher - Weingüter**

Auf der **Eisenbahnstraße** bis zur Staatsstraße gehen. Hier liegt nach links der **Alte Posthof** (*1) (Nr. 17; 230m). An der Ecke rechts steht das elegante **Weingut A. Diehl** (Eisenbahnstr. 3a), hinter ihm nach rechts gibt es zum Einkehren das **Wein-Castell Diehl** (Staatsstr. 21).

km

An der Blenk knickt am Ende nach rechts

0,6 und führt zu einer Kreuzung (0,6 km). Hier gehen wir nach links, gleich beginnt ein Wirtschaftsweg.

→ **Abstecher Vinothek Oberhofer** (310m)

Vor dem Wirtschaftsweg nach rechts gehen (= **In den Elfmorgen**) bis zur **Staatsstraße**. An der Ecke liegt einladend die Vinothek des Weinguts Oberhofer (rechts/Nr. 1a).

Auf dem Wirtschaftsweg wandern wir vorbei an Reben und Gebüsch, es ist hier einfach schön (Weinlage Edesheimer Rosengarten).

km

Wo unser Asphaltweg hinabführt, folgen wir links dem parallelen Grasweg neben Reben (1,3 km). Bald lädt Bank 10 zur Rast *(Gewanne: Knöringer Weg des Gemarkungswegs; gewidmet der Edesheimer Pfälzer Weinkönigin von 1956)*. Wir gehen an der Bank vorbei, bald zu einem Asphaltweg und gehen hier im Prinzip geradeaus weiter, sanft hinab ins Tal. Der Weg endet an einer breiten stillen Straße (1,9 km). Wir folgen der Straße nach rechts bis zu einem Asphaltweg nach links (2,3 km). Mit ihm überqueren wir bald einen Bach, es geht leicht hinauf auf den Roßberg. Am Wegende vor Reben (2,5 km) gehen wir nach links und gehen bei nächster Gelegenheit (2,6 km) nach rechts hinauf.

Geradeaus weitergehend geht es bald hinab, vorbei an 2 Ölpumpen, dahinter eine Kreuzung (2,9 km). Hier biegen wir nach rechts, gehen bis zur Straße L516 (3,4 km) und an ihr wenige Schritte nach links, um sie zu überqueren.

Auf der anderen Seite gehen wir nach rechts neben der Straße hinauf. Oben (3,6 km) wenden wir uns nach links. Wir wandern nun auf einem Grasweg zwischen Reben (Weinlage Roschbacher Rosenkränzel) zu einer Kreuzung mit Bank und Gebüsch (4 km).

Hier gehen wir nach rechts hinab (= **Forststr.**) zur Hauptstraße von **Roschbach** (4,3 km). An der **Hauptstraße** gehen wir nach links in den Ort. Hier stehen einige alte Keltern und wir sehen beim **Weingut Joachim Minges** eine Palme (links/Nr. 54/55). Bald führt nach
4,6 rechts die Friedhofstraße (4,6 km).

→ **Abstecher in den Ort**
Wer geradeaus der **Hauptstraße** folgt, kommt zu einem Brunnen (*2) und vorbei an der **Kirche** zu den **Weingütern**

km

Pioth (links/Nr. 12) und **Karlheinz Roth** (rechts/Nr. 9). Dann endet die Straße vor einem Platz mit Spielplatz, Bach und Haltestelle „Raiffeisen" (660m).

Die **Friedhofstraße** biegt oben nach links und heißt dann **Am Rosenkränzel**. Bald führt eine
4,7 Straße nach rechts (4,7 km), ...

→ **Abstecher Weingut Argus** (120m)
Geradeaus zum Weingut (rechts/Nr. 23).

... der wir folgen. So kommen wir hinter dem Friedhof zu einer Kreuzung mit Rastplatz und Gedenkstein „Flurbereinigung" (*3)(4,8 km). Wir gehen geradeaus weiter zwischen Reben hinauf (M: Mandelpfad) und gelangen hinter einem Wildbienenhaus zu einer Kreuzung mit Kirschbaum (Weinlage Edesheimer Rosengarten (*4); 5,2 km).
(Tipp: Hier steht 10 Schritte nach links Bank Nr. 1 vom Gemarkungsweg - Roschbacher Hohl.)
Wir gehen geradeaus weiter. So kommen wir am Ende an **Edesheims** Ruprechtstraße (5,7 km). Diese überqueren wir, gehen geradeaus weiter, bis zur Ludwigstraße, neben dem **Weingut Boos** (links/Nr. 150; 5,9 km).
Wir gehen auf der stillen **Ludwigstraße** nach rechts, vorbei an einem Platz für die Weinköniginnen aus Edesheim *(Julia Becker 2007/08, Ilse Reinig 1956/57)*, dahinter plätschert der
5,9 Modenbach (5,9 km; M: Mandelpfad u.a.).

→ **Abstecher Erlenmühle** (290m)
Nach links wenden und am Bach zum Weingut Erlenmühle gehen.

Wir folgen geradeaus der **Ludwigstraße**. Bald kommen wir vorbei an der **Weinstube Zur Blume** (rechts/Nr. 100; 6,3 km), dann folgen einige **Weingüter**, so **Rehm** (links/Nr. 36), **Garth** - davor ein Brunnen (links/Nr. 40-41), gegenüber **Klimm** (rechts/Nr. 39) und **Ruzika**

Edesheim - Roschbach - Edesheim

km

(rechts/Nr. 31), dann **Provis-Anselmann** (links/Nr. 18; 6,8 km). Bei der Katholischen Kirche wachsen Reben. Dahinter knickt die
6,9 Ludwigstraße nach rechts (6,9 km).

→ **Abstecher**
Der **Ludwigstraße** nach rechts folgen, vorbei am schmucken Rathaus (*5) zur **Ruprechtstraße** (80m). Hier liegt gegenüber das **Weingut Wolf** (Nr. 20), und nach rechts findet sich schnell das **Weingut Bourdy** (rechts/Nr. 30; 150m).

Wir gehen geradeaus weiter, nun auf der **Luitpoldstraße**, und gleich vorbei am **Schloss Kupperwolf** (*6) (links/Nr. 40).
Wir gelangen dann zum **Schloss Edesheim**
7,4 (*7)(rechts; Nr. 9; 7,4 km).

→ **Abstecher - Weingüter**
Dem Schlosstor gegenüber führt nach links die **Schlossstraße** zur **Rhodter Straße** (280m).
a) Wer nach rechts geht, gelangt vorbei am **Weingut Holländer** (rechts/Nr. 3; 310m) zur **Staatsstraße** (370m) mit **Weingut Ernst Minges** (links/Nr. 51).
b) Wer geradeaus weitergeht, findet **Weingut Anselmann** (Staatsstr. 58-60; 440m).

Die Luitpoldstraße endet an der Staatsstraße (7,5 km). Über den Zebrastreifen gehen wir auf das stolze Eckhaus, den **Goldenen Engel** (Nr. 30), zu und folgen geradeaus der **Speyerer Straße**, vorbei am **Weingut Klaus Habermehl** (rechts/Nr. 27). Vor der Bahn biegt die Straße nach rechts zur **Eisenbahnstraße**, links liegt
7,9 der **Bahnhof** (7,9 km).

Roschbach, Weingut Karlheinz Roth

Edesheim, Weingut Ernst Minges

Geschichte(n)

*1. Wein im alten Posthof

Der Alte Posthof in Edesheim ist einst Poststation an der Linie Mainz - Straßburg. Er bietet Quartier für Passagiere und Pferde. Später gelangt das Anwesen in den Besitz des Hochstifts Speyer.

Als 1794 in Edesheim der französische Revolutionskrieg tobt, richten die Franzosen in dieser Poststation ihr Stabsquartier ein. Sie werden besiegt. Bei ihrem Rückzug verbrennen sie Edesheim, doch der Posthof „überlebt".

Carl Anton Jäger, Vorfahr der heutigen Besitzer-Familie von Gropper, erwirbt alles um 1805. Im alten Pferdestall ist heute eine feine Weinstube

Alter Posthof
1717-50: Poststation
1794: Quartier der Franzosen

*2. Roschbach geschichtlich

Roschbach, ehemals ein Reichsdorf, wird in alter Zeit von verschiedenen Herrschaften verwaltet. Da gibt es im 15. Jh. die Herren von Dahn, auch die von Ochsenstein und das Kloster Klingenmünster.

Ab 1605 gehört Roschbach zum Hochstift Speyer. Im 30jährigen Krieg plündern 1620 die Schweden die Orte des Hochstifts, viele Roschbacher fliehen nach Landau. 1667 leben nur noch 99 Menschen im Ort.

In den Revolutionskriegen plündern die Franzosen Roschbach 1794. Sie verfrachten Roschbacher als Geiseln nach Landau. Für deren Verköstigung muss die Gemeinde sorgen! Roschbach zählt nun zu Frankreich, dann zu Bayern.

Der Sommer 1816 ist verregnet, nach der Missernte wandern an die 60 Roschbacher aus nach Nordamerika.

Rund 130 Jahre später, der 2. Weltkrieg ist so gut wie vorüber, man schreibt den 26. April 1945. Da läuten russische Kriegsgefangene aus dem Lager in Edesheim „Sturm", die Roschbacher laufen zusammen. Die Russen, gut bewaffnet, wollen sich rächen. Am Abend sind einige Tote zu beklagen.

Roschbach
ehemals Reichsdorf
später: zur Herrschaft Geisburg (mit Burrweiler, Flemlingen, Wernersberg)
1605-1794: zählt zum Hochstift Speyer (Amt Edesheim, Oberamt Kirrweiler)

*3. Während der Weinlese ist der Fuhrwerksverkehr unmöglich

In Edesheim gibt es schon 1890 eine 1. Flurbereinigung. Doch werden damals nur neue Feldwege angelegt. 1901 fordert man eine nächste Flurbereinigung, denn: „Während der Weinlese ist der Fuhrwerksverkehr geradezu unmöglich!"

Dringlicher jedoch ist damals die Bekämpfung der Reblaus. Ab 1938 müssen alle Weinberge in Rhodt, Weyher und Edesheim auf reblausfeste Pfropfreben umgestellt werden, dabei legt man dann zugleich auch Wege neu an. Die Winzer können den 4-jährigen Ernteausfall nur überstehen, weil sie auch Ackerbau und Viehzucht betreiben.

In Edesheim sind die Pfropfreben entlang der Grenze zu Roschbach und Hainfeld gesetzt, da stoppt der 2. Weltkrieg alle Arbeiten. Erst nach dem Krieg (1950) nimmt man endlich den stark reblausverseuchten Abschnitt „Am Berg" in Angriff. Man begradigt dabei auch Hohlwege und Böschungen. Deren Bedeutung erkennt man erst 1976.

*4. Die Weinlagen bei Edesheim

Ein Rebenreigen umrahmt Edesheim mit seinen stattlichen Winzerhöfen. Da zieht der Edesheimer Mandelhang zwischen Hainfeld und Rhodt die Hänge hinauf. Die Lage tauft man erst in den 1950er Jahren von Rhodter Höhe in Mandelhang um, damals, als die Weinlagen in das Kataster eingetragen werden. Der Name erinnert an die Mandelbäume an den Feldwegen.

Südlich vom Ort liegt die sehr große Einzellage Edesheimer Rosengarten. Der Flurname Rosengarten ist häufig anzutreffen. Vielleicht wegen der Rosen, man pflanzt schon in alter Zeit Heckenrosen in Lagen, die für Mehltau anfällig sind. Die Pilzkrankheit befällt Reben und Rosen gleichermaßen und kann - ist die Rose befallen - schneller erkannt werden. Oder weil seit der Minnesängerzeit die Rose als Symbol der Liebe gilt?

Die Lage Edesheimer Forst bekommt ihren Namen nach dem Forst, der ausschließlich der herrschaftlichen Jagd und Holznutzung vorbehalten ist.

*5. Edesheim geschichtlich

Edesheim zählt ehemals in der Hauptsache zum Besitz des Klosters Weißenburg. Spätestens im 15. Jh. hat Edesheim das Marktrecht.

Bis 1482 gehört denen von Ochsenstein der Ort als ein Lehen des Klosters. Die Ochsensteiner hausen auf der Burg Meistersel. Später kommt Edesheim an das Domkapitel, dann ans Hochstift Speyer. Das richtet in Edesheim einen Amtssitz ein.

In der Französischen Revolution unterliegen in Edesheim 1794 die Franzosen den Preußen unter General Blücher. Ob General Blücher hier, wie vor Schlachten in Flandern, eine Lobrede auf den Champagner hält? Dort hob er das Glas und sprach: *„Ist es nicht Jammerschade, dass man gegen ein Volk muss Krieg führen, das einen so herrlichen Trunk braut? Man sollte denken, das müssten die allerbesten Menschen sein, aber o Gott, o Gott!“*

Die besiegten Franzosen legen zornig Feuer. „Village brulé“ (verbranntes Dorf) heißt Edesheim in den französischen Militärarchiven.

Doch bald wird Edesheim französisch, über den alten Weinkellern entstehen neue Winzerhäuser.

Edesheim
ehemals im Besitz des Klosters Weißenburg
um 1300-1482: Lehen derer von Ochsenstein
1487: Ortsherr - Hochstift Speyer
1794: „Dorfbrand“, danach französisch
1815: kommt zu Bayern
1972: kommt zur Verbandsgemeinde Edenkoben

Edesheim, Schloss Kupperwolf

*6. Paul von Holbach, Philosoph

Das „Kupperwolf-Schlössel" in Edesheim steht prächtig da - rosa farbig die Fassade und Rosenschmuck als Zierde. Franz Adam Baron von Holbach lässt sich dies ansehnliche Haus 1699 erbauen. Er ist kinderlos, reich geworden durch Aktienspekulationen hat er sich den erblichen Titel eines Barons erworben.

Als 1723 sein Neffe Paul, Sohn des Winzers Thiry, zur Welt kommt, herrscht in Edesheim der Fürstbischof von Speyer. Franz Adam von Holbach nimmt Paul unter seine Fittiche. Paul studiert in Leyden, später adoptiert ihn sein Onkel, und Paul lebt bei ihm in Paris. Er beerbt den Onkel, als der stirbt.

Paul, nun Baron Paul von Holbach, verbringt sein Leben als Privatgelehrter. Er ist verheiratet und ist sehr empfänglich für die Freuden der Tafel. Als Vertrauter von Denis Diderot unterstützt er dessen berühmte Enzyklopädie. In seinem philosophischen Salon werden lebhaft die neuen Ideen der Aufklärung diskutiert. „Vortreffliche Küche, ausgezeichneter Wein und Kaffee", sagt einer.

Paul von Holbach schreibt seine Ideen auch nieder, sein Hauptwerk „Système de la nature" erscheint 1770 und wird 1783 ins Deutsche übersetzt. Sinn des Lebens ist das Streben nach irdischem Glück, zu dessen Erreichen man aber auch das Glück des Mitmenschen wollen muss, heißt es darin. Er fordert Bildung für alle und leugnet sämtliche Gottesbeweise.

Das Buch wird öffentlich verbrannt. Zum Glück bleibt Paul von Holbachs Urheberschaft unentdeckt. Wie sehr man gegen dieses Buch vorgeht, zeigt der Fall eines Apothekergehilfen. Weil der ein Exemplar verkauft hat, wird er zu 9 Jahren Galeere verurteilt!

Paul von Holbach stirbt 1789 kurz vor der Französischen Revolution. Mit der Erklärung der Menschenrechte hat er dieser Revolution intellektuell vorgearbeitet, doch die Hauptvertreter zählen ihn nicht zu den geistigen Vätern. Vielleicht weil sie keine Atheisten sind wie er? So ist Paul von Holbach heute

weitgehend vergessen - anders als Voltaire, Rousseau und Diderot. Doch in Edesheim feiert man 1989, zu seinem 200. Todestag, die „Holbachtage" und bringt eine Gedenktafel am Schloss Kupperwolf an.

Paul Baron von Holbach (1723-89)
1723: Geburt in Edesheim (Ludwigstr. 4)
1749: Bekanntschaft mit Denis Diderot (1713-84)
1754: General Kupperwolf kauft das „Schloss"
1770: Hauptwerk „Système de la Nature …" erscheint

*7. Das Schloss Edesheim

In Edesheim wird ein Herrenhof des Klosters Weißenburg im 12. Jh. zu einer Wasserburg ausgebaut. Als 1487 der prunksüchtige Speyerer Fürstbischof Ludwig von Helmstatt (†1504) Edesheim kauft, baut er das Schloss zum Amtssitz für seinen Keller aus.

In Kriegen wird das Schloss immer wieder zerstört, doch danach jedesmal wieder aufgebaut. In französischer Zeit gelangt es in Privatbesitz.

Heute befindet sich das „Hotel Schloss Edesheim" (mit gut sortiertem Weinkeller!) im Besitz der Unternehmensgruppe Dr. Lohbeck. Ein Fußweg führt zu einem Freilichttheater mit Seebühne. Der Schlossgarten ist seit jeher mit Reben bestanden und heute eine eigene Wein-Einzellage: Edesheimer Schloss!

Schloss Edesheim
12. Jh.: Wasserburg des Klosters Weißenburg
1487: Amtssitz - Hochstift Speyer
1594: Ausbau (nach Zerstörung 1525)
1694 + 1794: Zerstörung + Wiederaufbau
1804: Privatbesitz; Neubau
2000: wird Hotel

Albersweiler, Queichhambach u. Gräfenhausen

Kurzinformation zu den Orten

Albersweiler
(Verbandsgemeinde Annweiler am Trifels)

ca. 2.000 EW; Fremdenverkehrsort mit Steinbruch im Queichtal, umgeben von Wald, ruhige Wohngemeinde.

Wein & Sehenswert

Pfälzer Hof (Hauptstr. 94; erbaut 1733): ehem. Gasthaus zum Hirsch mit Bogeninschrift: „Das Haus ist erbaut worden durch Wendel Metzger..."

Weingüter + Einkehren

Weingut Gebr. Nägle: Hauptstr. 11

Weingut Hahn: Kirchstr. 16

... Weiteres siehe S. 145 f.

Weinlage:

Großlage Königsgarten (Bereich Südliche Weinstr.)

„Albersweiler Latt" (rd. 70 ha); Boden: Lehm (liegt 180-280m hoch)

Alte Wappenschmiede an der Queich

Queichhambach
(Ortsteil von Annweiler am Trifels)

gut 600 EW; liegt im Bereich der Stauferburg Trifels, am Fuße des Hohenbergs.

Einkehren

Wirtshaus im Fronhof: Queichtalstr. 40

Gräfenhausen
(Ortsteil von Annweiler am Trifels)

knapp 600 EW; westlichste Pfälzer Weinanbaugemeinde, liegt in einem Seitental der Queich im Pfälzerwald

Weingut

Burgunderhof Schneider: Krummgasse 9 + 11

... Weiteres siehe S. 157

Weinlage:

Gräfenhausen hat keine Wein-Einzellage, doch rd. 3 ha Weinberge

Albersweiler - Gräfenhausen - Albersweiler

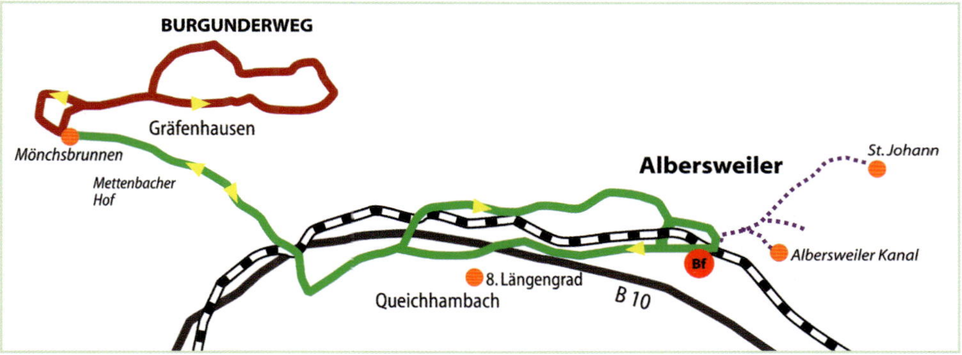

RADTOUR

A. Albersweiler - Gräfenhausen

Start: Albersweiler, Bahnhof

Anfahrt: Bahn (Landau - Albersweiler - Pirmasens); Bus 521 (Landau - Nußdorf - Frankweiler - Albersweiler - Eußerthal - Ramberg)

Ziel: Gräfenhausen, Mönchsbrunnen

Weglänge: 5 km / 25 Min.

Markierung (M): Queichtal-Radweg u.a.

Anforderung: Leichte Radtour, auf wenig befahrenen Straßen und Radwegen. Zum Wandern nicht zu empfehlen.

RADTOUR

C. Gräfenhausen - Albersweiler

Start: Gräfenhausen, Mönchsbrunnen (Hahnenbachstr. / Ecke Steingasse)

Ziel: Albersweiler, Bahnhof

Weglänge: 5,3 km / rd. 30 Min.

Markierung (M): Queichtal-Radweg

Anforderung: Leichte Radtour, z.T. identisch mit dem Hinweg.

RUNDWEG-WANDERUNG

B. Burgunderweg Gräfenhausen

Start/Ziel: Gräfenhausen, Mönchsbrunnen (Hahnenbachstr. / Ecke Steingasse)

Anfahrt: mit dem Rad (s. Weg A.) nach „Gräfenhausen, Ort" mit Bus 523 (Albersweiler - Queichhambach - Gräfenhausen - Annweiler)

Weglänge: 4,4 km / 1,5 Std.

Markierung: Burgunderweg (Flyer am Start); M auch: Mönchsweg, Pfälzer Weinsteig

Anforderung: 2 Themenwege gibt es in Gräfenhausen, Mönchsweg und Burgunderweg. Wir folgen dem Burgunderweg. Der Wanderweg mit Steigungen verläuft durch Wald und Wein, es gibt herrliche Ausblicke auf das Queichtal und die Burgen Trifels, Anebos und Scharfenberg. Als Radtour nicht geeignet, und Kinderwagen müssen geländegängig sein.

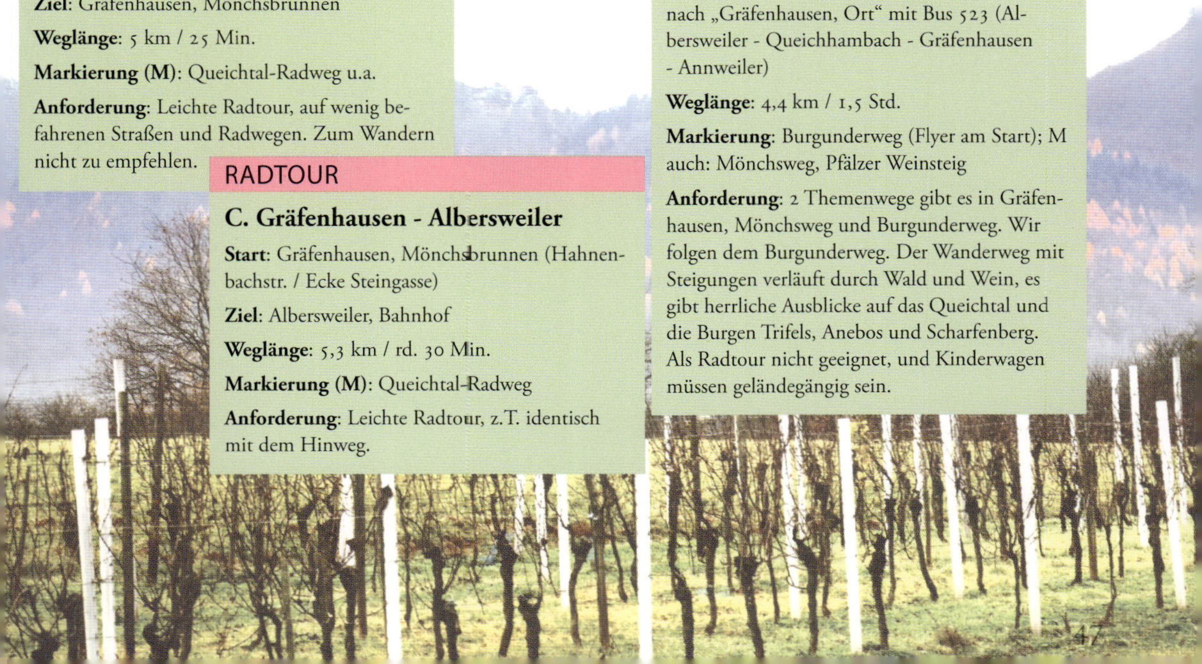

Weinweg 6

Albersweiler - Gräfenhausen - Albersweiler

km

Wegverlauf

In Gräfenhausen wandert man auf dem herrlichen Burgunderweg, An- und Abfahrt geschieht am besten mit dem Rad ab Albersweiler. Dort gibt es zum Abschluss dann noch einige feine Weingüter zu entdecken.

A. Nach Gräfenhausen

Die Schienen am **Bahnhof Albersweiler** im Rücken wenden wir uns nach links, neben der Bahn fahren wir bis zum Bahnübergang (0,3 km; M: Queichtal-Radweg). Wir überqueren die Bahn nach links (M: Queichtal-Radweg u.a.) und folgen - vorbei am Schild Queichhambach - der stillen Straße **Am Bahnhof**. Hinter der Neumühle (heute: Rosenfeldt-Design) beginnt bald ein Radweg an der Straße (1,4 km; M: Queich). Wir folgen ihm nach links über die B10. Bald überfahren wir den 8. Längengrad (Rastplatz mit Schautafel; 2 km). Wo der Radweg endet, wechseln wir die Straßenseite. Vor uns beginnt der eigentli-
2,2 che Ort **Queichhambach** (2,2 km).
Wir folgen geradeaus der **Queichtalstraße** („Annweiler 1 km“) und kommen vorbei an einem öffentlichen Bücherschrank (2,4 km). Wer seine Lektüre vergessen hat, kann sich hier versorgen. Bald liegt am Weg einladend das **Wirtshaus im Fronhof** (rechts/Nr. 40; 2,7 km).
250m weiter biegen wir nach rechts in die **Hahnenbachstraße** („Gräfenhausen 1,7“). Mit der Brücke geht es über Queich, B10, Bahn. Wir fahren an der stillen Straße bis nach **Gräfenhausen** (*1) (4,6 km).
Es geht vorbei am alten Schulhaus. 150m weiter plätschert an der Ecke zur Steingasse der Mönchsbrunnen (rechts). Hier beginnt der
5,0 Burgunderweg.

km

B. In Gräfenhausen, Burgunderweg

Beim Mönchsbrunnen *(erinnert an den Beginn des Weinbaus durch die Zisterziensermönche)* zeigt eine Schautafel den Wegverlauf von Burgunderweg und Mönchsweg. Beide verlaufen zunächst parallel.
Wir folgen der **Steingasse**, nach 40m findet sich nach links ein Fußpfad. Oben folgen wir nach rechts der **Kirschhackerstraße**.
0,5 Am Ortsausgang (0,5 km) bietet sich nach wenigen Schritten ein schöner Blick zurück auf Gräfenhausen. 200m weiter wachsen am Weg erste Reben. *(Dahinter führen Mönchsweg und Weinsteig nach links (0,7 km).)* Wir gehen geradeaus weiter, vorbei an Bänken und Tischen mit Schautafel *(Geschichte des Burgunderanbaus in Gräfenhausen)*. Beim Weitergehen sehen wir immer wieder Pfähle aus Beton, wo schon lange kein Wein mehr angebaut wird.
Nach 400m folgt die nächste Schautafel *(Burgunderfamilie)* bei einem gepflegten Weinberg (1,1 km). Wir gehen geradeaus weiter. Bald geht es durch die Weinberge. An einer Pergola mit Rastplatz biegt der Weg scharf nach links (1,7 km) und es geht hinauf (*2).
Nach 200m steht am Weg die Skulptur „Or-
1,9 gelpfeife mit Rebe“ (*3) (1,9 km), bei ihr bietet sich von einer langen Bank ein prachtvoller Blick auf das Queichtal mit Queichhambach. Wir gehen hinter der Orgelpfeife nach rechts weiter hinauf auf einem Wiesenweg und kommen dann in den Wald. Am Wegende (2,2 km) gehen wir nach links weiter leicht hinauf. Bei 2,5 km zeigt uns eine Schautafel den Queichtalblick. Hinter einer Kreuzung (2,6 km) geht es hinab. Der Weg endet
2,8 (2,8 km), wir gehen nach rechts hinauf. Oben stellt eine Tafel die Burgen Trifels, Anebos und Scharfenberg vor (*4).

km

Nach einem Wegstück durch den Wald folgt bei einer Kreuzung die Schautafel „Wein und Esskastanien“ (3,4 km). Hier geht es nach links, ein steiler Abstieg durch den Wald beginnt (M: Mönchspfad; Weinsteig). Unten findet sich die vom Hinweg bekannte Sitz-
3,5 gruppe (3,5 km).

Nach rechts wird schnell der Ortsrand von Gräfenhausen erreicht (3,7 km). Wir folgen der Straße geradeaus. Wir folgen ihr bis zu einer Kreuzung vor dem alten Gasthaus zum Lamm und **Weinbau Schneider - Burgunder-**
4,3 **hof** (*5) (Krummgasse 9+11) (4,3 km).

Hier gehen wir nach links (= **Waldstr.**) durch den alten Ort zurück zum Mönchsbrunnen.

C. Nach Alberweiler

Wir fahren auf der **Hahnenbachstraße** nach Süd-Osten durch **Gräfenhausen**. Wie auf dem Hinweg kommen wir am Ende mit der Brücke über Bahn, B10 und Queich. Bald dahinter endet die Straße in
2,1 **Queichhambach** (2,1 km). Wir fahren nach links („Albersweiler 2,0“).

Direkt hinter dem Ort (2,8 km) fahren wir diesmal nach links („Rothenhof“; „Albersweiler 2,5“). Eine Brücke führt wiederum über Queich, B10 und Bahn, dahinter (3,2 km) wenden wir uns nach rechts.

Vor einer Brücke (3,7 km) fahren wir nach links, bald nach rechts und hinauf zur Straße (4 km). Auf ihr wenden wir uns nach links und bei der Kreuzung nach rechts („Albersweiler 1 km“). Beim Granitsteinbruch ist die Straße verschmutzt. 200m hinter dem Ortsschild von **Albersweiler** liegt am Weg die **Wappenschmiede** (rechts/Hauptstr. 4; 5 km). Hier folgen wir nach links der **Hauptstraße**, vorbei am **Weingut Gebr. Nägle** (links/Nr. 11; 5,2 km). Bei Nr. 40 führt die **Kanalstraße**
5,3 nach rechts zum **Bahnhof** (5,3 km).

km

Zu den Weingütern

Start: Bahnhof Albersweiler

Den **Bahnhof Albersweiler** im Rücken gehen wir über den Albersweilerer Kanal, dahinter folgen wir nach rechts der **Kanalstraße**. Nach gut 100m wird nach links die Queich überquert. An der **Hauptstraße** (170m) wenden wir uns nach rechts, es geht vorbei am **Pfarrer-Hamm-Platz** (*6) mit Bushaltestelle (250m). Dann treffen wir auf die Weinstraße (340m); diese führt hier nach links und geradeaus.

Der Weinstraße geradeaus folgen:

Bei Nr. 94 (rechts) stand einst das Gasthaus Zum Hirsch (*7). Bald dahinter verläuft die Straße in einer Kurve nach rechts, vorbei am **Pfälzer Hof** (*8) (rechts/Nr. 106) geht es schnell zu dem uralten **Albersweiler Kanal** (*9) (230m).

Der Weinstraße nach links folgen:

Nach 170m führt nach rechts die Kirchstraße.

→ **Abstecher zu Weingütern**

Über die **Kirchstraße** nach rechts zum **Weingut Dächert** (rechts/Nr. 15; 150m), gegenüber liegt das beeindruckende **Weingut Hahn** (Nr. 17).

Geradeaus geht es weiter auf der **Weinstraße** zu den Bioland-**Weingütern Hans Bosch** (links/Nr. 12; 510m) und **Stefan Bernhart** (links/Nr. 4; 580m).

Betonpfähle halten Reben

Geschichte(n)

*1. Gräfenhausen geschichtlich

Gräfenhausen, ehemals ein Straßburger Lehensbesitz, wird 1189 dem Kloster Eußerthal übergeben. Als das Kloster 1561 aufgelöst wird, kommt Gräfenhausen zur Kurpfalz.

Mit der Französischen Revolution wird der Ort französisch und fällt 1816 an Bayern.

Heute ist Gräfenhausen ein Stadtteil von Annweiler am Trifels.

Gräfenhausen
ehemals ein Straßburger Lehen
1189: ans Kloster Eußerthal
1561: zur Kurpfalz
1816: kommt nach frz. Zeit zu Bayern
1979: wird Ortsteil der Stadt Annweiler am Trifels

*2. Die Südpfalz-ConneXion

Die Geschichte, wie die 5 Winzer der Südpfalz-ConneXion die Weinberge bei Gräfenhausen wiederbeleben, ist erzählenswert.

5 junge Winzer, 20 bis 27 Jahre alt, stehen 1999 bei den Weintagen in Landau zufällig beisammen: Sven Leiner und Boris Kranz aus Ilbesheim, Peter Siener und Volker Gies aus Birkweiler, Klaus Scheu aus Schweigen. Jeder von ihnen hat schon Verantwortung im elterlichen Betrieb übernommen, und es liegt ihnen daran, das Image der Südpfalz aufzupolieren. Sie merken schnell: „Als Gruppe können wir etwas bewegen!" Im Juli 2000 stellen sie sich erstmals als Südpfalz ConneXion vor. „Wollen die die ‚Fünf Freunde' kopieren?", denken viele. Doch sind diese Fünf viel jünger als die Südpfälzer Winzergruppe „5 Freunde" und haben eigene Ideen. Auf der Suche nach einer exzellenten Lage denken sie an Gräfenhausen. Sie kennen die alte Bedeutung des Gräfenhauser Weins. Zwar betreibt dort an den Steilhängen kaum einer noch Weinbau, doch die Fünf entdecken einige uralte Rebstöcke. „Wir müssen hier wieder Burgunder pflanzen", sind sie sich einig. Doch keiner von ihnen besitzt dort einen Weinberg.

2002 verkauft ihnen die Gemeinde ein Waldstück am Hang. Sie roden es in Schwerstarbeit, bei Regenwetter kann nicht einmal das Allradfahrzeug die Steigung bezwingen! Ihre Spätburgunder-Reben bestellen sie direkt im französischen Burgund. Bald verpachtet ihnen ein Nachbar weiteres Land - damit besitzen sie 0,4 ha Weinberg. Der Südhang oberhalb von Gräfenhausen bietet einen atemberaubenden Blick.

2 Jahre dauert es, dann probieren sie feierlich ihren ersten Gräfenhauser Spätburgunder 2003. Erstklassig schmeckt der! Wem aber sollen sie ihr einziges Fass verkaufen? Mutig fragen sie bei dem Luxusschiff MS Europa an, wo der Wein aus Gräfenhausen schon 80 Jahre zuvor kredenzt worden ist, und verkaufen denen ihren wertvollen Schatz.

*3. Reben in der Orgelpfeife

In alter Zeit wachsen Burgunder-Reben nur in der französischen Provinz Burgund, der Wein heißt dort Pinot noir. Unter Androhung von Todesstrafe ist es verboten, die Reben auszuführen.

Dann sollen Zisterziensermönche aus Burgund ein Kloster in Eußerthal aufbauen (1148). Unbedingt wollen sie ihren Wein in ihrer neuen Heimat genießen und ersinnen pfiffig eine List. In einer Orgelpfeife versteckt bringen sie ihre Burgunderreben unbehelligt nach Gräfenhausen.

Am Burgunderweg steht heute in den Weinbergen ihre Orgelpfeife als Skulptur. Zur Weg-Einweihung kreieren Bürger aus Gräfenhausen ein wohlschmeckendes Getränk, den Pinot Castanea. Edelkastanie und Burgunder, beides gedeiht hier am Wingertsberg. Daher ist bei diesem Getränk ein Blütenauszug aus den Blüten der Kastanien dem Gräfenhausenerer Spätburgunder zugemischt.

Am Burgunderweg in Gräfenhausen

*4. Anebos und Scharfenberg

Die Burgruinen Anebos und Scharfenberg liegen oberhalb von Annweiler, doch zählen sie zu der Waldgemarkung von Leinsweiler.

Von der Burg Anebos existieren nur noch Mauerreste und Zisterne. Die Burg wird Anfang des 12. Jh. Stammsitz der Herren von Anebos. Letztmalig wird die Burg 1266 erwähnt.

Burg Scharfenberg, genannt wird sie auch „Münz", was übersetzt wohl Festung bedeutet, auf jeden Fall nichts mit einer Münzstätte zu tun hat. Der staufische König Konrad III. (1138-52) lässt die Burg erbauen, wohl als Staatsgefängnis. Ihre späteren Eigentümer nennen sich von Scharfenberg. Zur Ruine wird die Burg im Bauernkrieg 1525.

*5. Winzerort Gräfenhausen

Gräfenhausen ist der kleinste Weinort und zugleich die westlichste Weinbaugemeinde der Pfalz, 2 ha sind mit Spätburgunder bestockt. Weingut im Ort ist der Burgunderhof, neben ihm gibt es noch Weinbau Seebach und Heißler.

Weinbau ist hier durch eine Schenkungsurkunde schon seit 1335 nachgewiesen. Noch um 1800 sind die Hänge des Queichtals bis in die Annweilerer Berge mit Rebstöcken bepflanzt. Damals gehört Spätburgunder aus Gräfenhausen zu den teuersten Weinen der Pfalz. Der „Gräfenhauser" wird 1822 ebenso teuer gehandelt wie die edlen Tropfen aus Deidesheim. 1833 gibt es einen Rebenbestand von 25 ha! 1928 wird der Wein sogar auf der Amerika-Schiffslinie von Hapag Lloyd serviert.

Weil die Arbeit am Hang eine arge Plackerei ist, werden 1928 nur noch 17 ha Rebfläche beackert. Doch seit 2002 beleben die Winzer der Südpfalz-ConneXion die alten Burgunder-Weinberge.

*6. Albersweiler geschichtlich

Am Pfarrer-Hamm-Platz in Albersweiler informiert eine Schautafel über die Ortsgeschichte. Besitz hat im Ort ehemals das Kloster Weißenburg. Dieses besitzt ebenso „Kanteskircha", den heutigen Ortsteil St. Johann. Doch 985 eignet sich Herzog Otto I. (†1004) „Kanteskircha" beim Salischen Kirchenraub an.

Von den Saliern kommt Albersweiler an die Staufer, zählt also zum Reichsgut. Doch haben auch andere Besitz. Mit der Zeit klären sich die Verhältnisse: Der Südteil fällt 1330 an die Kurpfalz und gelangt 1410 an das neue Herzogtum Pfalz-Zweibrücken. Das Nord-Dorf mit St. Johann besitzen die Scharfenberger. Als sie 1416 aussterben, folgt die Kurpfalz. Damals bildet in Albersweiler die Hauptstraße eine Staatsgrenze! 1455 kann knapp die Zerstörung der Südhälfte verhindert werden, als sich Kurfürst Friedrich I. (1425-76) und Herzog Stefan von Pfalz-

Zweibrücken (1385-1459) bekriegen.

Die Kurpfalz begründet 1488 eine Nebenlinie, aus der das Haus Löwenstein-Scharfeneck wird. Albersweiler zählt damit im Großen und Ganzen zu Pfalz-Zweibrücken und Löwenstein-Scharfeneck.

Mit der Reformation nehmen die Spannungen zu. Im 30jährigen Krieg brennen die katholischen Truppen den kalvinistischen Süden ab (1622). Den Norden zerstören 12 Jahre später die Schweden, die für die Protestanten kämpfen. In diesem Krieg ist Albersweiler lange Jahre vollständig verlassen.

Gegen Ende des 17. Jh. will Frankreich die Südpfalz erlangen und betreibt eine massive Rekatholisierung. Im Spanischen Erbfolgekrieg (1701-14) gibt es Einquartierungen. Danach beginnt Albersweiler wieder zu wachsen.

In der Französischen Revolution wird es in Albersweiler ab 1793 unruhig. Die Bürger verstecken sich in den Wäldern. Der Pfarrer klagt: Manchmal sei es schwer, den Abendmahlswein zu beschaffen!

Als der Ort dann zu Frankreich kommt, endet die Zweiherrigkeit. 1815 gelangt Albersweiler an Bayern.

Gegen Ende des 19. Jh. hält Industrie Einzug, einer der wichtigsten Arbeitgeber wird der Granitsteinbruch.

Da im 2. Weltkrieg ein Geschütz im Eisenbahntunnel stationiert ist, wird der Ort mehrfach bombardiert.

Albersweiler
ehemals Besitz des Klosters Weißenburg
1330: Südteil zur Kurpfalz, später Pfalz-Zweibrücken
1477: Nordteil - an die von Löwenstein
1794: kommt zu Frankreich
1804: St. Johann wird eingemeindet
1815: kommt zu Bayern
seit 1875: Bahnlinie Landau-Zweibrücken

*7. Vom Weinhandel

Einst steht mitten in Albersweiler das Gasthaus zum Hirsch. Der „Krösus des Queichtals“, Schultheiß Wendel Metzger, lässt sich das Gasthaus 1733 erbauen.

Es lebt damals eine starke jüdische Gemeinde in Albersweiler, viele Juden betätigen sich als Weinhändler. Immer wieder gibt es Beschwerden, die Juden würden die Feiertage der Christen missachten. Da erdenkt sich Schultheiß Wendel Metzger 1740 ein Reglement, das den Weinhändlern die Einfuhr von Wein nach Albersweiler verbietet.

Die Weinhändler richten daraufhin ein Weinlager in Queichhambach ein. Bald 13 Jahre währt dieser Zustand, da beschweren sich die Schutzjuden von Albersweiler beim Herzog von Zweibrücken (1753). Damit kommt ans Licht, wie Wendel Metzger die „jüdische Konkurrenz“ hat loswerden wollen.

Jetzt erwirken die Juden mutig eine Untersuchung darüber, ob die Albersweiler Winzer das Lagergeld für Weintransporte von Süd nach Nord und umgekehrt zahlen. Dabei stellt sich heraus, dass beim Herbsten gar kein Lagergeld erhoben worden ist für Wein, der in die andere Dorfseite (ins „Ausland“) gebracht worden ist. Die entsprechende Anweisung hat vermutlich Schultheiß Wendel Metzger persönlich erlassen.

Queichhambach, Wirtshaus im Fronhof

*8. Die habgierige Wirtsfrau

1750 sind in Albersweiler 8 Wirtschaften zu finden! Eine ist die Wirtschaft Zum Goldenen Kreuz. Dort lebt eine Wirtin, die sehr geizig ist. Wenn sie Wein ausschenkt, gerät ihr kein Tröpfchen über den Eichstrich.

Ihr Mann steht unter ihrer Fuchtel. Als einmal in der Gaststube ein müder Wanderer sitzt, dem das Geld fehlt für seinen Schoppen, gibt der Wirt diesem zu verstehen, Geld sei ihm einerlei. Gerade als er dem Gast einen Schoppen Wein auf den Tisch stellt, kommt seine Frau herein. Sie sieht den Finger vor dem Mund des Gatten, entreißt dem Gast seinen Schoppen und herrscht ihn an: „Verlass meine Wirtschaft, sofort!" Mit den Jahren erarbeitet sich die Wirtsfrau ein stolzes Anwesen.

Eines Tages liegt die Frau im Sterben. Noch auf dem Totenbett erteilt sie ihrem Mann Anweisungen. „Mach ja keinen Leichenimbs! Lass auch keine Messe lesen, ich habe in meinem Leben nichts Unrechtes getan. Das Geld kannst du dir sparen!"

Die Frau ist tot, der Wirt lädt zum Leichenschmaus. Da geht es hoch her. Um Mitternacht, plötzlich springt die Türe auf, es zeigt sich eine Sau. Sie grunzt, läuft zur Theke, säuft den Gläserspülkübel leer, blickt drohend auf den Wirt - und verschwindet.

Fortan kommt die Sau jedes Mal, wenn der Wirt um Mitternacht noch bei den Gästen sitzt. Stets säuft sie den Kübel aus, blickt in die Runde und verschwindet.

Darüber vergeht ein Jahr. Der Todestag der Wirtin steht bevor, da will der Wirt mit seinen Kumpanen ein Mordstrara veranstalten. Wie sie diesen Abend genießen! Und als es bald Mitternacht schlagen soll, warten sie auf ihren „Gast". Doch es schlägt Mitternacht, ohne dass die Sau erscheint. Ungeduldig tritt der Wirt, kaum ist der letzte Glockenschlag verklungen, zur Tür. Als er diese öffnet, geht eine kalte Dusche auf ihn hernieder. In seinem weinumnebelten Dasein hat er vergessen, dass er selbst über der Tür eine Wanne mit Wasser deponiert hat, zum Empfang der Sau. Tropfnass steht er da und schaut ganz dumm. Die Sau jedoch erscheint nie wieder.

Der Wirt lebt noch ein gutes Jahr in Saus und Braus, dann hat er seinen Reichtum vertan und er muss sein Gasthaus einem anderen überlassen. Der nimmt ihn gnädig auf. Bis an sein Lebensende muss der alte Wirt Hof und Gaststube putzen. Seine Kumpane hingegen genießen nun mit anderen in lustiger Runde ihren Wein.

*9. Der Albersweilerer Kanal

Man schreibt das Jahr 1687. Landau soll zu einer Festung werden. Aus den Steinbrüchen von Albersweiler soll das Baumaterial kommen. Für den Transport braucht man einen Kanal, etwa 1.000 fronpflichtige Bauern graben täglich daran. Das Wasser liefert die Queich. Im Bedarfsfall lässt sich mit dem Kanal gar die Festung fluten.

Heute gilt dieser Kanal als die älteste künstliche Wasseranlage Deutschlands. Lange vernachlässigte man ihn, doch steht er heute unter Denkmalschutz.

Albersweilerer Kanal
1687/88: Bau (Länge: ca. 10 km)
2006: unter Denkmalschutz

Was für eine wunderbare Sight-Seeing-Tour!

Man sitzt bequem im Bus und fährt an Weingütern und Reben vorüber. Diese Reise ist für jedes Alter und für jede Konstitution eine Freude. Manchmal wird das Aussteigen empfohlen, wenn in der Nähe attraktive Weingüter liegen. So kann jeder individuell seine Fahrt unterbrechen, sich später wieder in den Bus setzen und weiter- bzw. zurückfahren.

Ab 1913 fuhr auf dieser Strecke die Pfälzer Oberlandbahn. Die Schmalspurbahn „Schneck“ wurde in den 1950er Jahren durch Busse ersetzt. Diese steuern, anders als die „Schneck“, auch St. Martin, Burrweiler und Gleisweiler an, sie folgen grob der Deutschen Weinstraße. Beschrieben wird die Fahrt der Palatina-Linie 501 von Neustadt nach Landau, der Übersichtlichkeit halber aufgeteilt in 3 Etappen. Die Busse fahren in der Regel im Stundentakt und benötigen für die Gesamtstrecke rund 70 Minuten. Aufgepasst, manchmal gibt es besondere Streckenführungen.

Reise mit dem Palatina-Bus 501

WEINWEG 7: Neustadt - Maikammer-Alsterweiler - St. Martin - Edenkoben - Rhodt unter Rietburg - Hainfeld - Flemlingen - Burrweiler - Gleisweiler - Böchingen - Nußdorf - Landau

Länge insgesamt: 37 km / ca. 70 Min

Reben im Herbst - bei Edenkoben

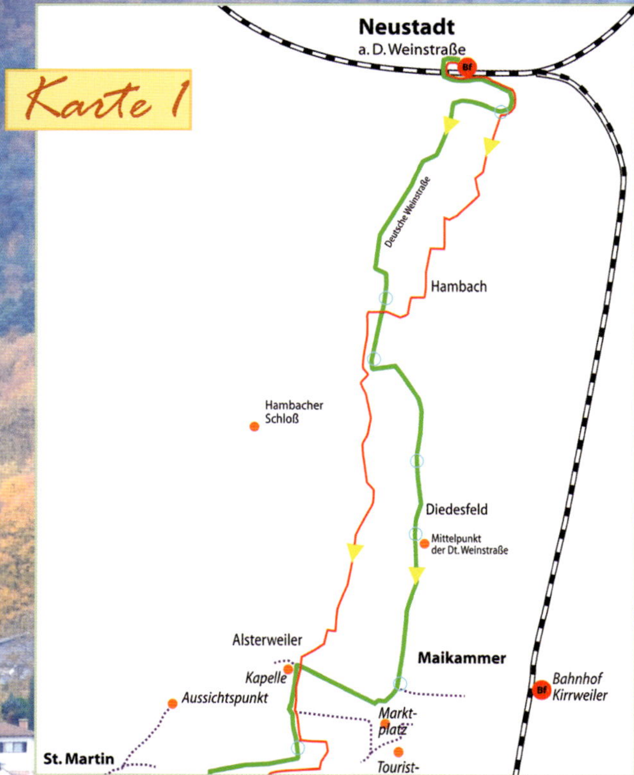

Karten für Weinwege 7, 8 und 11:

Weinweg 7	siehe S. 58 ff.
Weinweg 8	siehe S. 82 ff.
Weinweg 11	siehe S. 125 ff.

Karte: Südpfalz 1:40.000. - Pietruska-Verl., 2012

Reise mit dem Palatina-Bus 501 – Weinweg 7

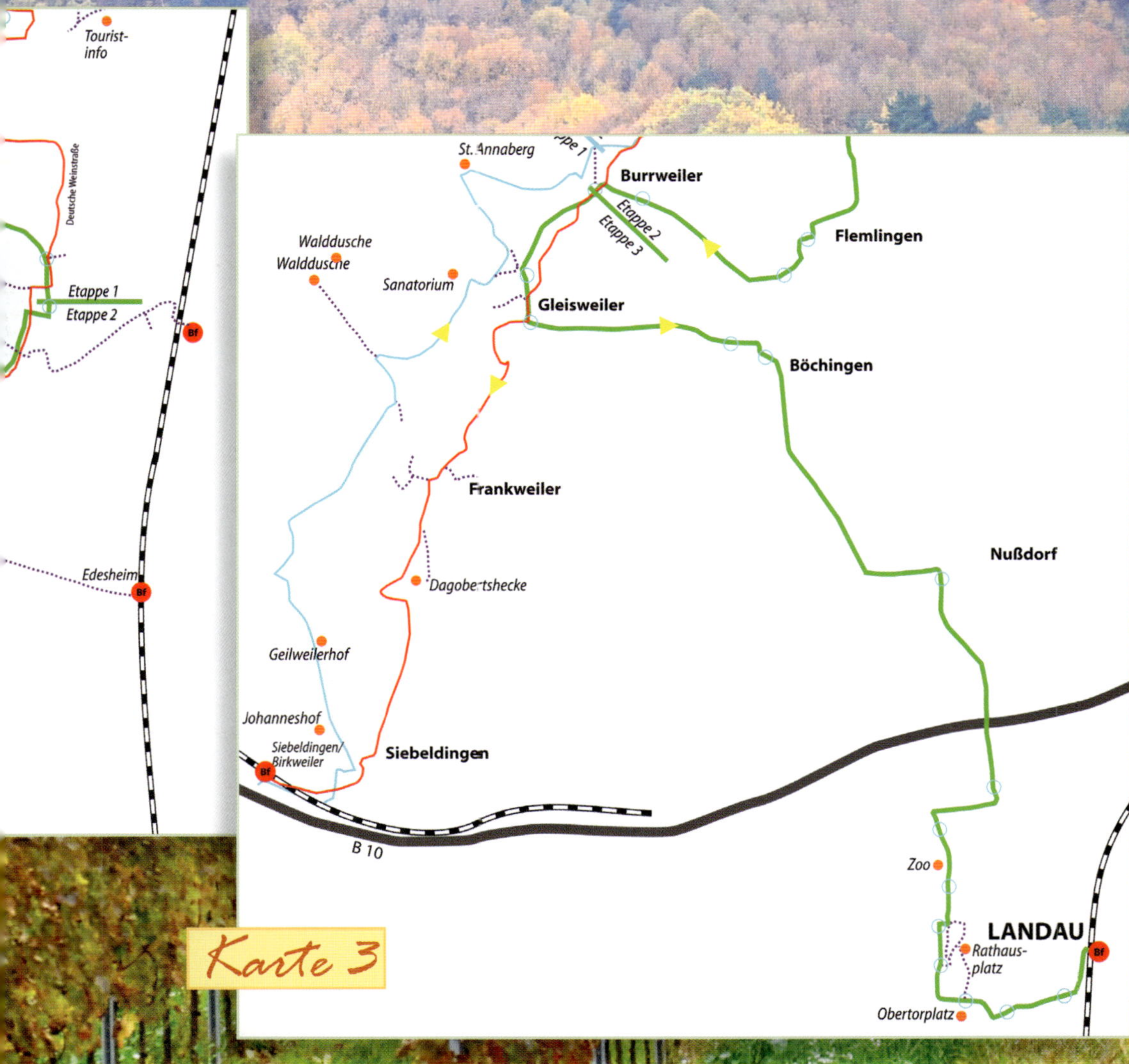

Karte 3

Reise mit dem Palatina-Bus 501

Kurzinformation zu den Orten

Neustadt / Weinstraße

gut 53.000 EW; Zentrum der deutschen Weinindustrie mit vielen Ortsteilen, so Diedesfeld (knapp 2.100 EW) und Hambach (knapp 5.600 EW).

Wein & Sehenswert

Deutsches Weinlesefest (Saalbau, Bahnhofstr. 1): mit Wahl der Pfälzischen Weinkönigin, Winzerfestzug, großer Pfalzweinprobe

Weingüter + Einkehren

Weinhaus Kaiserstuhl: Weinstr. 45, Hambach

Hambacher Schloss Kellerei eG: Weinstr. 110, Hambach

... Weiteres siehe S. 165 f.

Weinlage:

Großlage Rebstöckel
(Bereich Mittelhaardt/Dt. Weinstr.)

„Hambacher Schlossberg" (rd. 230 ha); Boden: sandiger Lehm (liegt 140-240m hoch)

„Diedesfelder Ölgässel" (50 ha); Boden: sandiger Lehm (liegt 145-195m hoch)

„Diedesfelder Paradies" (gut 50 ha); Boden: Sand+Lehm (liegt 180-240m hoch

Maikammer-Alsterweiler
(Verbandsgemeinde Maikammer)

ca. 4.200 EW; lebendiger Winzerort in den Rebhügeln, Ortsteil Alsterweiler liegt an der Straße zur Kalmit.

Wein & Sehenswert

Kirche St. Cosmas u. Damian (kath.; Weinstr. Nord 18; erbaut 1756/57): Grabmale der Ritter von Oberstein; Altartisch „Schalk im Heiligtum" (von Gernot Rumpf)

Weingüter + Einkehren

Weingut August Ziegler: Bahnhofstr. 5

Weingut Rolf Ziegler: Weinstr. Nord 38

Weingut Ökonomierat Ziegler: Weinstr. Nord 41

... Weiteres siehe S. 162 ff.

Weinlagen

Großlage Mandelhöhe (Bereich Südliche Weinstr.)

„Alsterweiler Kapellenberg" (rd. 125 ha); Boden: lehmiger Sand (liegt 185-260m hoch)

„Maikammer Kirchenstück" (rd. 125 ha); Boden: sandiger Lehm (liegt 150-195m hoch)

Hambacher Schloss über Reben

St. Martin

(Verbandsgemeinde Maikammer)

gut 1.800 EW; touristischer Wein- u. Luftkurort im Tal des Kropsbachs am Fuß der höchsten Erhebung der Südpfalz, der Kalmit (673m). Der Dorfkern steht unter Denkmalschutz.

Wein & Sehenswert

Wein- u. Steinlehrpfad (Start: histor. Bildhäusel)

St. Martiner Weinweg (Juni): Weinfest

Weingüter + Einkehren

St. Martiner Weinhäusel: Hornbrücke 2

Weinkontor Ritter von Dalberg: Maikammerer Str. 34

Weingut Gernert: Maikammerer Str. 39

... Weiteres siehe S. 173 ff.

Weinlage:

Großlage Schloss Ludwigshöhe
(Bereich Südliche Weinstr.)

„St. Martiner Baron" (rd. 160 ha); Boden: Kalk + Ton (liegt 210-235m hoch)

„St. Martiner Kirchberg" (3 ha); Boden: sandiger Lehm (liegt 200-360m hoch, zählt zu d. höchsten Lagen d. Südl. Weinstr.)

Edenkoben

siehe Weinweg 8, Etappe 1 .... S 84

Weingüter + Einkehren

Walthari Stube: Weinstr. 113

Winzergenossenschaft Edenkoben: Weinstr. 130

... Weiteres siehe S. 149 ff.

Alsterweiler - bei der alten Kredenburg

Start: Neustadt, Hauptbahnhof

Anfahrt: S-Bahn (Homburg - Kaiserslautern - Neustadt - Schifferstadt - Ludwigshafen - Mannheim - Heidelberg - Osterburken); Bahn (Neustadt - Bad Dürkheim - Freinsheim - Grünstadt); (Neustadt - Landau - Wissembourg od. Winden - Wörth - Karlsruhe); verschiedene Busse

Ziel: „Edenkoben, Goldenes Eck"

Fahrtzeit: 29 Min.

Anforderung: Diese Etappe führt vom Pfälzer Weinbaubereich Mittelhaardt/Deutsche Weinstraße in den Pfälzer Weinbaubereich Südliche Weinstraße. Da sieht man stolz das Hambacher Schloss auf dem Berg thronen. In jedem der Orte lohnt sich das Aussteigen!

Karte: siehe Seite 56/57

Neustadt - Maikammer - St. Martin - Edenkoben

km

Busfahrt

Neustadts Bahnhofsgebäude im Rücken liegt links der Busbahnhof. Hier startet der **Palatina-Bus 501:**

00 Min. **Neustadt Hbf.**

(Zunächst führt Weinweg 8 ca. 1,5 km parallel.) Der Bus fährt zur Kreuzung an der **Landauer Straße**, folgt dieser nach links und fährt bei nächster Gelegenheit nach links (= **Schillerstr.**) und über die Bahn. Der Bus gewinnt schnell an Höhe, es bietet sich nach links ein prächtiger Blick über Neustadt, an den Hängen hinter der Stadt sind Reben und Wald zu sehen. Dann biegt der Bus nach rechts (= **Pfalzgrafenstr.**) und zur Haltestelle:

1,4 02 Min. **Neustadt, Pfalzgrafenstr.**

Weiter geht es geradeaus auf breiter Straße zu:

1,7 03 Min. **Neustadt, Kiesstr.**

Die Straße (= **Hambacher Str.**) biegt bald nach rechts. Sie heißt ab Ortsschild **Hambach** nun **Weinstraße**, gleich folgt:

2,3 04 Min. **Neustadt, Stadtgrenze**

Es geht vorbei an dem **Weinhaus Kaiserstuhl** (links/Weinstr. 45). 150m weiter reichen Reben bis an die Straße (links). Wir halten dann bei:

2,9 06 Min. **Hambach, Oberhambach**

Der Bus fährt vorbei am Weingut **Hambacher Schloss Kellerei** (rechts/Weinstr. 110). Dann geht es nach links auf der **Dammstraße** weiter *(die Deutsche Weinstraße biegt nach rechts)*. Es wird das enge Zentrum von Hambach umfahren. Gehalten wird bei Reben:

3,4 07 Min. **Hambach, Horstweg**

Rechts am Berg ist gleich das **Hambacher Schloss** (*1) zu erblicken.

km

3,8 08 Min. **Hambach, Mittelhambach**

Kurz hinter der Haltestelle ist rechts an einer alten Mauer zu lesen: **Fassdaube Weingasthaus** (Weinstr. 269).
Der Bus biegt nach links in die **Mittelhambacher Straße**. In der Kurve nutzt das **„Theater in der Kurve"** ein ehemaliges Weingut (links/Nr. 279), nach rechts huscht der Blick in die historische **Schlossstraße**.
Bald fährt der Bus nach rechts. Hier steht links ein Bildstock, dahinter folgt ein Weinberg.
Der Bus folgt nun wieder der **Weinstraße**.
Hinter Hambach fährt es sich fein - durch Wiesen und Wein.
Diedesfeld empfängt uns mit „Mittelpunkt der Deutschen Weinstraße" (rechts)! Der Bus hält bei einem Riesen-Fass:

4,9 11 Min. **Diedesfeld, Sportplatz**

Die Weinstraße führt mitten durch den Ort, es geht vorbei an einer Kelter beim Ausschank Gesangverein 1857 (rechts), am **Weingut Schackert** (rechts/Weinstr. 552), gehalten wird noch einmal bei:

5,4 12 Min. **Diedesfeld, Winzergenossenschaft**

Am Weg steht, kurz bevor der Ort endet, das **Stortz-Nicolaus Weingut** (links/Weinstr. 601) mit hellgrün-verwitterter Fassade und Nussbaum. Hinter dem Ort gibt es links einen Rastplatz mit Findling, er zeigt die exakte Mitte der Deutschen Weinstraße!
Nun fährt der Bus in den Weinbaubereich Südliche Weinstraße (Großlage Mandelhöhe, „Maikammer Kirchenstück") zum Ortseingang von **Maikammer** (*2) mit Kreisel.
In Maikammer stehen Herrenhäuser mit prächtigen Fassaden, roter Buntsandstein erinnert an rote Burgunderweine (*3). Der Bus

km

fährt hier auf der Weinstraße Nord und hält an der Ecke zur **Diedesfelder Straße** bei einem großen Flaschenlager vom Weingut Altes Schlösschen aus St. Martin (rechts).

6,6 14 Min. **Maikammer, Weinstr. Nord**

→ **Aussteigen - Bahnhofstraße**
Nach links führt hier sogleich die **Bahnhofstraße**, wo das **Weingut Hubert Müller** auch vom Bus aus zu sehen ist (links/Nr. 3; 40m). Es folgen die **Weingüter: August Ziegler** im alten Gutshaus (links/Nr. 5; 60m), **Fritz Breiling** (links/Nr. 15; 150m), **Otto Stachel** (rechts/Nr. 18; 220m), und **E. Stachel** mit Bistro Stachelvino (rechts/Nr. 40; 450m).

Der Bus fährt weiter auf der **Weinstraße Nord**. Gleich steht rechter Hand die stolze **Villa Ullrich** (erbaut 1894; Nr. 47) - sie gehörte einst den Besitzern der hiesigen Emaille-Fabrik. Es folgt im Eckhaus rechts das **Weingut Ökonomierat Ziegler** (Nr. 41), gegenüber **Weingut Rolf Ziegler** (Nr. 38). Hier knickt die **Weinstraße Nord** nach rechts. Bald fährt der Bus vorbei am **Restaurant Alt-Maikammer** (rechts/Nr. 35) und **Sektmanufaktur Schöpsdau** (rechts/Nr. 33) und hält vor der **Hartmannstraße**.

6,9 15 Min. **Maikammer, Kirche**

Hinter der Haltestelle zeigt ein Brunnen einen Rebengeist (rechts), links zeigt die **Kirche** ihren Turm.
Der Bus biegt nach rechts in die **Hartmannstraße**. In dem gotischen Hof Nr. 7 (links) wohnten die Erfinder des Klappmeters.
Es folgt hier Weingut auf **Weingut**, so **Heinz Schreieck** (rechts/Nr. 38), **Joachim Müller** (links/Nr. 37), **Schädler** (rechts/Nr. 62).
Gehalten wird dann in Sichtweite der **Alsterweiler Kapelle** (*4):

km

7,6 17 Min. **Maikammer, Alsterweiler, Kapelle**

→ **Aussteigen - Weingut Hauck** (200m)
Bei der **Alsterweiler Kapelle** gibt es einen Historischen Weinberg (*5), die Weinlage heißt Alsterweiler Kapellenberg. Die Straße heißt hinter der Kapelle **Alsterweiler Hauptstraße** und führt zum idyllischen Weingut Hauck (rechts/Nr. 26-28). Gegenüber steht ein Gerichtsgebäude, es wurde bereits 1595 erwähnt!

Der Bus biegt vor dem **Gasthaus Zur Kalmit** (rechts/Mühlstr. 2) nach links in die **Mühlstraße** *(600m verläuft parallel Weinweg 8)*. Rechts liegt gleich der **Winzerkeller Alsterweiler** (Nr. 14), dahinter das kleine **Weingut Bernhard Müller** (Nr. 16). Am Ortsrand bei Reben gibt es das **Weingut Wilhelm** (rechts/Nr. 44). Dahinter geht es zur Haltestelle:

8,3 18 Min. **Maikammer-Alsterweiler, BG-RCI**

Der Bus fährt dann nach rechts auf der **St. Martiner Straße** weiter. Obstbäume stehen am Straßenrand, dahinter Reben. Es geht hinein in die Großlage Schloss Ludwigshöhe, vor uns liegt der Pfälzerwald. Rechter Hand zieht sich die Weinlage Kirchberg den Hang hinauf. Die Weinberge zählen zu den höchsten des Weinbaubereichs Südliche Weinstraße. Die Reben linker Hand zählen zur Weinlage St. Martiner Baron.
Die Straße endet an der **Totenkopfstraße**. Hier biegt der Bus nach links hinab und bei nächster Gelegenheit nach rechts in die **Maikammerer Straße** von **St. Martin** (*6). Zu sehen sind linker Hand die **Weingüter: Hotel Schneider/Consulat des Weins** (Nr. 44; s. Maikammerer Str. 5) und **Ritter von Dalberg** (Nr. 34), dann rechts **Gernert**

km

(Nr. 39). Gegenüber biegt der Bus nach links und hält:

9,7 21 Min. **St. Martin, Ort**

→ Aussteigen - **Rundweg St. Martin** (680m)

Wer der **Maikammerer Straße** folgt, kommt zur Friedhofstraße. Hier an der Ecke liegt fein das **Weingut Glaser** (rechts/Friedhofstr. 1; 150m).

*(Abstecher: An der Friedhofstraße nach rechts zum **Weingut Helmut Schreieck** (rechts/Nr. 8; 120m).)*

An der Maikammerer Straße folgt das **Weingut Rössler-Schneider** (links/Nr. 12; 160m). Dahinter führt nach links die Tanzstraße, an der Ecke lockt die **Weinstube Altes Rathaus** (rechts/Nr. 9; 280m). Über die **Tanzstraße** geht es zur **Edenkobener Straße** (340m). Auf ihr nach links gehen, vorbei am **alten Zehnthof** (links/Nr. 5) und **Weingut Alfons Hormuth** (links/Nr. 11; 410m) zur Straße Hornbrücke (490m).

(Abstecher: Weiter auf der **Edenkobener *Straße*** *zum **Weingut Winfried Seeber** (links/Nr. 31; 90m).)*

Es geht nach links (=**Hornbrücke**) zur feinen Einkehrgelegenheit **St. Martiner Weinhäusel** (links/Nr. 2; 530m) und zurück zur **Maikammerer Straße**. Hier wird nach rechts die Bushaltestelle erreicht.

Der Bus fährt weiter über einen Parkplatz (= **Riedweg**), biegt dann nach links. Am Ende der Straße liegt einladend das **Landhaus Christmann** (rechts/Nr. 1), hinter ihm fährt der Bus nach rechts hinauf. Oben ist rechts ein historisches Bildhäusel zu sehen, bei ihm beginnt ein Weinlehrpfad (*7).

km

Der Bus fährt nun durch eine weite Rebenlandschaft hinab, bald ist **Edenkoben** (*8) im Tal zu erblicken.
Im Ort heißt die Straße **St. Martiner Straße**, hier liegt das **Weingut Edel-Brauch** (links/Nr. 30). Der Bus trifft auf die **Weinstraße**, folgt ihr nach rechts und hält sogleich:

12,1 26 Min. **Edenkoben, St. Martiner Str.**

→ Aussteigen - **Winzergenossenschaft Edenkoben** (90m)

Nach links an der **Weinstraße** zur Genossenschaft mit Garten (rechts/Nr. 130).

Man fährt sogleich vorbei am Restaurant **Walthari Stube** (rechts/Nr. 113), und bald am **Museum für Weinbau und Stadtgeschichte** (*9) (rechts/Nr. 107a). Dahinter:

12,4 28 Min. **Edenkoben, Goldenes Eck**

→ Aussteigen - **Edenkoben genießen**

Wer in Fahrtrichtung geht, kommt zur Klosterstraße (Ampel). Auf der anderen Straßenseite liegt ein Platz mit Lederstrumpfbrunnen und Kelter. Wer hier geradeaus der **Weinstraße** folgt, findet den schönen **Pfälzer Hof** (rechts/Nr. 85). Gegenüber steht das Rathaus, dahinter liegt der **Ludwigsplatz** (links; 130m). Auch hier kann eingekehrt werden, im **König Ludwig Keller** (Nr. 10) oder in der **Alten Feuerwache** (Nr. 23).

Edenkoben - Lederstrumpf-Brunnen

Geschichte(n)

*1. Trunken bei der Kästenburg

Die Kästenburg, heute Hambacher Schloss genannt, befindet sich lange in der Hand der Fürstbischöfe von Speyer. In kriegerischen Zeiten sind hier ihre bischöflichen Kleinodien sicher bewahrt. Im Bauernkrieg 1525 jedoch wird es unruhig bei ihr. In den schönen Maitagen erobert sie ein großer Haufen Bauern, und alle beginnen mit den ungeheuren Weinvorräten des Hochstifts in toller Lustbarkeit die „Maien" zu feiern. Was sie nicht trinken können, verschütten sie, indem sie die Fassböden einschlagen. Nach 8 Tagen ziehen sie weiter über Neustadt nach Pfeddersheim. Nach ihrer Niederlage dort müssen sie die Burg auf eigene Kosten neu wieder erbauen.

Doch folgen erneute Angriffe, diesmal von Söldnern. Die Burg ist um 1700 eine Ruine. Sie dient als Steinbruch, bis sie 1823 von Neustädter Bürgern gekauft wird. Diese richten sie für Ausflüge her, besonders die pfälzischen Musikfeste werden hier gefeiert. Bei diesen Festen wird wild getrunken. Rechte Pfälzer erklimmen einen Berg nur, wenn sie oben durch Wein-Genuss belohnt werden. Es lassen sich die Ausflügler Körbe voll Flaschen und kalten Speisen hinaufbringen, selbst die Kinder nehmen „Schlotterkrüge" voll des goldenen Weines, an Stöcke gehängt, bei ihren sonntäglichen Ausflügen mit zur Höhe „aufs Schloss".

Die erinnerungsträchtigste Episode bei diesem Schloss ist das Hambacher Fest am 27. Mai 1832. Da fordern die Redner die nationale Einheit Deutschlands, fordern Presse-, Meinungs-, Versammlungsfreiheit, auch die Gleichberechtigung der Frauen. Seitdem zeigt sich das Hambacher Schloss auch stolz als Wiege der deutschen Demokratie.

*2. Maikammer geschichtlich

Maikammer, ehemals ein Reichsgut im Speyergau, zählt später zum Hochstift Speyer.

Am Ende des 30jährigen Krieges leben im Ort nur noch höchstens 200 Menschen.

Mit der Französischen Revolution gelangt Maikammer zu Frankreich und kommt danach zu Bayern.

Maikammer
ehemals Reichsgut im Speyergau
1086: zum Hochstift Speyer (Oberamt Kirrweiler)
1530: 674 EW (168 Leibeigene - 145 Speyerische, 19 Kurpfälzer)
1673/74: Plünderungen durch Franzosen
1794: kommt zu Frankreich

3. Maikammer und die Französische Revolution

Die Französische Revolution mit ihren Idealen Gleichheit, Freiheit, Brüderlichkeit hat anfänglich viele Anhänger auch in Deutschland. Schnell jedoch zeigt sich Enttäuschung über die ausbleibende wirtschaftliche Verbesserung.

In den Zeiten dieser Revolution befindet sich das königliche Hauptquartier im August 1792 in Maikammer. Der Abenteurer Friedrich Christian Laukhard (1757-1822) ist beim Feldzug gegen die Revolutionäre dabei. Ausführlich schreibt er darüber in seiner Autobiographie. Daraus ein gekürzter Auszug:

„Den 14. August 1792 rückte unser Bataillon nach Maikammer. Man wollte einen Plan machen, wie von nun an die Franzosen angegriffen, geschlagen und hernach regiert werden sollten. Man hatte aber die Rechnung ohne den Wirt gemacht.

Viele von unseren Offizieren waren neuerdings von dem Ruin der Franzosen so gewiss, dass sie Wetten anstellten. Aber nun kam die Trauerpost. Die unangenehmen Nachrichten schlugen unseren Mut sehr nieder, so dass man sogar verbot, davon zu reden.

Geschichte(n)

Wir zogen den 18. September ins Lager bei Landau und schlossen es jetzt rundum vollends ein. Ohnerachtet Landau schon seit langer Zeit von den Deutschen blockiert war, so hatte man doch zu einer ernsthaften Belagerung sich wenig angeschickt. Die Stadt war so eingeschlossen, dass nichts herein, nichts heraus konnte.

Inzwischen verübten die Österreicher in den herum liegenden französischen Dörfern alle möglichen Greuel. Man hatte den Kroaten einen Dukaten für jeden Franzosenkopf versprochen. Das Versprechen selbst war an sich schon abscheulich. Um diesen Blutsold zu verdienen, töteten die Soldaten hier und da auch Bauern: sie weckten sie des Nachts auf, um sie nach diesem oder jenem zu fragen, und wenn die Unglücklichen ihre Tür öffneten, ergriffen sie dieselben, schnitten ihnen den Kopf ab und ließen ihn als einen Sansculottenkopf sich bezahlen."

*4. Alsterweiler geschichtlich

In Alsterweiler hausen im Mittelalter die Ritter von Kredenburg, später die Herren von Oberstein. Als die 1612 aussterben, erwirbt das Hochstift Speyer die Burg (1687) und herrscht nun hier, bis die Franzosen kommen (1798).

1816 kommt Alsterweiler zu Bayern und wird bald nach Maikammer eingemeindet (1828). Nicht immer fühlen sich die Alsterweilerer von Maikammer wohlwollend behandelt, daher sind die Verbindungswege zwischen den Ortsteilen in schlechtem Zustand - heißt es 100 Jahre später in der Ortschronik.

Alsterweiler
1525: die Kredenburg wird im Bauernkrieg erstürmt
1687-1798: zum Hochstift Speyer
1816: kommt nach frz. Zeit zu Bayern
1828: Eingemeindung zu Maikammer

*5. „... bekannt für Gutedel"

Hinter der Alsterweiler Kapelle gibt es eine kleine historische Weinbauanlage. Der Wein aus den Trauben ist als Sonderabfüllung in Maikammers Büro für Tourismus erhältlich.

Zu sehen ist bei dem Wingert die Kammerterziehung der Römer, die Edenkobener Drahtkammert, Rebschnittgärten mit amerikanischen Wildreben und „Weißer Riesling". Weißer Riesling soll hier bereits vor 500 Jahren gewachsen sein, doch bekannt war Alsterweiler für seinen Gutedel.

*6. St. Martin geschichtlich

In der Zeit ab 500 beginnen fränkische Einwanderer in der heutigen Pfalz zu siedeln. Von der Rheinebene dringen sie vor an den Gebirgsrand der Haardt. Sie verehren den Bischof Martin von Tours, und eine ihrer Siedlungen benennen sie nach diesem Heiligen.

St. Martin zählt später zum Hochstift Speyer, welches den Ort jedoch im 14. Jh. mehrfach verpfändet. Schließlich erhalten die von Dalberg den Ort zu Lehen, es gehört ihnen hier 1581 der Herrenhof mit Kelter. Von ihm heißt es: „Dieser Herrenhof ist frei." Wer ihn also nach einer „Uebel-That" erreicht, kann nicht mehr bestraft werden.

Als nach dem 30jährigen Krieg in St. Martin nur noch wenige Menschen leben, ziehen Einwanderer vor allem aus Südtirol zu. Später kommen Adel und Klerus aus Speyer, sie suchen Schutz vor einer Seuche. Damals entstehen stolze Anwesen. 1795 wird der Ort französisch.

St. Martin
zählt früh zum Hochstift Speyer
1581-1795: Ortsherren - die von Dalberg
seit 1981: Ortskern unter Denkmalschutz

*7. Weinbau in St. Martin

Bei St. Martin führt ein Weinlehrpfad vom „Bildhäusel“ auf dem Burgweg zu einem Aussichtspunkt. Schautafeln informieren über Weinbau und Boden. Das Besondere: Den Reben ist ein Stein zugeordnet. Da ist beim Grauen Burgunder Pfälzer Muschelkalk zu sehen, denn diese Rebe fühlt sich auf Muschelkalkböden wohl. Und die für St. Martin typischen drei Gesteine stehen als Steinsäulen am Weg: unten der dunkle Gneis, darüber der rötliche Buntsandstein, ganz oben gelblich-weißer Kalkstein.

Weinbau gibt es hier „schon immer“. Im 19. Jh. wächst in der Hauptsache die Österreicher-Rebe. Doch ab etwa 1880 beginnt in St. Martin der Portugieser die leichteren, sandigen Böden zu erobern. In älteren Zeiten jedoch ist hier die Rebsorte Malenga die meist angebaute Rebsorte. Daher bepflanzt der Weinbauverein 2005 einen historischen Wingert mit diesen Reben, man gießt sie nach alter Sitte mit Wein an. Aus den Trauben wird Federweißer und ein einfacher Wein gekeltert.

Weinbau St. Martin
1922: Gründung Winzergenossenschaft Kropsburg
2005: Anlage historischer Weinberg
Wein- und Steinlehrpfad (Start: histor. Bildhäusel an der L514; einfache Strecke - 800m lang)

*8. Edenkoben geschichtlich

Edenkoben gehört zum salischen Hausgut und gelangt durch Schenkungen fast vollständig in den Besitz des Klosters Lorsch. Doch im 12. Jh. beginnt das Hochstift Speyer Besitz zu erwerben und verpfändet dann den Ort an die Grafen von Leiningen und die Ritter von Breitenstein.

Die Leininger verkaufen ihre Rechte 1262 dem Kloster Heilsbruck, für welches jedoch das Hochstift Speyer viele Rechte wahrnimmt. Stets hat auch die Kurpfalz Anteile am Ort. 1618 betont Fürstbischof von Sötern (1567-1652), er würde im Ort die Oberhoheit besitzen. Später jedoch zählt Edenkoben komplett zur Kurpfalz.

In der Französischen Revolution wird 1794 bei Edenkoben die „Schänzelschlacht“ ausgetragen. Edenkoben wird dann französisch, kommt 1816 zu Bayern und wird 1818 zur Stadt erhoben.

Edenkoben
zählt ehemals zum salischen Hausgut
ab 12. Jh.: Hochstift Speyer erwirbt Besitz
1530: im Ort leben 152 Erw. (Hochstift - gut 100)
1539/65 - 1793: ist kurpfälzisch (1/3 zu Pfalz-Zweibrücken bzw. Hochstift Speyer)
1560: Marktrecht
1794: Schänzelschlacht (Frz. Revolution)
1816: wird bayrisch nach frz. Zeit
1818: erhält Stadtrechte
1972: Sitz der Verbandsgemeinde Edenkoben

*9. Weinbau-Museum

Das Barockhaus, welches heute Edenkobens Museum für Weinbau- und Stadtgeschichte nutzt, lässt sich 1716 der „hochedele Herr Johann Conrad Winkelblech“ (1676-1757) erbauen. Er ist Schultheiß und Kurpfälzischer Klosterschaffner. 1840 gelangt das Anwesen in städtischen Besitz und wird Schule.

Noch heute gibt es in dem Haus alte Malereien auf Wandvertäfelungen, im Gewölbekeller stehen alte Geräte, gezeigt werden Bezüge von Wein zu Kunst, Gesundheit, Wissenschaft.

Reben in Edenkoben

Reise mit dem Palatina-Bus 501

Kurzinformation zu den Orten

Edenkoben

siehe Weinweg 8, Etappe 1............... S. 84

Weingüter + Einkehren

Weingut Kilian Bopp: Klosterstr. 49

Pfälzer Hof: Weinstr. 85

... Weiteres siehe S. 149 ff.

Rhodt unter Rietburg

(Verbandsgemeinde Edenkoben)

ca. 1.100 EW; Traminerweinort am Fuße der Ludwigshöhe, Fremdenverkehrsort.

Wein & Sehenswert

Ältester Weinberg der Welt (Edesheimer Str.)

Durlacher Hof (Weinstr. 44): war Amtshaus derer von Baden-Durlach, heute: Fremdenverkehrsverein

Theresienstraße: Rosskastanien & Winzerhöfe

WeinTestival & KunstFestival (April): Kunst in Weingütern, Traminerprobe im Durlacher Hof

Weingüter + Einkehren

Weingut Seelos: Theresienstr. 1

Restaurant Alter Kastanienhof: Theresienstr. 79

Gasthaus Rhodter Adler: Weinstr. 10

... Weiteres siehe S. 168 ff.

Weinlagen

Großlage Ordensgut (Bereich Südliche Weinstr.)

„Rhodter Klosterpfad" (rd. 75 ha); Boden: lehmiger + toniger Sand (liegt 175-210m hoch)

„Rhodter Rosengarten" (rd. 100 ha); Boden: sandiger Lehm (liegt 175-250m hoch)

„Rhodter Schlossberg" (70 ha); Boden: Lehm (liegt 210-310m hoch)

Hainfeld

(Verbandsgemeinde Edenkoben)

ca. 800 EW; barocker Ort im Tal des Modenbachs, bezaubernde Weingüter.

Wein & Sehenswert

ehem. Zehntkeller (Weinstr.; erbaut 1748)

Skulpturenpark Hummelaue (bei d. Mittelmühle)

Kerwe mit „Hainfelder Runde" (Aug.): überregional beliebt

Weingüter + Einkehren

Restaurant Am Dorfbrunnen: Weinstr. 28

Weingut Lothar Hagenbuch: Weinstr. 63

... Weiteres siehe S. 157 ff.

Weinlage:

Großlage Ordensgut (Bereich Südliche Weinstr.)

„Hainfelder Kapelle" (rd. 120 ha); Boden: Sand + Lehm (liegt 187-205m hoch)

„Hainfelder Letten" (50 ha); Boden: sandiger Lehm (liegt 190-232m hoch)

„Hainfelder Kirchenstück" (rd. 25 ha); Boden: Buntsandstein + Lehm (liegt 182-186m hoch)

Rebenlandschaft bei der Burrweiler Mühle

Von Edenkoben nach Burrweiler

Flemlingen

(Verbandsgemeinde Edenkoben)

ca. 400 EW; kleiner netter Winzerort.

Wein & Sehenswert

Weinbrunnen (Hauptstr. / Maxstr.): zeigt Arbeiten des Winzers im Jahr

Weingüter + Einkehren

Weingut Theo Minges: Bachstr.11

Weingut u. Weinstube Marienhof: Bachstr. 16

... Weiteres siehe S. 154

Weinlage:

Großlage Bischofskreuz (Bereich Südliche Weinstr.)

„Flemlinger Vogelsprung" (85 ha); Boden: Lehm (liegt 175-195m hoch)

„Flemlinger Zechpeter" (rd. 45 ha); Boden: Kalk + Lehm (liegt 190-218m hoch)

„Flemlinger Herrenbuckel" (rd. 50 ha); Boden: sandiger Lehm + lehmiger Sand (liegt 190-250m hoch)

Dorfbrunnen in Flemlingen

Burrweiler

(Verbandsgemeinde Edenkoben)

ca. 850 EW; Fremdenverkehrsort am Fuße des Annabergs.

Weingüter + Einkehren

Das Weinhaus: Weinstr. 6; mit Ritterhof zur Rose

Restaurant Grafen von der Leyen: Weinstr. 18

... Weiteres siehe S. 148 f.

Weinlage:

Großlage Bischofskreuz (Bereich Südliche Weinstr.)

„Burrweiler Schlossgarten" (rd. 75 ha); Boden: sandiger Lehm + Letten (liegt 210-260m hoch)

„Burrweiler Schäwer" (rd. 25 ha); Boden: Lehm + Löss, auch Buntsandstein (liegt 240-340 m hoch)

Burrweiler - Dorfstraße mit Schloss

Weinweg 7, Etappe 2

Edenkoben - Rhodt - Hainfeld - Flemlingen - Burrweiler

km

Busfahrt

12,4 28 Min. **Edenkoben, Goldenes Eck**

Der Bus fährt gleich nach rechts in die **Klosterstraße**. Hier sind rechter Hand zu entdecken der „Redende Scheitelstein" (Nr. 25) und **Weingut Kilian Bopp** hinter gelber Fassade (Nr. 49). An der Kreuzung (mit **Weingut Marcus Schreieck**) biegt der Bus nach links in die **Radeburger Straße** *(bis Hainfeld nun parallel mit Weinweg 8)* zur Haltestelle:

13,0 29 Min. **Edenkoben, Radeburger Str.**

Der Bus kreuzt hinter der Haltestelle die Poststraße. *(Nach links ein Abstecher zum Bahnhof Edenkoben, siehe Weinweg 11, Etappe 2).* Oben an der **Weinstraße** biegt der Bus nach rechts, fährt vorbei am **Weingut Lähr** (rechts/Nr. 19a) und hält kurz vor dem Kreisel:

13,4 30 Min. **Edenkoben, Abzw. Ludwigshöhe**

→ **Aussteigen - Weinlehrpfad**
2. Kreiselausfahrt - Weinlehrpfad Richtung Villa Ludwigshöhe.

Der Bus nimmt die 3. Ausfahrt des Kreisels und hält:

13,6 31 Min. **Edenkoben, Betriebshof**

Hinter Edenkoben beginnt die Großlage Ordensgut („Rhodter Klosterpfad"). Schnell erreicht wird **Rhodt unter Rietburg** (*1), man hält bei:

14,8 33 Min. **Rhodt, Einnehmerei**

Da Weinweg 8 den Ort auf identischer Strecke durchquert, wird hier nur links Liegendes genannt *(rechts Liegendes siehe Weinweg 8, Etappe 1)*. Da steht links der alte badische **Amtshof** (Nr. 60), dann liegt am Weg das **Weingut Seitz-Schreiner** (Nr. 52). Bald knickt die Weinstraße nach links, an der Ecke

Start: „Edenkoben, Goldenes Eck" (Bushaltestelle)

Anfahrt: mit Palatina-Bus 501 (Neustadt - Landau)

Ziel: „Burrweiler, Mitte" (Bushaltestelle)

Fahrtzeit: 15 Min.

Anforderung: Diese Etappe zeigt mit dem Winzerort Rhodt unter Rietburg eines der beliebtesten Ausflugsziele an der Südlichen Weinstraße.

Karte: siehe S. 56/57

km

steht stolz der **Durlacher Hof** (Nr. 44). Kurz dahinter folgt:

15,4 34 Min. **Rhodt, Mitte**

→ **Aussteigen - Theresienstraße**
(einfache Strecke 690m)
50m an der Weinstraße zurückgehen, dann beginnt nach links die Theresienstraße mit malerischen **Weingütern**: **Seelos** (rechts/Nr. 1), **Fleischmann-Krieger** (rechts/Nr. 22; 230m), **Theresienhof** (links/Nr. 46; 390m), **Fader Kastanienhof** (links/Nr. 62; 490m), **Krieger** (rechts/Nr. 71; 590m). Ein Denkmal für den **Rhodter Piff** steht beim **Alten Kastanienhof** (links/Nr. 79; 650m), bald folgt das **Weingut Klaus Meyer** (links/Nr. 80a; 690m). Die Straße ist hier gesäumt von Kastanien, am Ortsrand findet sich ein Denkmal für Königin Therese (1792-1854).
(Wer der Theresienstraße noch 650m weiter folgt, erreicht Weinweg 11, Etappe 2 - auf ihm wäre nach 3 km St. Martin erreicht.)

Bei „Rhodt, Mitte" liegt links der **Eichplatz** mit **Weingut Harteneck** (Nr. 42). Der Bus fährt weiter zu einer Kreuzung, wo das Gast-

km

haus **Rhodter Adler** seine roten Fensterläden (*2)(Nr. 10) zeigt. Dahinter geht es bald aus dem Ort hinaus in die Reben (Weinlagen: Rhodter Rosengarten, dann Hainfelder Letten).
In **Hainfeld** (*3) begrüßt uns **WeingALerie + Weingut Hundemer** (links/Weinstr. 68).
Vor Weingut Edwin Koch (16,5 km) biegt die **Weinstraße** nach rechts. *(Hier verlässt Weinweg 8 unseren Weg.)*
Der Bus fährt vorbei am **Weingut M. Glaser** (links/Nr. 60), und dann am ehemaligen Haus des jüdischen Weinhändlers Markus (erbaut 1596; rechts/Nr. 67). Es entstand - wie das Haus daneben (1601) - vor dem 30jährigen Krieg! Hinter dem **Weingut Lothar Hagenbuch** (rechts/Nr. 63) biegt die Weinstraße nach links, es geht vorbei an den **Weingütern Gerhard Klein** (links/Nr. 38) und **Lutz** (rechts/Nr. 57), am ehemaligen Wirtshaus „Zum Weißen Creutz" (hellgelb, dunkelgrüne Fensterläden), am **Weingut Borell-Diehl** (rechts/Nr. 47). Der Bus hält mitten im Ort:

19,3 36 Min. **Hainfeld, Dorfbrunnen**

(Hier kreuzt Weinweg 8, Etappe 2 unseren Weg.)
Linker Hand liegt am kleinen Dorfplatz (*4) das **Restaurant Am Dorfbrunnen**.
Der Bus folgt geradeaus der **Weinstraße**, fährt vorbei an der ehem. Dorfmühle (rechts/Nr. 39), am alten Zehntkeller der Fürstbischöfe (rechts/Nr. 35) bis zu einer Kreuzung mit **Weingut Georg Anselmann** (links/Landauer Str. 1).
Die Weinstraße biegt hier nach rechts, der Bus fährt geradeaus weiter (= **Landauer Str.**) in der Weinlage Rhodter Rosengarten. Die Straße heißt später **Hainfelder Straße**, es geht in die Großlage Bischofskreuz („Hainfelder Letten").
Nach einer Kurve liegt **Flemlingen** (*5)

km

vor uns, es begrüßt uns das **Weingut Bentz** (links/Nr. 5). Bald knickt die Straße nach links, gleich fährt der Bus wieder nach rechts (= **Hauptstr.**) und hält:

24,5 40 Min. **Flemlingen, Ortsmitte**

→ **Aussteigen - Weingut Minges** (280m)
Wer der **Hauptstraße** geradeaus folgt und beim Dorfplatz (40m) nach rechts weitergeht, kommt hinter der **Weinstube Im Hahnegässel** (links/Nr. 18; 110m) zur **Bachstraße** mit Sandsteinbrunnen; 140m). Ihr nach links folgend (M: Mandelpfad) geht es zum Weingut Theo Minges (links/Nr. 11).

Der Bus biegt hinter dem Dorfplatz mit Brunnen (der zeigt die Arbeiten des Winzers) nach links in die **Maxstraße**. Die Straße biegt hinter **Weingut Braun** (links/Nr. 13) nach rechts zu **Weinstube Zechpeter** (rechts/Nr. 17). Bald stehen wieder Reben an der Straße, doch gibt es noch das **Weingut Sonnenhof** (rechts/Nr. 23) und die Haltestelle:

25,1 41 Min. **Flemlingen, Am Dreschplatz**

→ **Aussteigen - Marienhof** (170m)
Bei der Haltestelle nach rechts führt die **Bachstraße** zu der attraktiven Weinstube Marienhof (Nr. 16).

Gleich endet die Maxstraße an der **Böchinger Straße**. Hier biegt der Bus nach rechts. Man fährt nun hinauf in die VDP Erste Lage Burrweiler Schlossgarten.
Am Rand von **Burrweiler** (*6) hält der Bus:

26,2 43 Min. **Burrweiler, Ritterhof**

Der Bus quert die **Breitwiesenstraße**. Gleich vorn an der Ecke rechts gibt es das **Restaurant Ritterhof zur Rose**, dahinter liegt **Das Wein-**

km

haus (Weinstr. 6). Es geht auf der **Weinstraße** in den Ort, vorbei an der Kirche und dem alten Schloss mit der Winzergaststättengenossenschaft **Restaurant Grafen von der Leyen** (rechts/Nr. 18). Da knickt die Straße nach links, und der Bus hält:

26,5 44 Min. **Burrweiler, Mitte**

Rhodt - Theresienstraße, Alter Kastanienhof

Uralte Rebe - von ca. 1650

An der Straße nach Hainfeld

Geschichte(n)

*1. Rhodt unter Rietburg geschichtlich

In Rhodt herrschen in alter Zeit die Grafen von Zweibrücken-Bitsch, Markt- und Gerichtsrecht werden erteilt. Im 14. Jh. jedoch verkaufen die Zweibrücker den Ort an die Grafen von Württemberg. Diese, die damals vier Dörfer namens Rhodt besitzen, ergänzen dies Rhodt um ein „unter Rietburg". Immer wieder verpfänden sie den Ort, so zählt er 1416-1570 gar wieder zur Grafschaft Zweibrücken-Bitsch!

1603 gelangt Rhodt an den Markgrafen von Baden-Durlach. Da floriert die Wirtschaft. Stattliche Winzerhäuser entstehen, und Bürger aus Speyer und Landau errichten Häuser als Zweit-Domizil.

In den Kriegszeiten des 17. und 18. Jh. bleibt Rhodt weitgehend von Zerstörungen verschont. Plünderungen allerdings gibt es, und Flüchtlinge aus Maikammer kommen, viele sterben an der Pest. Das Leben bleibt unruhig. Der Durlacher Markgraf verpfändet den Ort an die Familie von Zyllenhard, die glücklos agiert und den Ort 1752 zurückgibt.

1798 kommen die Franzosen, 1816 gelangt Rhodt an Bayern.

Rhodt unter Rietburg
ehemals zur Grafschaft Zweibrücken-Bitsch
14. Jh. - 1603: zu Württemberg
1603-1801: zu Baden(-Durlach)
1798-1814: ist französisch
1816: kommt zu Bayern
1972: feiert 1.200jähriges Jubiläum

*2. Der Rhodter Piff

Im Gasthaus „Zum Adler" in Rhodt ist einst Ferdinand Seitz der Wirt. Er ist ein Schalk und lässt keine Gelegenheit aus, einen Schabernack zu treiben. Es trinken bei ihm auch feine Damen aus Landau ihren Wein. Sie sind jedoch in der Zwickmühle. Sollen sie einen ganzen Schoppen bestellen? Das sieht so unmäßig aus. Also nur ein Piff. Haben sie den ausgetrunken, bestellen sie halt den nächsten Piff und den nächsten und ...

Wieder einmal sitzen Damen im Adler. Schon kommt der Wirt gelaufen. Doch diesmal stellt er nur 1-Liter-Gläser auf den Tisch. Die Damen protestieren: „Das ist zu viel!"

Auf jedem Glas aber steht „Rhodter Piff"! Und Ferdinand Seitz hebt entschuldigend die Hände: „Was ihr in Landau unter einem Piff versteht, woher soll ich das wissen? Bei uns in Rhodt ist das hier nun mal ein Piff."

Seit dieser Zeit, seit mehr als 100 Jahren also, gibt es in Rhodt den „Rhodter Piff". Und in der Theresienstraße steht dazu sogar ein Gedenkstein.

Rhodter Piff
Kauf d. Glases: Weingut Seitz-Schreiner (Nachfahren d. Erfinders; Weinstr. 52); Durlacher Hof (Weinstr. 4)
1903: Erfindung von Ferdinand Seitz

*3. Hainfeld geschichtlich

Hainfeld zählt ehemals zum Reichsland und wird von der Reichsburg Meistersel aus verwaltet. 1109 herrscht hier Marquard von Hainfeld, doch die Familie verliert den Besitz schon vor 1291. Hainfeld gelangt danach an die von Ochsenstein, fällt dann an das Kloster Weißenburg, welches den Ort wiederum verpfändet. So wechseln die Herren.

1405 kann das Hochstift Speyer ein Viertel des Dorfes erwerben. Bald herrschen hier drei Herren, das Kloster Weißenburg gibt den Ton an. Doch nach und nach weitet das Hochstift Speyer sich aus und besitzt 1487 Hainfeld komplett.

1530 leben in Hainfeld 272 Einwohner. Gut 20 Jahre später rückt Markgraf Albrecht von Brandenburg-Kulmbach ins Land, er will den Katholizismus bekämpfen. Die Hainfelder retten ihr Dorf, indem sie eine Brandschatzung zahlen. Markgraf Albrecht ist auch ein trinkfester Kerl. Bei einem seiner Trinkgelage sterben der Hofmeister und 4 Mitzecher, Markgraf Albrecht selbst aber fällt „nur" in ein 4-tägiges Koma.

Ruhig sind diese Zeiten wahrhaftig nicht. Hexenverfolgungen drohen, in Hainfeld soll 1592 eine Frau ein Kind verzaubert haben. Juden dagegen, die anderswo vertrieben werden, finden in den Dörfern des Hochstifts Speyer Aufnahme. Nach Hainfeld kommt der Jude Marx, er lebt vom Weinhandel und baut sich ein stattliches Haus.

Erst nach dem Spanischen Erbfolgekrieg (1701-14) beginnt hier ein wirtschaftlicher Aufschwung. Die Neubauten von damals prägen heute das barocke Ortsbild. Eine Generation lebt im Frieden, dann besetzen Franzosen Hainfeld (1779). Und fast 15 Jahre später kämpfen in der Gegend französische Revolutionäre. Die Truppen stehen im April 1793 auf der Linie Weyher - Rhodt - Hainfeld. Die Hainfelder müssen Geiseln nach Landau schicken. Diese kehren erst 1796 zurück, Hainfeld wird nun Frankreich eingegliedert.

Ab 1816 zählt Hainfeld zum Königreich Bayern, da heißt es 1860: „Bei dem gegenwärtigen Wohlstand gibt es nicht viel Arme hier."

Im Krieg 1870/71 quartieren sich in Hainfeld gut 400 Preußen ein. Der Kommandeur wohnt im Pfarrhaus und der Pfarrer notiert: „Alle sehr artig". Als der Krieg endet, wird auch in Hainfeld eine Friedenslinde gepflanzt.

Hainfeld
zählt ehemals zur Reichsburg Meistersel
ab 1273: Besitz - Ochsensteiner + Kloster Weißenburg
ab 1405: Hochstift Speyer erlangt Anteile
1487: zählt komplett zum Hochstift Speyer
1552: Brandschatzung f. Albrecht II. Alcibiades von Brandenburg-Kulmbach (1522-57)
1673: Hainfelder werden zu „Seselmördern" (Krieg Frankreich - Niederlande, 1672-79)
1797: kommt zu Frankreich
1816: gelangt ans Königreich Bayern
1918, 15.12.: im 1. Weltkrieg rücken Franzosen ein, bleiben 6 Wochen
2006: feiert den 1.150. Geburtstag

*4. „Seselmörder"

Was ein Sesel ist, weiß im Weinland jedes Kind - das sichelförmig gebogene Messer ist ein uraltes Winzergerät. Stolz trägt es ein Weinbauer immer bei sich. Er schneidet damit die Reben im Winter, das Laub im Sommer, braucht es bei der Lese im Herbst. In Hainfeld kämpfen 1673 Burschen mit ihren Seselmessern sogar gegen französische Offiziere.

Die Franzosen haben „Hainfeld am Gebürg" besetzt, da ihr König Ludwig XIV. (1638-1715) die Niederlande erobern will. Eines Tages betreten vier französische Offiziere die Wirtschaft Zum Löwen. Während sie ihr Mahl vertilgen, schleichen sich einige Burschen aus Hainfeld in die Gaststube. Böse Worte

Hauszeichen mit Sesel

fallen, eine Schlägerei beginnt, die Hainfelder gewinnen Oberhand und stoßen die Franzosen hinaus auf die Straße. Dabei töten sie zwei der Offiziere mit ihren Seselmessern. Fortan sind sie die „Seselmörder“.

Das Seselmesser wird später von der Rebschere ersetzt, dann vom pneumatischen Rebschneider. Für Hainfeld jedoch ziert es gar als Emblem das Wappen der Verbandsgemeinde Edenkoben.

*5. Flemlingen geschichtlich

Flemlingen, ehemals Reichsdorf, kommt im 13. Jh. zur Herrschaft Geisburg. Damit herrschen hier bald die Ritter von Dahn. Als der letzte von ihnen stirbt (1603), folgen zunächst die Herren von Schönenburg, doch schon nach 30 Jahren die Grafen von Trautmansdorf (1633). Es ist die Zeit des 30jährigen Krieges, Flemlingen ist schwer betroffen.

Nach dem Krieg gelangt der Ort an die Edlen von der Leyen (1675), und diese herrschen hier bis zur Französischen Revolution. Nach französischer Zeit kommt Flemlingen 1816 ans Königreich Bayern.

*6. Burrweiler geschichtlich

Burrweiler zählt ehemals zur Herrschaft Geisburg. Die Herrschaft vergibt König Ruprecht (1352-1410) als Lehen an die Ritter von Dahn. Von deren Burg auf dem Geisberg gibt es einen unterirdischen Gang zur Kirche.

1525 zerstören die Bauern die Burg. Schloss und Amtshaus werden danach neu erbaut, ein Torbogen davon ist bei der heutigen Winzergaststätte (Weinstr. 18) zu sehen.

In Burrweiler wird 1556 die Reformation eingeführt. 1603 stirbt der letzte Dahner Ortsherr. Deren Herrschaft bekommen nun die von Schönenburg – sie führen wieder den katholischen Glauben ein. Im 30jährigen Krieg agieren sie ebenso wie ihre Nachfolger glücklos. Dann, 1657, erwirbt Damian Hartard von der Leyen (1624-78) die Ortsherrschaft. Die Freiherren von der Leyen sind es dann, die 1754 das Schloss als ihren Amtssitz neu erbauen lassen. Dieses ist heute das Restaurant Grafen von der Leyen.

Flemlingen
ehemals Reichsdorf
13. Jh.: Herrschaft Geisburg (ab 1401: von Dahn)
1603: herrschen die von Schönenburg
1633: herrschen die von Trautmannsdorf
1675: herrschen die Edlen von der Leyen
1816: wird bayrisch nach frz. Zeit
1972: zur Verbandsgemeinde Edenkoben

Burrweiler
zählt ehemals zur Herrschaft Geisburg (Burrweiler, Flemlingen, Roschbach, Wernersberg)
1525: Bau von Schloss und Amtshaus
1603: herrschen die von Schönenburg
1657: an die Freiherren von der Leyen
1754: Neubau des Schlosses (Weinstr. 18)

Hainfeld - Skulpturenpark Hummelsaue

Reise mit dem Palatina-Bus 501

Kurzinformation zum Ort

Burrweiler

siehe Weinweg 7, Etappe 2................ S. 67

Weingüter + Einkehren

Weingut Dieter Bauer: Weinstr. 52

... Weiteres siehe S. 148 f.

Gleisweiler

siehe Weinweg 11, Etappe 1 .... S. 126

Weingüter + Einkehren

Weingut Argus: Hauptstr. 23

... Weiteres siehe S. 155 f.

Böchingen

(Verbandsgemeinde Landau-Land)

ca. 780 EW; Dorf in den Rebhügeln vor dem Pfälzerwald; es fließt hier der Hainbach.

Wein & Sehenswert

Fabelbrunnen auf d. Dorfplatz (Hauptstr.)

Ev. Kirche (St. Bartholomäus; Hauptstr.; erbaut um 1600): davor Platz d. Begegnung

Weingüter + Einkehren

Weingut Heiner Sauer: Hauptstr. 44

Weinstube Übel: Hauptstr. 54

... Weiteres siehe S. 147

Weinlage:

Großlage Bischofskreuz (Bereich Südliche Weinstr.)

„Böchinger Rosenkranz" (knapp 200 ha); Boden: sandiger Lehm + Letten (liegt 210-230m hoch)

Walddusche bei Gleisweiler

Nußdorf (zu Landau)

siehe Weinweg 10, Etappe 1 .... S. 110

Weingüter + Einkehren

Weingut Theobald Pfaffmann: Lindenbergstr. 36

Weingut H.M. Hochdörffer / Weingut Villa Hochdörffer: Lindenbergstr. 79

... Weiteres siehe S. 166 ff.

Landau

ca. 44.000 EW; ist mit den Stadtteilen Arzheim, Dammheim, Godramstein, Mörlheim, Mörzheim, Nußdorf, Queichheim, Wollmesheim die größte Weinbaugemeinde in Rheinland-Pfalz.

Wein & Sehenswert

Haus Mahla (Maximilianstr. 7): Museum mit Winzergeräten, Stadtmodell mit Vauban-Festung

Frank-Loebsches-Haus (Kaufhausgasse 9; erbaut 16.-19. Jh.): Ausstellungen; Weintage Südl. Weinstr. (Juni)

Skulptur Landavia (Martha-Saalfeld-Platz; 1980): Künstler Martin Mayer nannte sie Palatina Bacchabunda

Herbstmarkt mit Weindorf (Sept.): überregional beliebt

Weingüter + Einkehren

Restaurant Fünf Bäuerlein: Theaterstr. 2

Akzent Kaffeehaus: Westbahnstr. 31

... Weiteres siehe S. 161 f.

Weinlage:

Großlage Königsgarten (Bereich Südliche Weinstr.)

„Landauer Altes Löhl" (gut 100 ha); Boden: Kalkstein, Lehm (liegt 150-180 m hoch)

Burrweiler - Gleisweiler - Böchingen - Nußdorf - Landau

In Gleisweiler - alter Steintrog, früher genutzt als Pferdetränke

Rebenpanorama in der Südpfalz bei Gleisweiler

Weinweg 7, Etappe 3

Burrweiler - Gleisweiler - Böchingen - Nußdorf - Landau

km

Busfahrt

26,5 44 Min. **Burrweiler, Mitte**

In **Burrweiler** fährt der Bus auf der **Weinstraße** *(250m parallel mit Weinweg 8)* und vorbei am **Weingut Bauer** (rechts/Nr. 52). Hinter dem Ort liegt die berühmte Weinlage Burrweiler Schäwer.

Gleisweiler am Hang (*1) ist schon zu sehen, umgeben von der „Gleisweiler Hölle". Im Ort fährt der Bus auf ein feines Fachwerkhaus zu, er biegt nach links zur Haltestelle:

27,3 46 Min. **Gleisweiler, Mitte**

Aussteigen - Weingut Argus (180m)
Bei der Haltestelle gibt es praktischerweise Zimmernachweis und eine Schautafel zu Wanderwegen. Gegenüber liegt der Künstlerhof von Bernd Kastenholz (*1949) mit dem bunten „Vogelwanderer" (Weinstr. 3). Man geht wenige Schritte zurück zur Kreuzung (Schild: Ortsmitte), hier nach links über die Hauptstraße zum Reitschulplatz mit Rathaus, Skulpturen und Simonshof (30m). Auf der **Hauptstraße**, vorbei am **Gasthof Zur Post** (*2)(links/ Nr. 15; 120m) und **Weingut Argus** (links/ Nr. 23; 180m), kommt man am Ende zur Kirche und **Weinweg 11, Etappe 1**.

Der Bus fährt auf der **Weinstraße** weiter *(nach 190m kurz parallel mit Weinweg 8)*. Bald liegt rechts das **Weingut Fritz Wadle** (Nr. 20). Der Bus biegt nach links und kommt zur Haltestelle bei der Pizzeria **Don Camillo e peppone** (Terrasse bei Weinbergen):

27,8 47 Min. **Gleisweiler, Abzweigung**

Gleich dahinter quert der Bus die Deutsche Weinstraße, er fährt geradeaus weiter auf der **Böchinger Straße** (L 513). Die Straße knickt

Start: „Burrweiler, Mitte" (Bushaltestelle)

Anfahrt: mit Palatina-Bus 501 (Neustadt - Landau)

Ziel: Landau Hauptbahnhof

Abfahrt: Bahn (Neustadt - Edenkoben - Landau - Wissembourg bzw. Karlsruhe); Bahn (Landau - Albersweiler - Annweiler - Pirmasens)

Fahrtzeit: 24 Min.

Anforderung: : Diese Etappe bringt uns nach Landau, wo ein kleiner Rundgang eingeplant werden sollte!

Karte: siehe S. 56/57

km

dann nach rechts und heißt **Gleisweilerer Straße** (Weinlage Böchinger Rosenkranz). Sie führt in **Böchingen** (*3) zu einer Kreuzung mit **Weinstube Übel** (rechts/Nr. 54), 20m weiter folgt die Haltestelle:

29,3 49 Min. **Böchingen, Weinstube Übel**

Geradeaus geht es weiter, vorbei an den **Weingütern Nicklis** (links/Nr. 37) und **Heiner Sauer** (rechts/Nr. 44), linker Hand liegt das alte Schloss hinter hohem Gittertor (*4), es folgt die Kirche, dahinter ein Dorfplatz (*5). Hier führt nach rechts die **Landauer Straße**. Gleich biegt die Landauer Straße nach links. Der Bus hält vor einem Fassadenbild „Ach, könnt' es nur immer Herbst sein!":

29,6 50 Min. **Böchingen, Sparkasse**.

Aussteigen - Weingüter, Heimatmuseum
Zurück in Fahrtrichtung ...
a) ... bei 2. Gelegenheit nach links (= **Eckgasse**; 200m) gibt es das **Weingut Riegel** (links/Nr. 6; 260m) .
b) ... bis zur **Hauptstraße** gehen (250m)

km

und dieser nach rechts folgen zum **Weingut Lothar Kern** (links/Nr. 17; 280m) und **Rathaus** (rechts; 380m). 30m weiter führt nach rechts die **Prinz-Eugen-Straße** zum **Heimatmuseum** (470m).

Auf der **Landauer Straße** fährt der Bus bald vorbei am **Weingut Heinz Kolb** (links/Nr. 30). Dahinter biegt die Straße nach rechts - in der Kurve ein Laufbrunnen (links).
Hinaus aus Böchingen geht es durch eine famose Rebenlandschaft mit Obst in der Weinlage Nußdorfer Herrenberg.
Die Straße heißt dann **Lindenbergstraße**.
Kurz vor **Nußdorf** (*6) begrüßt uns das weitläufige Anwesen des **Weinguts H. M. Hochdörffer** (rechts/Nr. 79).
Am Ortsrand folgt bald das **Landhaus Herrenberg** (links/Nr. 72), dann der **Kernlinghof** (links/Nr. 58/60). *(Bei der Hintergasse kreuzen wir Weinweg 10, Etappe 1.)* Bald knickt die Lindenbergstraße nach rechts zur Haltestelle:

32,0 54 Min. **Nußdorf, Ort**

(auch Bus 521: Ramberg - Albersweiler - Frankweiler - Nußdorf - Landau)
Der Haltestelle gegenüber liegt das **Weingut Theobald Pfaffmann** (Nr. 36).
Der Bus fährt sogleich vorbei am **Gästehaus Villa Delange** (links/Nr. 30). Bald hinter dem alten Gasthaus Zum Schwanen (rechts/Nr. 14) geht es hinaus aus Nußdorf, vorbei an Mandelbäumen durch die Weinlage Nußdorfer Herrenberg. Über die B10 ins Stadtgebiet von **Landau**:

33,6 56 Min. **Landau, Daimler**

Es geht hier durch ein Gewerbegebiet zu einer Kreuzung, hier biegt der Bus nach rechts (= **Godramsteiner Str.**). Gleich hinter dem **Café Centner** (Nr. 5):

km

33,9 57 Min. **Landau, Schänzel**

Bei der nächsten Kreuzung biegt der Bus nach links in die **Hindenburgstraße**:

34,3 58 Min. **Landau, Bethesda.**

Es geht vorbei an einer Wiese und dem Zoo:

34,8 60 Min. **Landau, Zoo (Abzw. Uni)**

Hier zeigt eine Schautafel einen historischen Stadtrundgang!
Bald wird der **Nordring** überquert. Vor dem Fußgängerbereich fährt der Bus nach rechts (= **Pestalozzistr.**) und sogleich nach links (= **Waffenstr.**). Er hält hinter dem alten Galeerenturm:

35,2 61 Min. **Landau, Rote Kaserne**

Kurz vor der Queich liegt das Parkhaus:

35,4 62 Min. **Landau, Parkhaus Zentrum**

Aussteigen - **Rundweg** (850m)
Wenige Schritte zurückgehen, mit dem Zebrastreifen die Waffenstraße überqueren, geradeaus weitergehen (= **Badstr.**; Schild „Zentrum“) zur **Marktstraße**.
Links liegt der Rathausplatz (180m).
Quer über den **Rathausplatz**, vorbei am „reitenden Luitpold“, auf das Böckingsche Haus (Ristorante Raffaele) und ehemalige Städtische Kaufhaus zugehen.
Hinter diesem nach links (= **Kronstr.**) zur Theaterstraße (330m) mit **Restaurant 5 Bäuerlein**. Zu sehen sind hier eine besondere Skulptur und Wandmalereien am ehemaligen Städtischen Kaufhaus.
Es geht dann nach links in die **Kaufhausgasse**, der folgt man nach rechts zum Eingang der Katharinenkapelle. Gegenüber erzwingt das **Frank-Loebsche-Haus** (*7) mit **Weinstube Zur Blum** (370m) einen Blick in den Innenhof.

km

Um die Katharinenkapelle herum nach rechts und sogleich nach links zum **Martha-Saalfeld-Platz** mit der **Skulptur Landavia** (430m) gehen. Dann nach links (= **Stadthausgasse**) wenden. Bei nächster Gelegenheit nach links, eintauchen in den lebhaften Fußgängerbereich. Es geht vorbei an der Roten Kaserne (550m; heute: Universität Koblenz-Landau).
Am **Rathausplatz** hinter dem Rathaus (640m) nach rechts (= **Salzhausgasse**) und am Ende nach links (= **Waffengasse**) zur „Haltestelle Parkhaus" gehen.

Der Bus fährt hier sogleich über die Queich mit altem Schleusenhaus, er fährt am Ende nach links in die **Reiterstraße** und hält:

35,8 63 Min. **Landau, Obertorplatz**

Der **Obertorplatz** mit Skulptur ist der Deutsch-Französischen Freundschaft gewidmet. Erkennt jemand hier das alte **Französische Tor** (*8)? Darin befindet sich heute das **Bistro Barock**.

Aussteigen - zum Rathausplatz (360m)
Wer ab **Obertorplatz** der Marktstraße folgt, findet vor der Westbahnstraße links das Eckhaus Zum Maulbeerbaum. Hier wird im **Akzent Kaffeehaus** (links/Westbahnstr. 31) auch Wein aus der Südpfalz geboten. Gegenüber steht die **Stiftskirche** (*9)(160 m). Geradeaus weitergehen zum Rathausplatz.

Bald hinter dem Obertorplatz, bei einer Kreuzung, geht es nach rechts auf der **Friedrich-Ebert-Straße** zu:

36,0 64 Min. **Landau, Versorgungsamt**

km

Und an der nächsten Kreuzung nach links (= **Marienring**) bis:

36,5 65 Min. **Landau, Rheinstraße**

Hier steht linker Hand im Park eine prachtvolle Jugendstil-Festhalle!
Weiter geht es bald nach links (= **Maximilianstr.**). Wo der Bus nach rechts zum Hauptbahnhof abbiegt, liegt an der Ecke das **Haus Mahla**.

37,0 68 Min. **Landau, Hbf. /ZOB)**

Landau, "Landavia" am Martha-Saalfeld-Platz von Martin Mayer

*1. Gleisweiler geschichtlich

Gleisweiler zählt ehemals zum reichsfreien Siebeldinger Tal. König Heinrich II. (†1024) gibt den Ort zusammen mit Hochstadt und Wollmesheim dem Domstift Speyer (1006). 580 Jahre später erfolgt der Verkauf an die Kurpfalz (1587).

Bereits 2 Jahre nach dem 30jährigen Krieg ist hier schon wieder vom „köstlichen Wein" die Rede. Kurfürst Karl Ludwig (1617-80), der damals herrscht, holt Schweizer in sein zerstörtes Land.

Mehr als ungemütlich lebt es sich hier, als der französische Sonnenkönig Ludwig XIV. (1638-1715) mit seinem Pfälzer Erbfolgekrieg die Pfalz drangsaliert.

In der Französischen Revolution wird Gleisweiler verwüstet, kommt dann zu Frankreich. Damit endet die feudale Herrschaft mit Leibeigenschaft. Nach rund 20 Jahren kommt Gleisweiler unter bayerische Verwaltung, die Pfalz behält einige Sonderrechte.

Im Deutsch/Französischen Krieg 1870/71 ist Gleisweiler nur Aufmarschgebiet. Doch im 2. Weltkrieg gibt es hier ab Sommer 1944 immer mehr Luftangriffe, bis 1945 endlich amerikanische Truppen einrücken. Sie übergeben den Ort schnell an die französischen Besatzer.

Gleisweiler
zählt ehemals zum Siebeldinger Tal
1007-1588: Besitz des Hochstifts Speyer
1587-1794: zur Kurpfalz (Oberamt Germersheim)
2007: feiert 1.000jähriges Dorfjubiläum

*2. „Dieser Wein war köstlich gut"

In Gleisweiler scheucht in alter Zeit die Weinglocke die Männer aus den Wirtshäusern. Wer nach dem Glockenzeichen noch angetroffen wird, zahlt eine Strafe.

Für 1811 heißt es „am 1. August hat man zeitige Trauben abgebrochen. Dieser Wein war köstlich gut!" Doch als es 1817 nasskalt bleibt, notiert einer: „Da werden Schulden gemacht und es gibt beinahe Hungersnot".

*3. Böchingen geschichtlich

Böchingen gelangt früh in den Besitz der Kurpfalz. Die verlehnt den Ort an die Ritter von Böchingen, welche sich im Ort eine Burg bauen. Als 1408 das Geschlecht erlischt, erhalten die Ritter von Zeiskam das Dorf als Lehen. Sie bauen sich auf den Resten der Burg ein Schloss. Grabplatten der Familie finden sich heute auf dem „Platz der Begegnung" vor der Kirche.

Das Schloss zerstören die Bauern im Bauernkrieg (1525) und müssen es hernach wieder aufbauen.

Im 30jährigen Krieg wird das Schloss erneut zerstört und erneut wieder aufgebaut.

1676 stirbt der letzte derer von Zeiskam. Kurfürst Karl Ludwig (1617-80) verlehnt Böchingen nun an die Adligen von Steinkallenfels. 100 Jahre herrscht hier diese Familie, dann erhält der kurfürstliche Hofkanzler Freiherr von Reiboldt die Lehensrechte. Doch fällt Böchingen 1794 an die Kurpfalz zurück. Bald macht die Französische Revolution den Ort französisch. Ab 1816 ist er bayrisch.

Bald beginnen Jahre der wirtschaftlichen Not, Viele wandern aus - vor allem in die USA. Die Einwohnerzahl geht von 939 (1835) auf 751 (1905) zurück.

Böchingen
früh im Besitz der Kurpfalz
bis 1408: herrschen die Ritter von Böchingen
1408-1676: herrschen die Ritter von Zeiskam
bis 1778: herrschen die von Steinkallenfels
bis 1794: herrscht Joseph Anton Frh. von Reiboldt
1816: wird bayrisch nach frz. Zeit

Geschichte(n)

*4. Sekt aus dem Schloss

Durch das Gitter eines hohen Tores lässt sich heute das Schloss in Böchingen erblicken. Es steht, wo in alter Zeit die Burg der Ortsherren gestanden hat.

Das Schloss gelangt nach Abzug der französischen Revolutionäre in bürgerlichen Besitz.

Nach 1945 zieht eine Winzergenossenschaft in das Anwesen. Gut 15 Jahre später folgt eine Sektkellerei (1961), die gehört später der Sektkellerei Schloss Wachenheim, dem größten Sekthersteller der Welt. Doch die Sektproduktion in Böchingen wird 2008 eingestellt. Die international agierende Weinkellerei Reh Kendermann aus Bingen erwirbt den Hochtankkeller. Der Sekt „Schloss Böchingen" jedoch behauptet sich weiterhin auf dem Markt.

*5. Der Fuchs und die Trauben

Auf dem kleinen Dorfplatz von Böchingen erzählt der Fabelbrunnen Geschichten.
Da sieht man, wie ein Fuchs von den Trauben naschen will und sie doch nicht erhaschen kann - wie in einer Fabel von Jean de la Fontaine.
Zu sehen ist auch der Kammertbau. Diese alte Erziehungsart des Weins ist in Böchingen bis Anfang des 20. Jh. üblich.

*6. Nußdorf geschichtlich

Nußdorf kommt im 12. Jh. zur Herrschaft Madenburg. Als Ritter Johann von Heideck dort herrscht, bitten die Nußdorfer ihn wegen der großen Entfernung um Befreiung von ihrer Frondienstpflicht (1498). Der Ritter zeigt sich - gegen eine jährliche Zahlung - gnädig, doch 10 Jahre später verkauft er Nußdorf an Landau (1508).

Am Kirchweihsonntag 1525 bricht in Nußdorf der Pfälzer Bauernaufstand aus. Gut 100 Jahre später beutelt der 30jährige Krieg die Pfalz. Nußdorf, fast entvölkert, kommt danach zusammen mit Landau unter französische Oberhoheit. Wird die Festung Landau belagert, wird immer auch Nußdorf geplündert.

1816, als die Pfalz an Bayern fällt, wird Nußdorf nach gut 300 Jahren wieder eine selbstständige Gemeinde und ist heute ein Stadtteil von Landau.

Nußdorf
12. Jh.: kommt zur Herrschaft Madenburg
1508-1815: gehört zu Landau
1816-1945: ist bayrisch
1972: Eingemeindung zu Landau

*7. Frank-Loebsches-Haus

Wer den Innenhof des Frank-Loebschen-Hauses betritt, staunt über die prächtige umlaufende Holzgalerie auf 2 Etagen. Schon als Landau eine Festung ist, findet sich hier die Wirtschaft „Zur Blum".

Das stolze Anwesen ist eng mit der Geschichte von Landaus Juden verbunden. Jüdische Weinhändler tragen dazu bei, dass Landau im 19. Jh. als Zentrum des pfälzischen Weinhandels gilt. Landau wird die wohlhabendste Stadt der Pfalz. Es gibt damals zahlreiche Kellereien und weit über 100 Küfer sind mit Instandhaltung und dem Bau neuer Weinfässer beschäftigt.

Heute gibt es im Frank-Loebschen-Haus eine

ständige Ausstellung über die Geschichte der Juden in Landau. Und Weinfreunde wissen: in diesem besonderem Ambiente finden alljährlich im Juni die Weintage Südliche Weinstraße statt, wo viele Winzer aus der Südpfalz ihre Weine zum Probieren anbieten.

*8. Landau - belagert und geplündert

Der 30jährige Krieg ist 1648 vorüber, doch in Landau kehrt kein Frieden ein. Im November 1673 besetzen die Franzosen die Stadt. Die Landauer bitten Kurfürst Karl Ludwig (1617-80) um Hilfe, die Antwort jedoch lautet: Landau müsse sich dem „gewaltigen" König unterwerfen. Als die Franzosen Ende März 1674 endlich wieder abziehen, demolieren sie dabei Mauern und Stadttore.

Nun da die Franzosen fort sind, soll Landau für die deutschen Hilfstruppen monatlich 800 Maß Wein liefern und anderes. Die Landauer beschließen: Wir bleiben bei diesem Hin und Her neutral!

Es reist eine Abordnung aus Landau nach Mannheim und weiter nach Heidelberg, man will bei Kurfürst Karl Ludwig persönlich einen Nachlass erwirken. Durchlaucht empfängt sie mit Vorwürfen: Warum hätten sie die Franzosen ohne Gegenwehr eingelassen? Er hat wohl vergessen, dass er ihnen 2 Jahre zuvor selbst geraten hatte, sich den Franzosen nicht zu widersetzen!

Im Sommer 1675 bleibt es ruhig. Mit einem Mal jedoch soll Landau 500 Mann aufnehmen. „Es leben doch nur noch 150 Bürger in der Stadt", klagt der Rat. Man einigt sich auf 230 Mann, doch 2 Wochen später kommen weitere 300.

Die letzten Einquartierten ziehen erst im Juli 1676 wieder fort. 1 Stunde später stehen 200 Reiter vor dem Tor. Der Herzog habe befohlen, alle Vorräte an Frucht, Wein und Vieh aus der Stadt abzuführen - die Schreckensnachricht bläst ein Trompeter durch die Gassen.

Nun rückt der Herzog von Luxemburg mit 40.000 Mann an. Sie lagern vor der Stadt und der Rat eilt, den Herzog zu begrüßen. Der lässt ihnen einen Trunk reichen, doch spricht er drohend: „Ihr seht hier eine der schönsten Armeen, allein sie ist nicht freundlich gegen euch gesinnt!" 200 Dragoner besetzen das Tor. Nach 2 Tagen ziehen sie fort, kämpfen 5 Tage in Philippsburg, kehren zurück und verhaften die Ratsmitglieder. Die Soldaten wollen die Stadt ungestört durchsuchen. Ihre Beute lassen sie sich von den Räten quittieren, erst dann geben sie ihnen die Freiheit zurück. Am Morgen zieht die Truppe fort. Die Bürger wundern sich über die unverhoffte Rettung. Doch schon rücken neue Truppen an, diesmal kaiserliche.

Die Landauer selbst sehen in allem eine von Gott über sie wegen ihrer Sünden verhängte Strafe. Daher ordnet der Magistrat Ende Januar 1677 einen Bußtag an. Alle müssen einen Tag lang fasten und sich nur dem Gebet hingeben!

Kaum ist im Frühjahr die Winterbesetzung fort, rückt eine Kompanie aus Philippsburg an. Die macht im Herbst der Kompanie von Obrist Stadel Platz. Stadel zeigt sich als ein rauer Gesell. Vor seinem Abmarsch im April 1678 verlangt er für seine „Diskretion" mehrere Fässer Wein und dazu noch Geld.

Auch weiterhin gibt es in Landau Drangsalierungen, Ruhe kehrt noch lange nicht ein in dieser Stadt.

Geschichte(n)

*9. Gespenstische Rösselsgasse

In alter Zeit sitzt im Turm der Stiftskirche ein Wächter und bewacht die Stadt. Die Gassen rundherum sind des Nachts still und duster, so auch die Rösselsgasse. Doch ist bei ihr mitunter um Mitternacht ein Lärmen zu vernehmen, als rase einer durch die Gasse und zöge eine schwere Kette hinter sich drein. Erscheint das „Kettengespenst", so fegt es dreimal hintereinander durch die Gasse, dann kehrt wieder Ruhe ein.

In diesen gespenstischen Zeiten stolpert einmal ein Schuster durch die finstere Stadt. Bei einer fröhlichen Runde in der Wirtschaft Zum Hirsch hat er mehr als ein Glas Wein über den Durst getrunken. Er nähert sich der Rösselsgasse, setzt einen Fuß in die Gasse, einen zweiten - da hört er ein Rasseln, das ihn blitzschnell nüchtern werden lässt. Verängstigt drückt er sich in einen Hofeingang. Das Gespenst! Mit feurigen Augen rasselt es direkt auf ihn zu. Der Schuster beginnt am Leibe zu zittern und er schreit: „Bürgerhilf, Bürgerhilf!"

Seinen Ruf hört der Wächter auf der Stiftskirche. Der setzt schnell das Horn an, schon kommt der Nachtwächter geeilt.

Doch gerade schlägt es ein Uhr, und damit ist das Gespenst verschwunden.

Hätte der Schuster anstatt seines Hilferufs etwas Liebevolles gerufen, das Gespenst wäre erlöst gewesen. So aber muss es sich noch viele Jahre lang rasselnd durch die Gasse quälen. Bis eines Tages ein großes Feuer die Gasse verschwinden lässt. Seitdem rasselt es mal hier mal dort.

Die Stiftskirche hat das Feuer überstanden. Ein Aufstieg auf den Turm (über 200 Stufen) lohnt wegen der Aussicht, ist jedoch nichts für Ängstliche, denn der Turm beginnt zu schwanken, wenn es läutet.

Radweg Deutsche Weinstraße

Weinweg 8 : Neustadt - Maikammer-Alsterweiler - Edenkoben - Rhodt - Hainfeld - Burrweiler - Gleisweiler - Frankweiler - Siebeldingen

Auf gut befestigten Wirtschaftswegen geht es durch Weinberge hinauf und hinab, ohne wirklich große Steigungen. Für Sportliche sind in Alsterweiler und Rhodt unter Rietburg Panoramarouten ausgeschildert. Die Rückfahrt kann auch per Bahn erfolgen.
Länge insgesamt: gut 24 km / 2 Std.

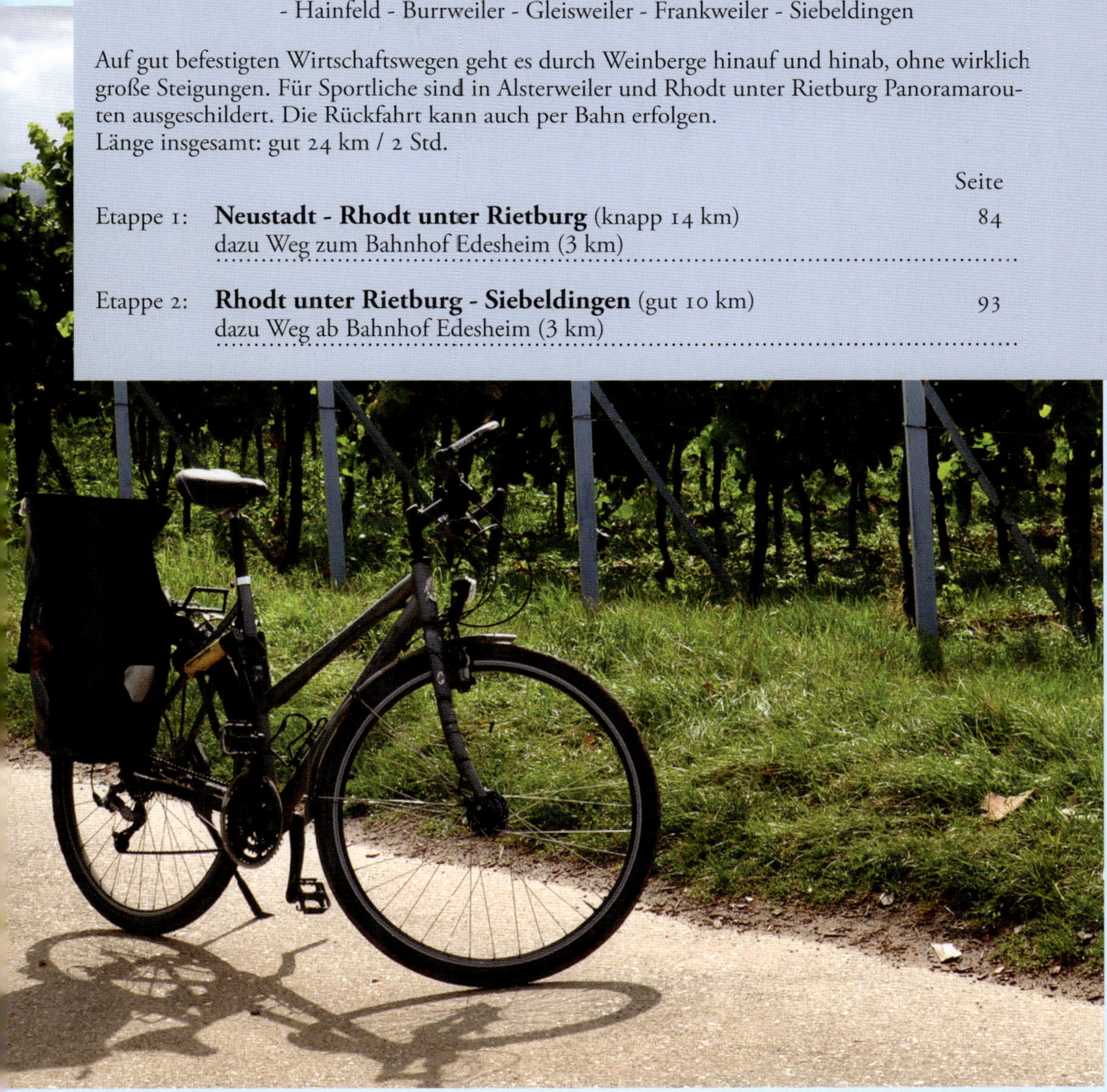

Die Autorin - unterwegs, die Südpfalz zu erkunden

Kurzinformation zu den Orten

Neustadt/Weinstraße

siehe Weinweg 7, Etappe 1 .... S. 58

Weingüter

Weingut Georg Naegele - Schloßbergkellerei: Schlossstr. 27-29

Maikammer - Alsterweiler

siehe Weinweg 7, Etappe 1 .... S. 58

Weingüter + Einkehren

Winzerhof Ernst: Hohlweg 3

Weingut Faubel: Marktstr. 86

Weingut Schädler: Weinstr. Süd 43

... Weiteres siehe S. 162 ff.

Edenkoben

(Verbandsgemeinde Edenkoben)

ca. 6.700 EW; Luftkurort mit Reben, darauf hinab schaut vom Hang die einstige Sommervilla der bayrischen Könige.

Wein & Sehenswert

Ludwigsplatz: mit Denkmal für König Ludwig I. von Bayern (1890)

Museum für Weinbau- u. Stadtgeschichte (Weinstr. 107a; April-Okt. Fr 16-19, Sa 15-18, Nov.-März So 14-17)

Weinlehrpfad (Villastr. u.a.; 3,5 km lang): mit alten Keltern, Liebeslaube u.a.

Weinfest der Südlichen Weinstraße (Ende Sept.): überregional beliebt

Weingüter + Einkehren

Weingut Stuber-Fruth: Klosterstr. 149-151

... Weiteres siehe S. 149 ff.

Weinlage

Großlage Schloss Ludwigshöhe
(Bereich Südliche Weinstr.)

„Edenkobener Heilig Kreuz“ (75 ha); Boden: Löss + Lehm (liegt 196-213 m hoch)

„Edenkobener Kastaniengarten“ (rd. 20 ha); Boden: Ton + Sand (liegt 195-220 m hoch)

„Edenkobener Klostergarten“ (4 ha); Boden: lehmiger Sand (liegt 190 m hoch)

Rhodt unter Rietburg

siehe Weinweg 7, Etappe 2 .... S. 66

Weingüter + Einkehren

Weingut Heinrich Krieger: Edesheimer Str. 7

... Weiteres siehe S. 168 ff.

Edenkoben - das alte Kloster Heilsbruck

Weinweg 8, Etappe 1

Von Neustadt nach Rhodt unter Rietburg

Historischer Weinberg bei der Alsterweiler Kapelle

Start: Neustadt/Weinstr., Hauptbahnhof

Anfahrt: Bahn (Homburg - Kaiserslautern - Neustadt - Ludwigshafen - Mannheim - Heidelberg - Osterburken/Mosbach); (Neustadt - Landau - Karlsruhe od. Wissembourg); (Neustadt - Bad Dürkheim - Freinsheim - Grünstadt)

Ziel: Rhodt unter Rietburg (Weinstr. / Ecke Edesheimer Str.) bzw. Edesheim, Bahnhof

Abfahrt: von Rhodt nach Edesheim mit dem Rad siehe "Wegverlauf"
ab Edesheim mit Bahn (Neustadt - Edesheim - Landau - Wissembourg od. Karlsruhe)

Weglänge: 13,8 km / etwa 1 Std.
+ Weg zum Bahnhof Edesheim: 3 km

Markierung (M): grünes Fahrrad u. Traube auf weißem Schild u.a.

Karte: Südpfalz. Wandern u. Radfahren zwischen Rhein & Reben; 1:40.000. - Pietruska-Verl., 2012

Anforderung: Diese Etappe führt vom Pfälzer Weinbaubereich Mittelhaardt/Deutsche Weinstraße in den Weinbaubereich Südliche Weinstraße bei Maikammer-Alsterweiler. Auf ruhigen Straßen und Wirtschaftswegen fährt man durch die einladende Pfälzer Weinlandschaft.

Karte: siehe S. 56/57

Liebeslaube - am Weinlehrpfad in Edenkoben

km

Wegverlauf

(Wir fahren zunächst knapp 1,5 km parallel mit Weinweg 7): Das Bahnhofsgebäude von Neustadt im Rücken fahren wir auf der **Bahnhofstraße** hinab zur Kreuzung (Schild: Edenkoben 11,0). An der Kreuzung fahren wir nach links (= **Landauer Str.**), bei der nächsten Ampel geht es wiederum nach links (= Schillerstr.) und über die Bahn. Wir folgen dahinter der **Schillerstraße** und ihrem Bogen nach

Neustadt - Alsterweiler - Maikammer

km

links. Es geht leicht bergauf.
Bei einer Ampel (1,3 km) fahren wir nach rechts und weiter hinauf (= **Pfalzgrafenstr.**). Nach 300m biegen wir nach links in die **Hans-Geiger-Straße**. Hinter der **Jugendherberge** (1,9 km) fahren wir nach links (= Hans-Geiger-Str.) und fahren auch am Ende nach links in den **Haltweg** (2,2 km).
Unten biegen wir nach rechts, dann sogleich nach links und fahren bei nächster Gelegenheit nach rechts.
Hier beginnt **Hambach**. Wir fahren nach links auf einem Wirtschaftsweg zwischen Reben und sehen auf dem Berg das **Hambacher Schloss**.

2,9 Bei einer Kreuzung (2,9 km) fahren wir nach rechts hinauf und biegen am Wegende (3,3 km) nach links. Wir kommen zum Ortsrand und folgen dem **Diedesfelder Weg**.
Wo es vor uns jäh bergab geht (3,9 km), biegen wir nach rechts in den **Horstweg**. Wir queren dann die **Dammstraße** (4,1 km) - *damit kreuzen wir Weinweg 7*. Am Ende der Straße fahren wir nach links (= **Weinstr.**).
Wir kommen zum **Eichplatz** mit Schautafel für unseren Radweg Deutsche Weinstraße (4,7 km).
Wir folgen der Weinstraße noch 100m, vorbei am feinen **Weingasthaus Zur Fassdaube** (links/Nr. 269), fahren dann nach rechts hinauf (= **Schlossstr.**) und bei nächster Gelegenheit nach links hinauf (= **Am Kirschgarten**). Hier geht es vorbei an der Zufahrt zum **Weingut Naegele** (rechts/Schlossstr. 27-29; 5 km).

5,5 Bei 5,5 km queren wir die **Andergasse** von **Diedesfeld** und fahren dann auf einem Wirtschaftsweg ins Grüne, immer geradeaus. Kurz vor Alsterweiler fahren wir vom Pfälzer

km

Weinbaubereich Mittelhaardt/Deutsche Weinstraße in den **Weinbaubereich Südliche Weinstraße** (*1)(6,5 km).
Vorbei am **Winzerhof Ernst** (links/Hohlweg 3) erreichen wir **Alsterweiler**, wo unser

6,9 Weg endet (6,9 km). Hier finden wir den **Weinlehrpfad Mandelhöhe**.
Wir fahren nach rechts, folgen schnell nach links der **Kredenburgstraße** (6,7 km) und fahren sogleich nach schräg rechts. Am Ende (7,2 km) erreichen wir die Friedhofstraße mit der alten **Kredenburg** (*2)(Nr. 101).
Wir fahren auf der **Friedhofstraße** nach rechts. Am Ende der Straße (7,3 km) steht die **Alsterweiler Kapelle**, hinter ihr liegt ein historischer Weinberg.
(Eine ausgeschilderte Panoramaroute über St. Martin führt hier nach rechts hinauf.)
Wir biegen nach links (= **Hartmannstr.**) und fahren dann nach rechts in die **Mühlstraße** (7,4 km).
(Ab hier 600m parallel mit Weinweg 7.)
Vorbei am **Winzerkeller Alsterweiler** (rechts/Nr. 14), dahinter das kleine **Weingut Bernhard Müller** (Nr. 16) erreichen wir den

7,8 Ortsrand mit der Neugasse (7,8 km).

→ **Abstecher - Maikammer erleben**

Wer der **Neugasse** nach links folgt, kommt zur **St. Martiner Straße** (430m) und fährt auf dieser nach links zum **Marktplatz** (620m). Auf dem Marktplatz stehen das **Schoppendenkmal** (*3) und ein Denkmal für **General Hartmann** (*4) vor dem **Goldenen Ochsen** (Marktstr. 4). Weiter geht es:
a) Vor dem Marktplatz nach rechts fahren (= **Weinstr. Süd**) zum **Weingut Dengler-Seyler** (rechts/Nr. 6; 40m) - im Hof das feine **Gasthaus zum Winzer** (Nr. 8).

km

200m dahinter biegt die Straße nach rechts zum **Weingut Manfred Schädler** (links/Nr. 43; 300m).
Wo die Weinstraße Süd nach rechts biegt, führt nach links die **Immengartenstraße** zur **Tourist-Information** (rechts; 330m), die Straße biegt dahinter nach rechts.Hinter **Hotel Immenhof** (rechts/Nr. 26) geht es nach links (= **Blumenstr.**) zur **Marktstraße** (580m), nach rechts die **Weingüter Immengarten Hof** (Nr. 62) und **Faubel** (Nr. 86; 1,1 km).
b) Wer beim Marktplatz der **Marktstraße** geradeaus folgt, kommt zum **Weingut Schwaab** mit **Restaurant Dorfchronik** (links/Nr. 7; 70m), gegenüber im Haus Rassiga befindet sich die **Ortsvinothek Weinkammer** (Nr. 8). Daran vorbei zur Kreuzung mit **Weinstube Mayer's Eck'l** (links/Schulstr. 2) (110m).

Wir folgen geradeaus der **Mühlstraße**, vorbei am **Weingut Wilhelm** (rechts/Nr. 44; 7,8 km) geht es in die Weinberge des „Heiligenbergs". Bei nächster Gelegenheit geht es nach links zur
8,3 **St. Martiner Straße** (8,3 km) und an dieser nach rechts zu einem Kreisel (8,4 km). Hier die Straße überqueren, nach rechts fahren und bei nächster Gelegenheit nach links biegen (8,9 km). Nun sausen wir hinab ins Tal des Kropsbachs.
(Beim Bach kehrt die Panorama-Route aus St. Martin von rechts zurück.)
Hinter dem Bach geradeaus bergauf weiterfahren. Oben (9,3 km) biegen wir vor einem Rastplatz nach links, bei nächster Gelegenheit nach rechts (bei einem Rastplatz mit Sicht in die Ebene (*5)). So fahren wir bis an den Rand von **Edenkoben** - mit Friedhof, Rastplatz
10,3 und Weinberg (10,3 km).

km

Geradeaus geht es auf der **Friedhofstraße** hinab, sie heißt unten **St. Martiner Straße**
10,8 und endet an der Weinstraße (10,8 km).

→ **Abstecher - Winzergenossenschaft Edenkoben** (90 m)
An der **Weinstraße** nach links zur Genossenschaft mit Garten (rechts/Nr. 130).

Wir fahren auf der **Weinstraße** nach rechts, vorbei an der **Walthari Stube** (rechts/Nr. 113). Nach 100m geht es nach rechts über die **Non-**
11,1 **nenstraße** zur **Remlingstraße** (11,1 km).

Abstecher - Klosterstraße (1,3 km)
Der **Nonnenstraße** weiter bis zum Ende folgen, nach links führt der **Neuweg** zur **Klosterstraße** (330m). Nach rechts gibt es einige **Weingüter**:
Gudrun Croissant (rechts/Nr. 133), **Stuber-Fruth** (rechts/Nr. 149-151) - gegenüber mündet die Watzengasse (*6). Geradeaus geht es entlang der Klostermauer zum **Weingut Kloster Heilsbruck** (*7)(Nr. 170), und von gegenüber winkt einladend **Weinbau August Gleich** (Nr. 169). An der Klosterstraße liegt weiter die **Galerie Neumühle** (links/Nr. 173), dann kreuzt der **Woogweg** mit Weg der Gedichte (*8) die Straße (M: Fassboden 5+6). Hier steht das **Herrenhaus Edenkoben** (links/Nr. 175). Dahinter gibt es das **Weingut Hans J. Schreieck** (links/Nr.177), dann das **Künstlerhaus Edenkoben** (links/Nr. 181).

Auf der **Remlingstraße** fahren wir nach links zur Klosterstraße (11,3 km).
Wir queren die Klosterstraße, folgen geradeaus der **Radeburger Straße** hinab *(bis Hainfeld parallel mit Weinweg 7)*. Vorbei an der Haltestelle

Weinweg 8, Etappe 1

Neustadt - Rhodt unter Rietburg

km

„Radeburger Straße“ (11,6 km) gelangen wir
11,8 hinauf zur Weinstraße (11,8 km).
Wir folgen der **Weinstraße** nach rechts und treffen am Ortsrand auf einen Kreisel (12 km). *(Bei der 2. Kreiselausfahrt beginnt ein Weinlehrpfad.)* Wir nehmen die 3. Ausfahrt (= **Weinstraße**) und fahren dann am Ortsrand weiter auf einem Wirtschaftsweg neben der Straße (12,4 km; M: Wasserlehrpfad; Mandelpfad). Am Rand von Rhodt steht ein Gedenkstein „Flurbereinigung 1937-80“ mit alter Kelter. Schnell ist das Ortsschild „Traminerort Rhodt 772-1972“ erreicht (13,1 km). Hier steht ein 3.000-Liter-Weinfass!
Da hier Weinweg 7 + 8 identisch verlaufen, werden für unseren Weinweg 8 durch **Rhodt** nur rechts liegende Weingüter und Sehenswertes genannt. Da zeigt sich bald das zurückliegende **Schlössel** (Nr. 87) mit weiß-rosa Fassade, wir kommen vorbei an der **Weinstube Waldkirch** (Nr. 53), dann knickt die Weinstraße nach links, hier bildet sich ein kleiner Platz vor dem **Café Eyer** (Nr. 41). *(Panoramaroute - geradeaus über die Theresienstraße, über Weyher; „Siebeldingen 13,0“.)*
Wir folgen der **Weinstraße** nach links („Hainfeld 1,9; Siebeldingen 9,4“), hinter dem **Gasthaus Zur Sonne** (Nr. 39) liegt die Haltestelle „Rhodt, Mitte“ (13,6 km).
Bald fahren wir vorbei am Renaissance-Rathaus (Nr. 19), dahinter liegt die Kirche, und
13,8 wir erreichen eine Kreuzung (13,8 km).
Hier endet Weinweg 8, Etappe 1; Weiterfahrt siehe Weinweg 8, Etappe 2 - S. 95.

km

→ **Abstecher - Bhf. Edesheim** (3 km)
Nach links der **Edesheimer Straße** folgen, vorbei an den **Weingütern Heinrich Krieger** (rechts/Nr. 7; 70m) und **Stefan Meyer** (rechts/Nr. 17; 130m) hinaus aus dem Ort, wo gegenüber vom **Weinladen Rietburg** (links/Nr. 50; 350m) der **älteste Weinberg der Welt(!)** liegt (*9).
Man erreicht **Edesheim**. Am Ortsrand liegt das **Weingut Oberhofer** (Am Linsenberg 1), welches den ältesten Weinberg besitzt (1,7 km). Man folgt geradeaus der **Rhodter Straße** und fährt bei nächster Gelegenheit nach rechts (= **Schlossstr.**) zur **Luitpoldstraße** (2,5 km). Dieser nach links folgen, die Staatsstraße überqueren, geradeaus auf der **Speyrer Straße** zum Bahnhof weiterfahren.

Saalbau - beim Hauptbahnhof in Neustadt

Geschichte(n)

*1. Gute und schlechte Weinjahre in Maikammer

1708 ziehen kaiserliche und französische Truppen durch; es gibt wenig, aber guten Wein.

1713: wieder schwere Kriegszeiten, die Reben blühen spät; ehe die Trauben reif sind, erfrieren sie.

1735-38: Polnischer Erbfolgekrieg mit Einquartierung.

1747 wird eine alte Verordnung erneuert: in Orten, in welchen besserer Wein wächst, darf kein geringerer eingeführt werden, wegen Gefährdung des guten Rufs. Es gibt ziemlich viel und guten Wein

1753: aus kleinlichster Ursache kommt es zu einem Streit zwischen Kurpfalz und Bistum Speyer. 900 Mann fallen ein, sie nehmen vor allem die Weine mit sich nach Neustadt, und die reichsten Winzer von Maikammer, St. Martin und Diedesfeld werden in Neustadt ins Gefängnis geworfen.

1757: schlechtes Weinjahr mit „Misswachs" und Krankheit, so schlimm, dass die Gemeinde zur Abwendung zwei Messen lesen lässt. Der 7jährige Krieg (1756-63) ist bisher unmerklich vorübergegangen, aber 1758 beginnen Einquartierungen.

1759: bei Begräbnissen wird durch Schmausereien Geld verschwendet, Fürstbischof Franz Christoph von Hutten (1706-70) erlässt eine Verordnung dagegen.

1763: Dragoner sind einquartiert - es endigt der 7jährige Krieg. Das linke Rheinufer genießt nun Ruhe bis 1792, freilich „gibt es noch Quäler genug".

*2. Die Kredenburg

In Alsterweiler beeindruckt heute, was von der uralten Kredenburg geblieben ist. Deren Wirtschaftsgebäude lassen sich hinter der Mauer von Friedhofstraße 101 entdecken. In die Hofmauer eingemauert finden sich Wappensteine derer von Oberstein, die hier bis 1612 lebten.

Die Kredenburg lässt Viax von Oberstein (†1553) 1507 erbauen. Als Viax im Bauernkrieg 1525 in kurpfälzischen Diensten steht, zerstören die Bauern seine Burg. Sie müssen sie jedoch nach ihrer Niederlage wieder herrichten.

Auf Viax folgt sein Sohn Hans Friedrich, ein Gerichtsherr. Der lässt die Burg baulich verändern, doch stirbt er schon mit 36 Jahren (1570). Sein Sohn Andreas ist der letzte männliche Oberstein, er stirbt um 1607 auswärts.

Fortan gibt es immer wieder neue Besitzer, bis 1687 Fürstbischof Johann Hugo von Orsbeck (1634-1711) die Kredenburg erwirbt. Sein Nachfolger Damian Hugo von Schönborn (1676-1743) lässt in der Burg eine Branntweinbrennerei einrichten (1721).

Als in der Pfalz die Franzosen herrschen, versteigern sie die Burg als Nationalgut (1804).

Alsterweiler - bei der alten Kredenburg

Maikammer - ehemalige Posthalterei

*3. Der Pfälzer Schoppen

Das Schoppendenkmal in Maikammer erinnert daran, dass in der Pfalz in einen echten Schoppen 0,5 Liter passen. Auf dieses Maß bezieht sich alles. Da ist ein Viertel (Liter) ein halber Schoppen und 1 Liter sind zwei Schoppen. Der 1/8-Liter jedoch wird gern als „Piff" bezeichnet. Kutscher sollen sich einst durch einen Pfiff bei der Pferdewechselstation angekündigt haben, wo sie dann einen „Minischluck" bekamen bis umgespannt war. „Piff" steht 1868 gar im „Gesetz der Schankgefäße", wird jedoch bei der Neuauflage 1935 nicht mehr erwähnt.

Welch ein Schreck durchfährt die Pfälzer, als ihnen eines Tages ihr Wein in der Wirtschaft in 0,4 Liter-Gläsern serviert wird. Bestellt nun einer einen halben Schoppen, so wird ihm mager ein 0,2 Liter-Glas hingestellt. Schnell bildet sich eine „Schoppenkämpfer-Gemeinschaft", die im Schoppen auch ein Symbol für die Geselligkeit der Pfälzer sieht.

*4. Winzersohn wird Freiherr

Auf Maikammers Marktplatz steht ein Denkmal von General Hartmann (1795-1873).

Jakob Hartmann kommt 1795 als Sohn eines Winzers zur Welt. Maikammer zählt bald zu Frankreich. Herangewachsen entscheidet Jakob sich für das Militär, er kämpft mit den Franzosen 1814/15 gegen die Napoleongegner. Nach der Niederlage kommt die Pfalz zu Bayern, und Jakob H. wechselt in das königlich-bayerische Regiment. Bis ins Kriegsministerium steigt er auf.

75 Jahre ist er alt, als 1870 der Deutsch-Französische Krieg beginnt. Und wieder zieht er in den Kampf, nun mit seinen bayrischen Soldaten gegen die Franzosen, in deren Reihen er in jungen Jahren gestanden hat. Seine Bayern entdecken in Frankreich viele vermauerte Weinkeller. Wein ist für sie ein seltenes Getränk. Nun gibt es um sie herum ungeheuer viel Wein. Zeitweise leiden sie solchen Durst, dass sie sogar das Wasser einer Pfütze trinken würden. Daher trinken sie also diesen Wein, oftmals weitaus mehr, als ihr Durst es verlangt!

Jakob von Hartmann wird nach diesem Krieg in den Freiherrenstand erhoben

*5. Die Winzer gehen „stürmen"

Schon in alter Zeit gibt es bei Edenkoben Reben über Reben, sie werden mit Sorgfalt und Mühe gepflegt. Doch als in den 1870er Jahren Rebschädlinge gehäuft auftreten, wissen die Winzer bald nicht mehr weiter. Heu-, Sauer- und Springwurm, die Blattfallkrankheit, die heute Peronospora heißt, falscher Mehltau (Oidium), der Rebstichler - unzählige Würmer. Letztere wollen die Winzer mit Nadeln aus den Trauben herausstechen. Die heillose Arbeit zeigt wenig Erfolg. Die Schädlinge vernichten ganze Winzerexistenzen. 1895 beurteilt Edenkobens Winzerverein seinen Weinjahrgang als: wenig, schlecht, billig und wurmzernagt.

Endlich werden Gegenmittel gefunden. In Maikammer kämpfen erste Winzer 1907 gegen die Blattfallkrankheit mit der Rückenspritze im Weinberg. Was für eine Erleichterung, als 1924 „Dr. Sturms

Heu- und Sauerwurmmittel“ auf den Markt kommt. Bald heißt es: die Winzer gehen „stürmen“. Von nun an wird viele Jahre lang die „Chemische Keule“ geschwungen.

*6. Riese, Riese Watze du!

Die Watzengasse in Edenkoben erinnert an den greulichen Riesen Watze. Der lebte vor ewigen Zeiten im Walde bei Edenkoben.

Oft liegt Watze einfach nur faul im Walde und schläft. Doch bei seinem Schnarchen rauscht es über den Wipfeln wie ein Sturm. Wenn er erwacht, stiefelt er munter den Kesselberg hinunter aus dem Wald, greift im Dorf nach dem ersten Stück Vieh, packt zwei, drei weitere als Vorrat dazu und springt mit seiner Beute hinauf zu seinem Quartier. Dort reißt er Kuh oder Schaf den Kopf ab und wirft das Fleisch in einen Kessel, den er sich aus Stein gehauen hat. Während das Fleisch im Kessel brutzelt, wäscht Watze im Bach seine bluttriefenden Hände und blutrot fließt das Wasser hinab in den Ort als Triefenbach.

Dann ist Riese Watze hungrig und stopft sich das halbgare Fleisch in sein Riesenmaul. Gesättigt zerreißt er später, was er nicht essen will. Heißa, er schleudert Häute, Haare und Gedärme in hohem Bogen fort. Die Fetzen fallen bei den ersten Hütten des Dorfes zu Boden, wo heute die Watzengasse liegt. Ist alles fort, legt sich Riese Watze satt zur Ruhe. Mit Behagen wälzt er sich zurecht, seine Schlafmulde ist heute noch zwischen Hochberg (635m) und Schraußenberg (570m) zu finden.

„Riese, Riese Watze du!“, rufen die Edenkobener verärgert. Sie geben es bald auf, neues Vieh zu züchten, und widmen sich nur noch dem Weinbau. Es kommt, wie es kommen muss. Eines Tages findet Riese Watze keine Rinder, Kälber, Schafe, ja, selbst keine Ziegen mehr. Er versteht diese Welt nicht mehr und geht von dannen, ohne sich zu verabschieden.

Viele Jahre vergehen, da bringt ein fahrender Geselle die Kunde: der Riese Watze sei damals in die Bayrischen Alpen gezogen, wo Viehzucht bis heute üblich ist. Dort soll einer ihn in einen Felsen verwandelt haben. Der heißt „Watzmann“ und liegt in den Berchtesgadener Alpen. Es gibt dort sogar Watzmannfrau und Watzmannkinder.

*7. Das Kloster Heilsbruck

Weinranken begrünen den Weg zum Klosterhof mit seinem uralten Maulbeerbaum. Etwas Ungewöhnliches ist hier geschehen, hier hat man die Kirche 1533 auf einem Keller gebaut, der kreuzförmig ist, wie die Kirche selbst. Dieser Keller, in welchem die Zisterzienser-Nonnen ihren Wein lagerten, ist heute ein großer Holzfasskeller, er hat Platz für mehr als 500.000 Liter Wein!

Das Kloster Heilsbruck haben die Nonnen in Harthausen gegründet, wo es ihnen jedoch schnell zu ungesund sumpfig scheint. Daher verlegen sie ihr Domizil nach „Wazzenhofen am Gebirge“. Den Nonnen ist viel an guten Weinen gelegen, und sie bepflanzen die Hügel beim Kloster mit Reben. Mit sehr vielen Reben, denn sie betreiben Weinbau im großen Stil.

Bei den Bauernaufständen 1525 verwüsten die Bauern das Kloster, doch wird es hernach wiederhergestellt. 1560 jedoch befiehlt der „fromme“ Kurfürst Friedrich III. (1515-76), das Kloster sei aufzulösen.

Als im 30jährigen Krieg Herzog Maximilian I. (1573-1651) die Kurwürde übertragen bekommt, macht er die Pfalz wieder katholisch. 1646 erfolgt daher eine Wiederbelebung des Klosters. 2 Jahre später

jedoch wird die Pfalz wieder der Kurpfalz zugesprochen. Das Weingut bleibt bestehen, die Kurfürsten verpachten es.

Nach der Französischen Revolution wird das Kloster als Nationalgut versteigert. Doch wechseln dann die Besitzer, bis 1898 die Kaufmannsfamilie Ueberle und Ritzhaupt alles erwirbt. Ein Nachfahre der Familie Ueberle, Jacob Sulzer, leitet das Weingut heute.

Kloster Heilsbruck

1262: Verlegung von Harthausen nach Wazzenhofen
1533: Keller wird angelegt
1565: Auflösung des Klosters
1898: Familie Ueberle u. Ritzhaupt erwirbt alles

*8. Beim „Weg der Gedichte"

Welch eine wunderschöne Idee ist der „Weg der Gedichte" in Edenkoben. Da laden Stationen ein zum Innehalten, die Gedichte lassen die Umgebung neu wahrnehmen. Eines der Gedichte beginnt:

Auf den Rebstöcken
angeordnet in vollkommenen Reihen
in den Strophen der Reben
warten die Trauben darauf
in Wein übersetzt zu werden ...

(Jacques Roubaud, 1995)

*9. Bei den ältesten Reben der Welt

Am Rande von Rhodt unter Rietburg, in der Lage Rhodter Rosengarten, ist der älteste heute noch im Ertrag stehende Weinberg der Welt zu entdecken. Dort reifen Traminertrauben an Rebstöcken, die um 1650 gepflanzt wurden. Sie haben viele Kriege überstanden und der Reblaus sollen ihre Wurzeln einfach zu dick gewesen sein.

Schon im 17. Jh. lobt einer, hier reife der beste „Tramunder Wein zwischen Basel und Köln". Die 300 - 400 Rebstöcke, die da in 3 langen Rebzeilen auf 600 m² stehen, liefern heute jedes Jahr 150-300 l Wein, der einen üppigen Duft verströmt.

In den 1960er Jahren soll dieser Weinberg im Rahmen der Flurbereinigung zu einem Parkplatz werden. Seine damalige Besitzerin Eva Lottmann protestiert und lässt ihren Wingert unter Denkmalschutz stellen. Sie weiß damals nur: ihr Weinberg ist der älteste Weinberg auf deutschem Boden.

1970 pachtet Familie Oberhofer den Weinberg. Ein Weinjournalist findet dann heraus, dass die Rebanlage älter ist als jede Weinanlage der Welt.

Der Zustand der uralten Reben ist gut. Familie Oberhofer pflegt sie seit 2009 ökologisch, damit die Reben noch viele Jahre stehen bleiben.

Uralte Reben

1970: Weingut Oberhofer (Edesheim, Am Linsenberg 1) pachtet den Weinberg
2010: Auszeichnung d. DWI (www.deutscheweine.de) als „Höhepunkt der Weinkultur"

Radweg Deutsche Weinstraße

Kurzinformation zu den Orten

Rhodt unter Rietburg

siehe Weinweg 7, Etappe 2 .... S. 66

Weingüter + Einkehren

Weingut Heinrich Krieger: Edesheimer Str. 7

... Weiteres siehe S. 168 ff.

Hainfeld

siehe Weinweg 7, Etappe 2 .... S. 66

Weingüter + Einkehren

Theodorus Wein- u. Sekthof, Theodorhof

Weingut Karl-Ludwig Scherr: Karl-Stein-Str. 9

Weinpavillon Bernhard Koch: Weinstr. 1

... Weiteres siehe S. 157 ff.

Burrweiler

siehe Weinweg 7, Etappe 2 .... S. 67

Weingüter + Einkehren

Weingut St. Urban: Im Staufert 13

Restaurant Grafen von der Leyen: Weinstr. 18

... Weiteres siehe S. 148 f.

Bilder von oben nach unten:

Burrweiler

Siebeldingen, Wilhelmshof

Hainfeld, Weinstraße

Kurzinformation zu den Orten

Gleisweiler

siehe Weinweg 11, Etappe 1 .... S. 126

Weingüter + Einkehren

Weingut F. G. Kost: Hainbachtalstr. 1-3

Weingut Nicklis: Weinstr. 11

... Weiteres siehe S. 155 f.

Frankweiler

(Verbandsgemeinde Landau-Land)

ca. 950 EW; „Rieslingdorf" vor dem Ringelsberg (522m).

Wein & Sehenswert

Weingut Erwin Kräußle (Dorfbornstr. 37): davor ein Brunnen für 5.000 Liter

Dagobert-Tafel (Mai): Weinfest

Weingüter + Einkehren

Weingut Rolf u. Tina Pfaffmann: Am Stahlbühl

Weinstube Brand: Weinstr. 19

... Weiteres siehe S. 154 f.

Weinlagen

Großlage Königsgarten (Bereich Südliche Weinstr.)

„Frankweiler Kalkgrube" (rd. 100 ha); Boden: lehmiger Sand, auch Kalk + Muschelkalk (liegt 240-330m hoch)

„Frankweiler Biengarten" (rd. 65 ha); Boden: Lehm (liegt 200-240m hoch

Siebeldingen

(Verbandsgemeinde Landau-Land)

ca. 1.010 EW; Weindorf im Queichtal zwischen rebenbewachsenen Steilhängen.

Wein & Sehenswert

Sigibaldus: Wein d. Lage „Im Sonnenschein"

Regent-Nacht beim Fassschlubberfeschd (Juli)

Kulinarische Weinbergswanderung (Sept.)

Weingüter + Einkehren

Wein- und Sektgut Wilhelmshof: Queichstr. 1

Weingut Ökonomierat Rebholz: Weinstr. 54

... Weiteres siehe S. 170 f.

Weinlagen

Großlage Königsgarten (Bereich Südliche Weinstr.)

„Siebeldinger Im Sonnenschein" (100 ha); Boden: Sand + Ton, auch Muschelkalk, Kies, Lehm (liegt 150-230m hoch)

Mächtige alte Kelter beim Johanneshof, Siebeldingen

Weinweg 8, Etappe 2

Rhodt unter Rietburg - Siebeldingen

Start: Rhodt unter Rietburg, Weinstr. / Ecke Edesheimer Str. bzw. Edesheim, Bahnhof

Anfahrt: nach Edesheim mit der Bahn (Neustadt - Edenkoben - Edesheim - Landau - Wissembourg) dann Radfahrt nach Rhodt (3 km):
Beim **Bahnhof Edesheim** (Seite von Gleis 1) sogleich nach rechts auf der **Speyerer Straße** zur Staatsstraße fahren, diese überqueren und geradeaus auf der **Luitpoldstraße** weiterfahren. Bei nächster Gelegenheit nach rechts (= **Schlossstr.**) bis zur **Rhodter Straße** fahren (800m). Dieser folgt man nach links hinauf. Kurz vor dem Ortsrand liegt links das **Weingut Oberhofer** (Am Linsenberg 1; 1,3 km). Man fährt geradeaus weiter und findet kurz vor Rhodt den ältesten Weinberg der Welt links neben der Straße (2,6 km). Noch 400m weiter geradeaus geht es zur **Weinstraße**. Nach links beginnt unser Weinweg 8, Etappe 2.

Ziel: Siebeldingen, Bahnhof

Abfahrt: Bahn (Landau - Birkweiler-Siebeldingen - Annweiler - Pirmasens) u.a.

Weglänge: 9,9 km / 1 Std.
+ Anfahrt von Edesheim, Bahnhof: 3 km

Markierung (M): grünes Fahrrad u. Traube auf weißem Schild u.a.

Karte: Südpfalz. Wandern u. Radfahren zwischen Rhein & Reben; 1:40.000. - Pietruska-Verl., 2012
Karte siehe auch S. 56/57

Anforderung: Diese Etappe setzt mitten in Rhodt ein. Reizvolle Weinorte werden durchfahren, bis Siebeldingen erreicht wird. Dort kann das Rad in der Bahn mitgenommen werden, doch gibt es dort für „Radellustige" auch vielfältige Möglichkeiten, den Weg fortzusetzen: Weiter dem Radweg Deutsche Weinstraße nach Süden folgen (Beschreibung in „Weinwege genießen in der Südpfalz - Bd. 2"), auf dem Queichtal-Radweg nach Landau fahren, die Winzer-Rundtour Landau genießen (als Weinweg 10 ab Godramstein in diesem Buch) oder zurück auf dem Wanderweg Deutsche Weinstraße das Rad „schieben" (in diesem Buch Weinweg 11).

km

Wegverlauf

Wir folgen in **Rhodt** geradeaus der **Weinstraße** Richtung Süden. Am Ortsausgang (0,1 km) beginnt links neben der Straße ein Wirtschaftsweg neben Reben (M: Mandelpfad; Fassboden 5; Weinlage Rosengarten). Der **Hainfelder Kapelle** müssen wir ausweichen. Durch die Weinlage Letten fahren wir hinab nach **Hainfeld**, wo uns freundlich die
1,2 **WeingALerie** (links/Weinstr. 68; 1,2 km) begrüßt und sogleich nach links das **Weingut Hundemer** (Friedhofstr. 1) liegt. Dahinter biegt die Weinstraße nach rechts (1,3 km), wir

km

jedoch fahren geradeaus weiter (= **Am Schlossberg**) auf das alte **Schloss** zu. Vor ihm biegen wir nach rechts („Burrweiler 2,6; Siebeldingen 7,7") und kommen schnell zu einem Dorfplatz
1,6 (1,6 km).

→ **Abstecher - Zum Logel** (50m)
Nach links über die **Kirchgasse** (vorbei an der Badstube von 1470) zum Gasthaus (Nr. 1).

Wir fahren geradeaus über den Dorfplatz zur Weinstraße (1,7 km) mit **Restaurant Am Dorfbrunnen** (rechts/Nr. 28) und Haltestelle

Rhodt unter Rietburg - Hainfeld

km

„Dorfbrunnen".
Wir überqueren die Weinstraße und folgen geradeaus der **Karl-Stein-Straße**, an der Ecke liegt das **Weingut Weisbrod** (rechts/ Weinstr. 45). Dann gibt es einen kleinen Platz mit Brunnen und Bänken für die Hainfelder Weinhoheiten (*1). Wir fahren bis zur kleinen
1,8 Brücke über den Modenbach (1,8 km).

→ **Abstecher - Weingut Scherr** (90m)
Geradeaus geht es zum Weingut (links/ Nr. 9), wo im „Märchen-Garten" Oleander & Granatapfel wachsen.

Über die Brücke nach links kommen wir zum **Theodorhof** (rechts), dann **Weingut**
2,0 **Kastanienberg** und zur **Weinstraße** (2 km) mit **Weinpavillon Bernhard Koch** (links/ Weinstr. 1).

→ **Abstecher - Weingut AAX** (170m)
An der **Weinstraße** nach links zur **Georg-Koch-Straße**, sie führt nach rechts zu dem Bio-Weingut (Nr. 3).

An der **Weinstraße** biegen wir nach rechts, auf einem Radweg fahren wir hinaus aus dem Ort. Wir umfahren nach ca. 300m einen Wasserhochbehälter und kommen zu einem Weg
2,7 nach rechts (2,7 km; „Tennisclub Modenbachtal").

→ **Abstecher - Skulpturenpark** (420m)
Wer dem Schild „Tennisclub" folgt, findet hinter der Mittelmühle den faszinierenden Skulpturenpark Hummelaue - eine Oase!

Bei 3 km queren wir die Straße nach Ramberg. Deutlich ist am Berg die **St. Anna-Kapelle** zu erkennen, unterhalb drängt sich das Dorf **Burrweiler**. 200m weiter verzweigt sich der Weg, wir halten uns links neben der Straße. Am Ortsrand führt nach rechts die Straße **Am**

km

Schlossberg (3,6 km). An dieser Ecke (Weinlage Schlossgarten) liegt das **Weingut Fleischbein u. Kienle** (rechts/Am Schlossberg 1). Gleich geht es nach links *(kurz parallel mit Weinweg 11)* zur **Gaisbergstraße** (3,8 km); dieser nach rechts folgen (M: Mandelpfad; Weinsteig; Wanderweg Dt. Weinstr.).
Wir biegen sogleich hinter der Kelter nach links in die **Raiffeisenstraße** und kommen zur Hauptstraße (4 km).
Wir biegen in die **Hauptstraße** nach links (*2), fahren vorbei an Skulpturen von Arno Ries (links/Nr. 12) und kommen zur Weinstraße (4,2 km). An der Ecke links steht das alte Schloss mit **Restaurant Grafen von der Leyen** (Nr. 18).
Wir folgen nun geradeaus der **Weinstraße** mit Haltestelle „Burrweiler Mitte" und biegen nach gut 250m nach links (= **Im Staufert**). Hier fahren wir vorbei am **Wein-**
4,7 **gut St. Urban** (Nr. 13; 4,7 km) nach rechts (M: Mandelpfad). Bald geht es durch die Weinberge (Weinlage Burrweiler Schäwer) auf **Gleisweiler** (Gleisweiler Hölle) zu, zu einer Kreuzung bei der Friedhofskapelle (*3) (4,9 km; Schild nach rechts: Gleisweiler 0,2).
Wir fahren geradeaus weiter („Frankweiler 2,1"; M: Mandelpfad; Weinwanderweg Gleisweiler Hölle). Es geht im Bogen hinab. Unten, hinter einer Kelter, knickt der Weg nach rechts und führt zum **Weingut Nicklis** (Weinstr. 11). Gleich dahinter endet der Weg an der **Weinstraße** (5,3 km; *hier auch Weinweg 7*).
Wir fahren nach links hinab, sogleich liegt rechts das **Weingut Fritz Wadle** (Nr. 20). Wir fahren unten, wo die Weinstraße nach links biegt, nach rechts (= **Hainbachtalstr.**) und zum **Weingut F. G. Kost** (rechts/Nr. 1-3;

km

5,5 km). Gegenüber im Garten wachsen südländische Palmen.
Der Weg knickt sogleich nach rechts. Dann fahren wir nach links zwischen Reben, Graben und Obstbaum, biegen am Wegende nach links (*4) und queren die breite Weinstraße
5,9 (M: Weinwanderweg Gleisweiler Hölle). Unser Weg endet sogleich bei einem Bach (5,9 km). Hier wenden wir uns nach scharf rechts („Frankweiler 1,1 ...") und fahren neben der **Weinstraße** bergauf. Oben an einer Kreuzung (6,3 km; nach rechts: Weinstube Traube u.a.) fahren wir geradeaus weiter neben der Weinstraße. Vor dem Friedhof biegen wir nach links (M: Mandelpfad) und dann nach rechts. Wir kommen zur Straße (6,6 km), überqueren sie, fahren dann nach rechts.
6,8 In **Frankweiler** endet unser Weg an der Königsgasse (6,8 km).

→ **Abstecher - 2 Weingüter**
Nach links hinab auf der **Königsgasse** geht es zur **Dorfbornstraße** (100m). Hier gibt es einen 5.000 Liter-Brunnen vor einem Anwesen mit barockem Torbogen, gegenüber liegt das **Weingut Feindel-Anselmann** (Nr. 34). Nach links aus dem Ort hinaus zum **Weingut Rolf u. Tina Pfaffmann** (Am Stahlbühl; 450m) fahren, mit herrlichem Blick auf Frankweiler.

Wir fahren auf der **Weinstraße** weiter. Die Straße knickt bald nach links, hier gibt es linker Hand Brunnen und Kelter bei der alten Frankenburg (*5), auch Haltestelle „Rathaus" (Bus 521).

→ **Abstecher - 2 Weingüter**
Nach rechts auf der **Bergbornstraße** geht es zum **Weingut Müller** (links/Nr. 15-17; 110m; *zu ihrer Vinothek in d. Weinbergen folgt man der Bergbornstr. 150m weiter hinauf, dann nach rechts in Zum Kunststück).*
Hinter Weingut Müller führt nach links die **Dagobertstraße** und biegt bald nach rechts hinauf zum **Weingut Sohn** (links/Nr. 33; 370m).

km

Auf der Weinstraße fahren wir vorbei an der **Weinstube Brand** (rechts/Nr. 19) zum Cull-
7,1 mannplatz mit Kelter, Brunnen und Schautafel zur Ortsgeschichte (7,1 km).
Wir folgen der Weinstraße geradeaus hinab („Siebeldingen 2,2"). Ehe es wieder hinauf geht (7,4 km), führt nach links ein Weg zur Dagoberthecke (*6). *(Dort geht es auf dem Schotterweg nach gut 300m nach rechts zu der kleinen Anlage mit Sitzgruppe.)*
Wir fahren hinauf, doch schnell wieder bergab. Bei 7,7 km führt uns der Radweg Deutsche Weinstraße nach links in die Weinberge (Weinlage Im Sonnenschein; „Siebeldingen 1,6"; M: Mandelpfad). Der Weg ist kurz unbefestigt, dann folgt eine angenehme Abfahrt
9,1 zwischen Reben nach **Siebeldingen**, wo der Weg endet (9,1 km).
Hier folgen wir nach rechts der **Pfarrgasse**, hinab zur **Weinstraße** (9,2 km). Ihr folgen wir nach links, vorbei an Kirche und Rathaus (9,3 km). Dahinter fahren wir nach rechts über die Queich, weiterhin auf der **Weinstraße**. Es geht vorbei an den **Weingütern Ökonomierat Rebholz** (rechts/Nr. 54), **Wilhelmshof** (links/Queichstr. 1), **Feitig-Richter** (rechts/Nr. 52) und der Galerie Gabriele Sauer (rechts/Nr. 42) zur Heerstraße (9,5 km).
Hier folgen wir nicht der Markierung, sondern bleiben auf der Weinstraße. Vorbei am **Restaurant Sonnenhof** (rechts/Mühlweg 2; 9,7 km)
9,9 findet sich schnell der **Bahnhof Siebeldingen-Birkweiler** (9,9 km).

Geschichte(n)

*1. Hainfelder Weinhoheiten

In Pfälzer Weinorten hängen an Straßen und Weingütern stolz die Bilder ihrer „Weinhoheiten". Hainfeld gestaltet gar einen kleinen Platz für seine drei Pfälzischen Weinköniginnen. Die Weinhoheiten machen Werbung für einzelne Orte oder Regionen und deren Weine, es gibt sie in der Pfalz seit den 1930er Jahren. Sie sollten damals in der schwierigen Zeit für den Weinbau den Verkauf ankurbeln.

Damals muss eine Weinkönigin vor allem ein Dirndl tragen und mit einem Weinglas in die Runde lächeln. Mit den Jahren aber finden sich immer weniger, die davon träumen, einmal eine Weinkönigin zu sein. Lächeln und Schweigen entspricht nicht mehr ihren Träumen. Heute sind die „Hoheiten" Weinbotschafterinnen mit Fachwissen und Esprit!

Jedes Jahr im Herbst wird eine pfälzische Weinkönigin beim Deutschen Weinlesefest in Neustadt gewählt. Diese nimmt nach einjähriger Amtszeit an der Wahl zur Deutschen Weinkönigin teil. Annette Borell, erste Pfälzer Hoheit aus Hainfeld, gelingt dabei der Sprung zur 1. Deutschen Weinprinzessin (1988). Heute heißt sie Borell-Diehl und leitet zusammen mit ihrem Ehemann das eigene Weingut in Hainfeld (Weinstr. 47).

Birgit Schehl wird dann sogar zur Deutschen Weinkönigin gewählt (1990). Sie ist heute eine verheiratete Schehl-Rebholz und lebt in Siebeldingen, wo sie gemeinsam mit ihrem Ehemann das Weingut Ökonomierat Rebholz führt (Weinstr. 54).

Gut 10 Jahre nach ihr wird Bärbel Klein – Tochter vom Hainfelder Weingut Gerhard Klein (Weinstr. 38) – als 3. Hainfelderin zur Pfälzischen Weinkönigin gekrönt (2002)

Mitten in Frankweiler

*2. Burrweiler Revolutionäre 1832

An der Hauptstraße in Burrweiler wäre nach rechts schnell das Rathaus erreicht, wo sich in alter Zeit die Einwohner versammeln, um wichtige Mitteilungen verkündet zu bekommen.

Die französische Julirevolution 1830 hat auch in Burrweiler ihre Anhänger. Als im Mai 1832, knapp 14 Tage vor dem Hambacher Fest, Burrweilers Bürgermeister eine Hochzeitsfeier in Flemlingen genießt, schlagen einige Männer im Wald eine hohe Kiefer und richten diesen Freiheitsbaum vor dem Gemeindehaus auf. Der Metzger mit seinem Gewehr verteidigt den Baum in der Nacht gegen die Sicherheitsgarden. Doch am folgenden Tag werden er und zwei seiner Kumpane für 5 Tage ins Gefängnis gesteckt.

Damit sind auch Barbier und Küfer aktenkundig geworden. Dennoch dringen sie am 17. Juni in Abwesenheit des Bürgermeisters in dessen Haus ein. Sie wollen den Gemeindediener dazu bringen, die Gemeinde zusammenzuschellen. Als der sich jedoch weigert, reißen sie ihm die Schelle aus der Hand und gehen eigenmächtig schellend durch den Ort.

Gleich laufen die Bewohner zum Gemeindehaus, wo diesmal die Revolutionäre neue Anordnungen sammeln. Diese tragen sie am Folgetag, nach erneutem Schellen, vor.

„Ihre" Schelle rücken die Revolutionäre nicht mehr heraus! Die Gemeinde muss zähneknirschend im Nachbarort Gleisweiler deren Schelle ausleihen.

*3. Die Seselschlacht

In alter Zeit nennt man die Wälder der Haardt die Haingeraiden. Da weiden Rinder, Ziegen und Schafe in den Wäldern, und Schweine werden zur Eichelmast ebenfalls in den Wald getrieben.

Man schreibt das Jahr 1468. Die Einwohner von Burrweiler und Gleisweiler beginnen Teile der Haingeraiden zu roden. Die gehören ihnen jedoch gemeinsam mit Roschbach und Flemlingen. Letztere Dörfer lassen weiterhin ihre Tiere dort weiden, wo nun Reben für Burr- und Gleisweiler wachsen sollen.

Da trägt es sich zu, dass an einem Tag alle Roschbacher und Flemlinger ihren Herden Geleitschutz geben und die aus Burr- und Gleisweiler ihnen den Weg versperren. Nach hitzigen Verwünschungen werden Fäuste erhoben, Steine geworfen, Knüppel geschwungen. Als einer sein Sesel aus dem Hosensack zieht, tun andere es ihm nach. Es gibt Verwundete, dann liegen Tote am Boden, auf beiden Seiten. Die Schlacht geht als „Seselschlacht“ in die Geschichte ein.

*4. Johannisfeuer

Die Johannisnacht ist die kürzeste Nacht im Jahr. Am Tage der Johannisnacht schleppt die Jugend in vielen Dörfern der Pfalz emsig Rebenhäschen herbei, ebenso dürres Holz aus allen Ecken. Höher und höher wächst der Holzstoß auf einer Steinkuppe, am Ende prangt oben auf dem Reisigturm ein junger Erlenbaum.

Unter Freudengejubel wird am Abend das Holz entzündet. Blitzend zuckt die Flamme in die hohe Nacht, Johannisfeuer. Alle tanzen und springen ausgelassen um den Brandblock und singen dazu.

Der Flammenstoß wird kleiner, wird schwächer - da läuft vom Berg ein Bursche mit seinem Mädchen, sie springen im gewaltigen Satz über die Glut.

Johannisfeuer sprühen,
am Himmel strahlet der Sterne Pracht,
im Westen noch ein Erglühen ...
Da füllen Geisterstimmen die Rund'
und alte Mären erklingen ...

So lautet ein Auszug aus einem Gedicht von Fritz Eckerle (1877-1925) über die Johannisnacht in seinem Heimatdorf Frankweiler. Er wächst dort in der Dorfbornstraße 6 auf, als Sohn des Weinhändlers.

Altes Weingut in Frankweiler

*5. Bienen vertreiben Revolutionäre

Als in den Kämpfen der Französischen Revolution Ende Juli 1793 ein schweres Gefecht an der Queichlinie ausgetragen wird, lagern in Frankweiler Franzosen, in Gleisweiler jedoch Deutsche. Sie beschießen sich erbittert im Hainbachtal, wobei die Deutschen siegen. Das nützt ihnen jedoch wenig. Ende 1793 halten die Franzosen die Pfalz besetzt, auch in Frankweiler gibt es Einquartierungen. Viele Truppen aber lagern auf freiem Feld und verwüsten die Weinberge.

In dieser Zeit reitet eines Tages ein ganzes Regiment auf Frankweiler zu. Ein junger Bursche sieht, wie sie herangeprescht kommen. Geistesgegenwärtig reißt er ein Bienenvolk aus dem Stand im Hof und schleudert es auf die Straße. Da sind schon die fremden Reiter im Dorf – und werden von den wütenden Bienen angegriffen. In Panik fliehen sie, reiten fort, schneller als sie gekommen sind.

*6. Die Dagobertshecke

Hinter Frankweiler, inmitten der Weinberge der Lage Königsgarten, gibt es bei einem Weißdorn einen Rastplatz mit Sandsteinfindling, darauf „Dagoberthecke“ steht. Darüber erzählt eine alte Sage:

Einst lebt auf der Burg Landeck bei Klingenmünster der Merowingerkönig Dagobert I. (608-39). Die Bauern verehren ihn als einen weisen und gerechten Herrn. Eines Tages steht vor ihm ein alter Bauer und klagt: Ein Edelmann habe seine Tochter entführt. König Dagobert spricht den Edelmann schuldig.

Die Großen im Reich, mächtig erbost, dass ein einfacher Bauer Recht bekommen soll, beschließen des Königs Verderben. Schon erstürmen sie die Burg Landeck. In ihrem Kampfgetümmel erscheint mit einem Mal der alte Bauer vor König Dagobert und flüstert: „Folge er mir!“ Durch den Wald, steil hinab, entkommen sie ungesehen. Der Bauer kennt Strauch und Stein und zeigt endlich seinem König einen Dornenstrauch. „Verstecke er sich dort, Herr, wir Bauern vertreiben die Angreifer.“ Und der König wird gerettet.

Als König Dagobert einige Jahre später stirbt, steht in seinem Testament, dass seine Untertanen längs der Haardt – ausgenommen die Mörzheimer, die einmal seine Jagdhunde getötet haben – seine Waldungen (die „Haingeraiden“) als ewiges Eigentum erhalten sollen. Ein entsprechendes Testament veröffentlicht ein kurpfälzischer Amtsschreiber im 16. Jh. Das Testament stellt sich als eine Fälschung heraus, es wird dennoch als gültig angenommen.

Der Weißdorn bei Frankweiler, des Königs Versteck, wächst und wächst. Die Menschen führen ihre kranken Pferde dreimal um ihn herum, damit diese genesen. Und sie glauben, wer einen Ast abschlage, der verlöre den Arm. Wer gar die Axt an den Stamm legen würde, würde elendiglich zugrunde gehen. Diesem Baum, 3m hoch, schlägt 1817 ein Blitz einen großen Ast ab, 6 Jahre später fegt ihn ein mächtiger Sturm um.

10 Jahre gehen ins Land, da pflanzt man am gleichen Ort einen neuen Weißdorn, welcher jedoch eingeht. Es setzt dann der Lehrer Cullmann mit seinen Schülern einen neuen Baum. Dieser hat heute wieder beachtliche Höhe erreicht. Der Gedenkstein steht dort seit 1864.

Weinweg 9

Vom Rhein zum Wein

Inspirationen aus Speyer

MUSEUM Hans Purrmann HAUS

Kurzinformation zu den Orten

Speyer

siehe Weinweg 1........................ S. 11

Weinstuben + Weinhandel

Kardinal2: Korngasse 7

Wirtschaft Zum Alten Engel: Mühlturmstraße 7

Weinkontor Schwarz: Mühlturmstr. 24

... Weiteres siehe S. 171 f.

Böbingen

(Verbandsgemeinde Edenkoben)

rd. 750 EW; Weinort inmitten einer von Bachläufen durchzogenen Ebene, dem Gäu.

Weingüter

Weingut Pfaffmann: Hauptstr. 43

Weingut A. Gschwindt: Hauptstr. 105

... Weiteres siehe S. 146

Weinlage

Großlage Trappenberg (Bereich Südliche Weinstr.)

„Böbingen Ortelberg" (rd. 20 ha); Boden: lehmiger Sand (liegt 115-124m hoch)

Freimersheim

(Verbandsgemeinde Edenkoben)

rd. 950 EW; geschichtsträchtiges Dorf mit schmuckem Rathaus in der Hauptstraße.

Weingüter

Weingut Gernot Struppler: Hauptstr. 14A

Weingut Werner Struppler: Hauptstr. 87

... Weiteres siehe S. 155

Weinlage

Großlage Trappenberg (Bereich Südliche Weinstr.)

„Freimersheimer Bildberg" (rd. 60 ha); Boden: Lehm + Kalk (liegt 126-132m hoch*)*

Großfischlingen

(Verbandsgemeinde Edenkoben)

rd. 650 EW; Wohnort - von Landwirtschaft und Wein geprägt

Wein & Sehenswert

ehem. kathol. Pfarrhof (Oberstr. 4; um 1765): mit Resten d. Schlosses der Edlen von Fischlingen

Weingüter + Einkehren

Weingut Spiegel: Hauptstr. 25

Weingut Lauth u. Sohn: Hauptstr. 35

Gutting Pfalznudel: Hauptstr. 43/45, mit Restaurant

... Weiteres siehe S. 157

Weinlage

Großlage Trappenberg (Bereich Südliche Weinstr.)

„Fischlinger Kirchberg" (215 ha); Boden: sandiger Lehm + Buntsandstein (liegt 130-140m hoch)

Edesheim

siehe Weinweg 5 .... S. 39

Weingüter + Einkehren

Weingut Ralf Schwedhelm: Jahnstr. 24

... Weiteres siehe S- 151 ff.

Weinweg 9

Speyer - Edesheim

Start: Speyer, Domplatz (Domnapf)

Anfahrt: Bahn bis Speyer Hbf. (Germersheim - Speyer - Ludwigshafen - Mannheim - Heidelberg - Karlsruhe)
vom Bahnhof (das Gebäude im Blick) der **Bahnhofstraße** nach links folgen, bis nach rechts die Mühlturmstraße führt (800m). Wer beim Dom starten will, fährt hier sogleich nach links über Postplatz und Maximilianstraße dorthin.

Ziel: Edesheim, Bahnhof

Abfahrt: Bahn (Wissembourg - Landau - Edesheim - Edenkoben - Neustadt/Weinstr.)

Weglänge: ca. 29 km / 2,5 Std.

Markierung: Traube + Dom + Räder auf grünem Schild u.a.

Karte: Südpfalz. Wandern u. Radfahren zwischen Rhein & Reben; 1:40.000. - Pietruska-Verl., 2012

Anforderung: Sich radfahrend von Speyer aus den Weinorten nähern ... Es ist schön zu erleben, wie der Wein an Bedeutung gewinnt. Der 1. Weinort an der Strecke ist Böbingen. Der Weg durch die Ebene ist nicht durchgehend befestigt, daher nichts für Schnellfahrer/innen. Er ist gut auch für Kinder(-Anhänger) geeignet.

km

Wegverlauf

Beim Domnapf vor dem Dom startend (*1), fahren wir auf der breiten, holprigen **Maximilianstraße** bis zu einem Platz vor der Münz mit Brunnen. *Dieser Brunnen wurde nach Abzug der Franzosen 1930 als Denkmal für die Gefallenen des 1. Weltkrieges errichtet; eines der Reliefs (granatenwerfende Soldaten) entfernte man 1947.*

km

Alternativweg für Weinstuben-Genießer (das Rad besser schieben)

Hinter dem Brunnen beginnt die **Korngasse**, sie verläuft parallel zur Maximilianstraße. Hier liegen die Weinstuben dicht an dicht. Zu empfehlen ist **Kardinal2** (links/Nr. 7). Man kreuzt die **Wormser Straße**, kommt dann vorbei an der **Weinstube Schwarzamsel** (rechts/Nr. 18) zum Stadttor Altpörtel.

Weinweg 9

Speyer - Dudenhofen - Harthausen - Freisbach - Gommersheim

km

Auf der **Maximilianstraße** holpern wir durchs Altpörtel (0,6 km). Der Zugang zum Turm liegt im Durchgang rechts (*2). Hinter dem Tor geht es über den **Postplatz**, bis die Straße endet (0,7 km). Hier biegen wir nach rechts, sogleich führt nach links die **Mühlturmstraße** (Schild: Dudenhofen 6,0).

Wir fahren vorbei an der Wirtschaft **Zum Alten Engel** (links/Nr. 7-9) und **Weinkontor Schwarz** (rechts/Nr. 24), bald über die Bahn (*dahinter liegt die alte Kurpfalz Sektkellerei*
1,2 (*3)(Nr. 40)) zur **Schützenstraße** (1,2 km). Hier nach rechts wenden und sogleich nach links fahren (= **Holzstr.**; „Dudenhofen 4,6"). Bald fließt linker Hand der Speyerbach, und wir fahren vorbei am **Restaurant Dreierlei** (rechts/Nr. 4; 1,4 km).

Wir verlassen Speyer, unterqueren B9/B39 und fahren dahinter (2,3 km) geradeaus weiter. Nach 300m knickt der Weg nach rechts. Wir
3,1 fahren am Wegende (3,1 km) nach links.

Parallel zur B39 kommen wir nach **Dudenhofen**, auf der **Carl-Zimmermann-Straße**. An ihrem Ende (4,6 km) queren wir die Landauer Straße und fahren im Prinzip geradeaus weiter (= **Am Holzgraben**; „Edesheim 23,0 km"). Die Straße knickt später nach rechts und endet dann (5,1 km). Hier fahren wir nach links, bald nach rechts (= **Am Mönchsbusch**), biegen bei der nächsten Kreuzung (5,5 km) nach links in die **Gommersheimer Straße** zum Ortsrand („Gommersheim 9,0").

Hinter einem Reiterhof sehen wir erstmals
5,9 Reben (5,9 km). 700m dahinter fahren wir auf unbefestigtem Weg geradeaus weiter. Hinter dem Speyerbach (7 km) biegt der Weg gleich nach rechts in den Wald. Wo der Weg wieder eine Asphaltdecke bekommt (7,7 km), fahren

km

wir nach links.

Nach 580m folgen wir einem Wirtschaftsweg nach rechts (M: grüne 3) und kommen zur **Hanhofer Straße** von **Harthausen**. Hier fahren wir nach links („Edesheim 19,5").

Im Ort folgen wir nach rechts dem **Freisbacher Weg** (9,2 km; „Edesheim 19,0; PWV-Haus; Grillhütte"). Wir fahren vorm Wald geradeaus weiter („Grillhütte"), kommen vorbei
9,6 am PWV-Haus **„Im Wasserhaus"** (9,6 km). Hinter einer Kreuzung geht es geradeaus weiter auf einem breiten Waldweg („Edesheim 16,5; Freisbach 5,5").

An einer Kreuzung mit Bank (11 km) treffen wir auf den Kraut & Rüben-Radweg, wir fahren geradeaus weiter („Freisbach 4,2"; *uns begleitet Kraut&Rüben bis kurz hinter Böbingen*). Wir queren die L 538 („Freisbach 3,3"). Hinter einer Grillhütte endet der Weg (13,4 km). Hier biegen wir nach rechts zum Waldrand, wo der Weg nach links biegt und eine Asphaltdecke bekommt.

14,7 Wir erreichen **Freisbach** (14,7 km), folgen geradeaus der **Hauptstraße**, doch fahren wir bei 3. Gelegenheit nach rechts in die **Waldstraße** (15 km; „Gommerstheim 2,6").

Bald kommen wir in den Wald. Bei einer Wegverzweigung mit Bank (15,7 km) halten wir uns links. Über eine kleine Brücke gelangen wir zum Waldrand. Dort biegt der Weg nach links, bald nach rechts („Gommersheim 1,7"). Am Wegende (16,2 km) fahren wir nach links, der Weg ist wieder befestigt.

16,5 An einer Kreuzung (16,5 km) geht es nach rechts nach **Gommersheim**. Im Ort (= **Röderstr.**) fahren wir hinter den ersten Häusern nach links (16,9 km; „Böbingen 3,6") und auf einem Anliegerweg am Ortsrand weiter. Wir queren nach 700m die Kirchstraße („Radfahrer

km

absteigen“) und fahren dann geradeaus weiter („Edesheim 12,5“).

Am Wegende (18,5 km) wenden wir uns nach links, bei nächster Gelegenheit nach rechts. **Böbingen** ist der 1. Weinort auf dieser Tour
19,3 (19,3 km). Wir fahren geradeaus in den Ort auf der **Spessgasse**, dann **Hauptstraße**. Die Hauptstraße knickt nach links („Edesheim 10,5“), vorbei am **Weingut A. Gschwindt** (rechts/ Nr. 105), bald **Weingut Pfaffmann** (links/Nr. 43; 19,9 km).

Wir fahren strikt geradeaus, bis wir Böbingen wieder verlassen (= **Schulstr.**). Hinter dem Ort fahren wir bei nächster Gelegenheit nach links (20,7 km; ohne „Kraut&Rüben“). Hinter der Gäuschule fahren wir über den Modenbach, dann nach rechts, gleich biegt der Weg nach links. Wir kommen nach **Freimersheim** (*4) und fahren geradeaus weiter auf der **Rat-**
22,1 **hausstraße** hinauf in die Ortsmitte (22,1 km).

Abstecher Weingut W. Struppler (200m)

Nach links zum Weingut mit Straußwirtschaft (links/Nr. 87).

Nach rechts fahren wir vorbei am schmucken Rathaus durch den Ort auf der **Hauptstraße** („Edesheim 7,5“), vorbei an der **Winzerhalle am Weinberg** (links/Nr. 14A; 22,6 km).

Dahinter queren wir die Altdorfer Straße und fahren geradeaus weiter zwischen Reben, Mais u.a. („Edesheim 6,5“).

An einer Kreuzung mit Rastplatz und Nussbaum (24,9 km) steht ein Stein mit Bibelzitat „Ich bin der Rebstock, ihr seid die Reben“ für die Flurbereinigung Fischlingen 1977.

Wir fahren geradeaus weiter (M: Südpfalz-Radweg) und erreichen **Großfischlingen**
25,9 bei einem Kreisel mit Reben (25,9 km).

km

Rundweg durch Großfischlingen (500m länger)

Nach rechts auf der **Hauptstraße** in den Ort fahren, sogleich vorbei an **Gutting Pfalznudel** mit Restaurant (links/ Nr. 43/45). Es folgen die **Weingüter Lauth u. Sohn** (links/Nr. 35; 120m) und **Spiegel** (links/Nr. 25; 200m). Dann endet die Straße (240m). Wir wenden uns nach links in die **Oberstraße**, fahren vorbei an Kirche und Kulturscheune (*5.). Vor Wein u. Sektgut Spiegel („Im Mühlengrund“; 570m) fahren wir nach links auf der **Friedhofstraße** zum Friedhof (840m);

der Rundweg ist beendet, wir fahren weiter nach rechts ... siehe unten.

Wir fahren geradeaus weiter („Edesheim 3,5“) und erreichen schnell eine Kreuzung mit Rast-
26,2 platz beim Friedhof (26,2 km).

Am Friedhof vorbei fahren wir geradeaus weiter. Wir fahren hier von der Großlage Trappenberg in die Großlage Ordensgut (Edesheimer Rosengarten).

Bei 27,4 km fahren wir nach links (M auch: Fassboden 5) und fahren bei nächster Gelegenheit nach rechts und über die Autobahn.

Nussbäume säumen die **Jahnstraße** nach **Edesheim**. Beim **Weingut Ralf Schwedhelm** (links/Nr. 24) endet der Radweg (28,5 km). Hier fahren wir nach rechts, dann nach links wieder zur **Jahnstraße**. Dieser folgen wir nun nach rechts zum **Bahnhof**
28,9 **Edesheim** (28,9 km).

Direkt beim Bahnhof liegt das **Weingut Norbert Schwarz** (Eisenbahnstr. 23) nebst Einkehrgelegenheiten (siehe auch Weinweg 5).

Geschichte(n)

*1. Joseph von Eichendorff (1788-1857) besucht Speyer

Im Sommer 1807 besuchen die Brüder Wilhelm und Joseph von Eichendorff das französische Speyer. Sie studieren damals in Heidelberg. Am 15. Juli haben sie sich „die Pässe nach Speyer in Frankreich" geholt und lassen sich nun über den Rhein fahren. Joseph notiert in seinem Tagebuch (gekürzt): „Nun standen wir zum ersten Mal auf französischem Boden. Vom Rhein bis Speyer fuhren wir noch ein kleines Viertelstündchen und wurden dann am Tor von einem französischen Grenzjäger untersucht. Nach eingenommenen Frühstück ging ich mit Wilhelm in die Stadt, die immer unbedeutender wird. Unser erster Gang war durch die ungeheuren Ruinen der gewesenen Dom-Dechantei".

Joseph, später ein Dichter, bedichtet auch das Trinken:

Trinken und Singen

Viel Essen macht viel breiter
Und hilft zum Himmel nicht,
Es kracht die Himmelsleiter,
Kommt so ein schwerer Wicht.

Das Trinken ist gescheiter,
Das schmeckt schon nach Idee,
Da braucht man keine Leiter,
Das geht gleich in die Höh. ...

Beim Speyrer Dom wird anno 2011 groß gefeiert

*2. Im Pfälzer Erbfolgekrieg

Beim Altpörtel: Die Franzosen haben Speyer niedergebrannt. Am 2. Juni 1689 sieht man in der Stadt weithin nur verkohlte Ruinen. Einzig die Gilgenvorstadt, wo Karmeliter- und Kapzuzinerkloster als Lazarette dienen, ist unversehrt. Im Karmeliterkloster hat der französische General Joseph de Montclar (1625-90) sein Quartier.

Nun machen sich die Franzosen daran, das Altpörtel zu sprengen. Da treten Mutige zum Marschall und geben zu bedenken. „... leicht könne das Kloster zerschmettert werden!“ Der Marschall erwidert barsch: „Meine Leute verstehen es sehr wohl, den Turm dorthin zu werfen, wo nichts zerstört wird!“

Schon brennen einzelne Lunten. Da fällt der Karmeliterkonvent geschlossen dem Marschall zu Füßen und der Prior ruft: „Unser Kloster ist alt. Wenn auch des Turmes Sturz unsere Wohnung nicht begräbt, so werden doch die morschen Mauern unter dem gewaltigen Stoße der stürzenden Steinmasse erbeben und einbrechen. Drum, Herr, habt Erbarmen, schont den Turm“.

Der Marschall bleibt stumm. Endlich spricht er: „Steht auf, der Turm soll stehen bleiben.“

So ragt das Altpörtel bis heute unversehrt empor.

Altpörtel, Maximilianstr.
1176: erstmals erwähnt
1230-50: Bau des unteren Teils
1512/14 : Bau des obersten Stockwerks mit Umgang
1708: wird das steile Dach mit Laterne aufgesetzt
Stadtmauer: es gab 21 Türme in d. Innenstadtmauer, 47 Türme bei d. Vorstadtmauern!
Dauerausstellung im Obergeschoss zeigt u.a. einen Plan von Speyers Befestigungsanlagen

*3. Kurpfalz-Sektkellerei

„Fährst du von Westen rein nach Speyer,
grüßt dich ein Schild dort am Gemäuer,
welches sagt und davon handelt,
dass man hier Wein in Sekt verwandelt“

Das dichtet einer 1948. Noch heute ist in Speyer, an der Oberen Langgasse, die alte Villa der Kurpfalz-Sektkellerei zu entdecken.

Die Sektkellerei siedelt sich 1923 in der Oberen Langgasse an. Es gibt bei ihr einen großen Kistenspeicher und alte Stallungen, darin werden auch Schweine aufgezogen. So kann man hier selbst in kargen Jahren seinen Schweinebraten mit Sekt genießen.

1937 bietet der Obstbauinspektor aus Heiligenstein der Sektkellerei ein Fass Weißwein vom Narrenberg an, der Wein mundet ihm nicht so recht. Daraus macht man hier kurzerhand einen feinen Sekt. Als „Kurpfalz Narrenberg“ führt ihn die Karnevalsgesellschaft begeistert als Hausmarke ein, ein „Haustrunk für Narren und Weise“. Fortan stellen sich alle Umzüge der Karnevalsgesellschaft vor der Kurpfalz-Sektkellerei auf. Was Rang und Namen hat in Speyer, ist dabei.

1993 zieht die Sektkellerei in die Brunckstraße um, wird 1995 jedoch von der Henkel Söhnlein Sektkellerei (Wiesbaden) übernommen und später ganz eingestellt.

Speyer - Feuerbachhaus mit Gedenktafel

Geschichte(n)

*4. Freimersheim geschichtlich

Das reichseigene Dorf Freimersheim wird 1423 dem Junker Hans von Weingarten übertragen. 1685 stirbt der letzte derer von Weingarten, ihr Gut gelangt an die Grafen von Bassenheim. Die Pfälzischen Erbfolgekriege verwüsten auch Freimersheim, das zeitweise von seinen Bewohnern verlassen wird. Das Gut geht 1724 an das Domstift Speyer.

Im Frieden von Lunéville (1801) geht das linke Rheinufer, damit auch Freimersheim, an Frankreich. Doch alles gelangt 1815 zum Königreich Bayern.

1927 ist zu lesen: *„Besonders schmuck sind die pfälzischen Dörfer. Ihr hervorstechendes Merkmal ist die Sauberkeit. Und Weinlaub überall, Reben, die die Häuserfront zieren, als Laube über den Hof gezogen sind oder gleich einer Triumphpforte in hohem Bogen die Gasse überwölben. So steht das Dorf in der pfälzischen Landschaft.“*

Nach dem 2. Weltkrieg zählt Freimersheim bald zu Rheinland-Pfalz und kommt 1972 zur Verbandsgemeinde Edenkoben.

Freimersheim
ehemals reichseigenes Dorf
1423-1685: es herrschen die von Weingarten
1724: wird Besitz des Domstifts Speyer
1815: gelangt nach frz. Zeit an Bayern
1972: zur Verbandsgemeinde Edenkoben

*5. Großfischlingen geschichtlich

In alter Zeit hausen in Großfischlingen die Adligen von Fischlingen, im 13. Jh. entsteht ihre Wasserburg. Später wechseln die Ortsherren immer wieder. Im 16. Jh. werden die Herren von Heddersdorf als Besitzer der Burg erwähnt.

Im 30jährigen Krieg ist Großfischlingen ab ca. 1636 vollständig ausgerottet. Nach dem Krieg erfolgt ab etwa 1652 eine Neubesiedelung.

Die Burg, so nimmt man an, wird 1698 von den Franzosen niedergebrannt und danach nicht wieder aufgebaut. (Sie dient heute seit einer Komplett-Renovierung 2001 als Kulturscheune.)

Schließlich zählt der Ort bis 1795 zum Hochstift Speyer. Damals befindet sich in der Hauptstraße das Gasthaus Zum Hirsch, es ist bis zum Ende des 18. Jh. das einzige Gasthaus des Dorfes. Später allerdings gibt es ganze 7 Wirtschaften in diesem Dorf!

Typisches Pfälzer Doppeltor mit "Nadelöhr"

Winzer-Rundtour Landau – Nördlich der Queich

WEINWEG 10: Landau - Godramstein - Nußdorf - Walsheim - Knöringen - Dammheim - (Abstecher Bornheim) - Queichheim - Landau

Fortsetzung siehe: „Weinwege genießen in der Südpfalz. Bd. 2“

Winzer-Rundtour Landau

Kurzinformation zu den Orten

Landau

siehe Weinweg 7, Etappe 3 .... S. 74

Weinhandlung

Weinmagazin Il Mio: Ostbahnstr. 12

... Weiteres siehe S. 161 f.

Godramstein (zu Landau)

rd. 2.700 EW; Weinort im Tal der Queich.

Wein & Sehenswert

Finklerhof (Max-Slevogt-Str. 1; erbaut um 1870): hier war oft der Maler Max Slevogt

Weingüter + Einkehren

Weingut Grünwald: Bahnhofstr. 12

Weingut Münzberg: Böchinger Str. 51 / Hofgut

Weingut Übel: Godramsteiner Hauptstr. 66

... Weiteres siehe S. 156 f.

Weinlage

Großlage Königsgarten (Bereich Südliche Weinstr.)

„Godramsteiner Münzberg" (450 ha); Boden: sandiger Lehm (liegt 150-245m hoch)

Nußdorf (zu Landau)

rd. 1.500 EW; Weinort auf einer Anhöhe nördlich von Landau.

Wein & Sehenswert

Weinerlebnispfad mit Skulpturen

Bauernkriegshaus (Kirchstr. 66; erbaut 1671/72)

Nacht der offenen Keller (2. Okt.)

Weingüter + Einkehren

Weinbau Dr. W. Hochdörffer: Geißelgasse 35

Weingut Rummel: Geißelgasse 36

Weingut Sonnenhof: Kaiserberg 13

Weingut Eugen Wambsganß: Kirchhohl 10-12

Martinshof: Kirchhohl 20

Weingut Emil Bauer: Walsheimer Str. 18

... Weiteres siehe S. 166 ff.

Weinlage

Großlage Bischofskreuz (Bereich Südliche Weinstr.)

„Nußdorfer Herrenberg" (rd. 415 ha); Boden: Ton, Löss + sandiger Lehm (liegt 150-230m hoch)

„Nußdorfer Kaiserberg" (rd. 40 ha); Boden: sandiger Lehm (liegt 163-205m hoch)

„Nußdorfer Kirchenstück" (rd. 20 ha); Boden: Buntsandstein (liegt 190-210m hoch)

Nördlich der Queich

Walsheim - Weingut Heinz Pfaffmann

Walsheim

(Verbandsgemeinde Landau-Land)

rd. 530 EW; Winzerdorf im Hainbachtal.

Wein & Sehenswert

Kirche bei d. Reben (evang.; Hauptstr. 7)

Rathaus (Hauptstr.)

Weingüter

Weingut Karl Pfaffmann: Allmendstr. 1

Weingut Wambsganß u. Harst: Hauptstr. 8

... Weiteres siehe S. 176 f.

Weinlage

Großlage Bischofskreuz (Bereich Südliche Weinstr.)

„Walsheimer Silberberg“ (rd. 230 ha); Boden: Lehm + Löss (liegt 165-200m hoch)

Knöringen

(Verbandsgemeinde Landau-Land)

rd. 480 EW; Weinort in der Hainbachtalaue.

Wein & Sehenswert

Amselkerwe (Mai)

Weinfest (Juni)

Weingüter

Weingut Amselhof: Hauptstr. 4

... Weiteres siehe S. 161

Weinlage

Großlage Bischofskreuz (Bereich Südliche Weinstr.)

„Knöringer Hohenrain“ (rd. 150 ha); Boden: Lehm (liegt 156-170m hoch)

Das Schoppenbähnel hält in Knöringen vor dem Weingut Amselhof

Weinweg 10, Etappe 1

Landau - Godramstein - Nußdorf - Walsheim - Knöringen

km

Wegverlauf

Das Bahnhofsgebäude **Landau-Hauptbahnhof** im Rücken wird die breite Maximilianstraße überquert (Ampel), geradeaus folgen wir der **Ostbahnstraße**. Nach 300m liegt linker Hand der Ostpark mit Prachtbäumen, Weiher und Jugendstil-Festhalle. Dahinter führt nach
0,3 rechts die Schlachthofstraße (0,3 km).

Abstecher - Il Mio (240m)
Der **Ostbahnstraße** geradeaus folgen, sie endet nach 100m am **Ostring**. (Nach links liegt das **Atelier Xaver Mayer** (links/Nr. 18).) Den Ostring überqueren und weiter der **Ostbahnstraße** (Einbahnstraße) folgen zur Weinhandlung Il Mio.

Wir folgen nach rechts der **Schlachthofstraße**. Hier liegen linker Hand die ehemaligen Steinerschen Keller (heute: Wohnquartier), gegenüber führt ein Weg zur Stadtbibliothek (0,4 km). Wir fahren auch vorbei an der Weinkellerei Gustav Decker (*1) (links/Nr. 14) und kommen zum **Nordring** (0,7 km). Ihm folgen wir nach links, vorbei an **Wein Rebholz** im Hinterhof (rechts/Nr. 27), dann geht es nach links auf das **Deutsche Tor** (*2) zu (1 km). Noch vor ihm folgen wir nach links der **Weißquartierstraße** bis zur nächsten Kreuzung
1,1 (1,1 km).
Wir folgen hier nach rechts über Kopfsteinpflaster der **Augustinergasse** zur **Augustinerkirche**. Die Gasse endet an der **Königstraße** (1,2 km). Auf dieser nach rechts und sogleich nach links in die **Trappengasse** zum **Rathausplatz** fahren. Gegenüber steht das **Rathaus** (1,5 km).
Unser Weg führt rechts am Rathaus vorbei durch die **Langstraße**, diese endet an der Straße **An44** (1,8 km). Hier nach rechts

Start: Landau Hauptbahnhof (Maximilianstr.) oder: Godramstein, Godramsteiner Hauptstr. / Ecke Kapellenweg (Ortsrand zu Siebeldingen)

Anfahrt: Bahn (Neustadt - Edenkoben - Knöringen-Essingen - Landau - Wissembourg); (Karlsruhe - Winden - Landau - Neustadt); (Landau - Godramstein - Siebeldingen - Annweiler - Pirmasens)

Ziel: Knöringen-Essingen, Bahnhof

Abfahrt: Bahn (s.o.)

Weglänge: 15 km / rd. 1,5 Std.

Markierung (M): Winzer-Rundtour Landau; Queichtal-Radweg u.a.

Karte: Südpfalz. Wandern u. Radfahren zwischen Rhein & Reben; 1:40.000. - Pietruska-Verl., 2012

Anforderung: Von Landau aus wird Godramstein auf dem Queichtal-Radweg erreicht. Hier setzt am Ortsrand zu Siebeldingen die Markierung der Winzer-Rundtour Landau ein. Man fährt durch die Weinorte rund um Landau, die nördlich der Queich liegen. Diese Etappe 1 endet praktischerweise am Bahnhof in Knöringen. Statt mit der Bahn zurückzufahren, kann man auch gleich Etappe 2 fahren, die bis nach Landau führt. (Etappen 3 + 4 schließen die Runde, sie folgen in „Weinwege genießen in der Südpfalz. Bd. 2".)

km

zur Kreuzung und an ihr nach links in die **Eichbornstraße** fahren. Hinter der Queich (2,1 km) fahren wir gleich nach links in die **Löhlstraße** (M bis Godramstein: Queichtal-Radweg; Schild: Annweiler 10 km).
Die Löhlstraße biegt nach rechts. Es geht hinauf, vorbei am **Strieffler-Haus** (rechts/Nr. 3). Dahinter nach links (= **Friesenstr.**; 2,4 km)
2,6 und am Ende (2,6 km) nach rechts (= **Am Lohgraben**) fahren. Wir kommen zu einer

km

Brücke über die Queich (3,1 km), der Weg knickt dahinter nach links (Schild: Fachlehrpfad Queichtal). Durch das grüne Queichtal radelnd, immer geradeaus, so erreichen wir die
5,1 Bahnhofstraße von **Godramstein** (5,1 km). Wir fahren kurz nach links ...

Abstecher
Wer weiter der **Bahnhofstraße** folgt, findet: **Weingut Grünwald** (rechts/Nr. 12; 30m), **Restaurant Beat Lutz** (rechts/ Nr. 28; 160m), dahinter nach rechts (= **Am Bahnhof**) den **Bahnhof Godramstein** (300m).

... und fahren sogleich nach rechts auf einem schmalen Asphaltweg weiter. Wir überqueren dann die Queich und erreichen über einen Supermarkt-Parkplatz die **Godramsteiner**
5,4 **Hauptstraße** (5,4 km). Hier gibt es Kelter und Dorfgemeinschaftshaus in der Kinck'schen Mühle (*3) (rechts).

Abstecher - Weingut Übel (60m)
Nach rechts liegt hinter dem Platz **Westphals Kulinarium** (rechts/Nr. 62; 40m), dahinter das Weingut (rechts/Nr. 66).

Wir fahren auf der **Godramsteiner Haupt-**
6,1 **straße** nach links zum Ortsrand (6,1 km). Hier führt nach rechts der Kapellenweg. Damit beginnt die markierte Winzer-Rundtour Landau.

km

Start: **Godramstein**
Markierung: Winzer-Rundtour Landau
Es geht bergauf, geradeaus über **Kapellenweg**, **Herrmann-Jürgens-Straße**, **Frankweiler Stra-**
0,8 **ße** bis zu einer Kreuzung (0,8 km).

Abstecher - Weingut Münzberg (550m)
Nach links (= **Gleisweiler Weg**; M: Fassboden 4) geht es in die Reben und bei 2. Gelegenheit (340m) nach rechts zum Weingut.

km

Dann geht es auf der Frankweiler Straße hinab. Wir fahren vorbei an der Steingasse
0,9 (0,9 km).

Abstecher - Weingüter
Über die **Steingasse** nach rechts fahren, vorbei am **Weingut Karl Theobald** (rechts/Nr. 15; 90m) zur **Godramsteiner Hauptstraße** (210m). Hier geht es nach rechts zum **Weingut Barbey** (links/ Nr. 88), der **Martinshof** (Nr. 83; 380m) liegt gegenüber.

Die Frankweiler Straße endet an der **Böchinger Straße** (1 km), der wir nach rechts folgen zu einem Platz vor der Kirche (1,1 km).
Wir biegen vor dem Platz mit Brunnen nach links und folgen der **Bornergasse**. Am Ende (1,5 km) biegen wir nach rechts in die **Max-Slevogt-Straße**. Bei nächster Gelegenheit nach links (= **Unterer Steinweg**) fahren.
Bald beginnen die Reben (Weinlage Münzberg), wir fahren vorbei an einem kleinen Rastplatz mit Findling zur Flurbereinigung.
An einer Kreuzung (2,4 km) geht es geradeaus weiter („Nußdorf 3,4; Edenkoben 12"). Neben der B10 zu fahren ist ein lautes „Vergnügen". Doch bald folgen wir dem nächsten Asphalt-
2,8 weg nach links (2,8 km).
Es beginnt hier **Nußdorfs Weinerlebnispfad**, gleich links liegt der **Hochzeitswingert**, 20m weiter die **Pergola beim Kaiserbergbrunnen**. Am Wegende (3,5 km) steht das **Wahrzeichen** des Erlebnispfads (*4). Wir fahren nach rechts, vorbei an der **Harfe**, und biegen am Wegende (3,7 km) wiederum nach rechts zum **Thron**. Hinter ihm fahren wir

Landau - Godramstein - Nußdorf - Walsheim - Knöringen

km

nach links, bei nächster Gelegenheit (3,9 km) wiederum nach links, nun hinauf in den Ort. Zuerst begrüßt uns das **Weingut Schreiber** (rechts/Kaiserberg 15; 4,1 km), schnell folgt der **Sonnenhof** (rechts/Nr. 13; 4,2 km). Wir fahren geradeaus und kommen zur **Lindenbergstraße** (4,5 km).
Wir überqueren sie *(kreuzen Weinweg 7)* und folgen der **Hintergasse**, wo Nr. 5 eine Inschrift aus französischer Zeit (*5) zeigt. Beim Dorfplatz „Am Kohlwoog" fahren wir nach links auf das **Weingut Estelmann** (Kirchstr. 15) zu, folgen davor der **Kirchstraße** nach
4,8 rechts, sie knickt dann nach links (4,8 km).

Alternativweg (260m länger)
Folgt man, wo die Kirchstraße nach links knickt, geradeaus **Am Kindergarten** zur **Geißelgasse** (120m), geht es auf dieser nach links zum grünen **Weingut Rummel** (rechts/Nr. 13; 170m), und weiter zum Eckhaus mit Inschrift aus französischer Zeit mit **Weinbau Dr. W. Hochdörffer** (links/Nr. 35; 260m).
*(Abstecher: Auf der Walsheimer Straße nach rechts zum **Weingut Emil Bauer** (rechts/Nr. 18; 10m).)*
Auf der **Walsheimer Straße** nach links wird die **Kirchstraße** mit Dürer-Gedächtnissäule erreicht (nach rechts führt Weinweg 10 weiter).

Bald fahren wir vorbei am Gemeindehaus mit „Walnuss-Brunnen" (*6).
Gegenüber vom **Wolfgang + Susanne Pfaffmann** (links/Nr. 55) liegt ein kleiner Platz mit **Albrecht Dürer Gedächtnissäule** zum
5,0 Bauernkrieg (5 km). *Hier kehrt der Alternativweg zu uns zurück.*
Wir fahren geradeaus weiter durch die **Kirchhohl** zum **Bauernkriegshaus** (*7)(rechts/

km

Nr. 66). Gegenüber liegt das **Weingut Eugen**
5,1 **Wambsganß** (Kirchhohl 10-12; 5,1 km).

Abstecher - Martinshof (90m)
An **Kirchhohl** nach links zum Weingut Martinshof (rechts/Nr. 20).

Wir fahren nun geradeaus in die Weinberge (Weinlage Nußdorfer Herrenberg), auch vorbei an einer Ölpumpe. Der Weg knickt oben nach rechts (5,4 km). Bei nächster Gelegenheit geht es nach links (5,5 km), dann bei 2. Gelegenheit nach rechts (5,7 km) und bei nächster Gelegenheit - vor einem Wasserhochbehälter - nach links (6 km). Nun sausen wir hinab (Weinlage Walsheimer Silberberg) - bei der 2. Kreuzung (6,4 km) biegen wir nach rechts und erreichen **Walsheim** bei der **Nußdorfer**
6,7 **Straße** (6,7 km).
Wir folgen geradeaus der **Allmendstraße**, an deren Ende das **Weingut Karl Pfaffmann** (rechts/Nr. 1; 6,8 km) liegt. Dahinter biegen wir nach links in die **Hauptstraße**.
Wir kommen vorbei an dem **Weincafé Schlupfwinkel** (rechts/Nr. 35) und vorbei an den **Weingütern Heinz Pfaffmann** (*8) (rechts/Nr. 23) und **Wambsganß + Harst** (links/Nr. 8). Am Ortsende steht das **Rathaus** (*9) beim Aufstieg zur Kirche (7,2 km).
Hier halbrechts abbiegen. Wir passieren die Unterführung der L516 (7,5 km), biegen nach links und fahren gleich nach rechts zur Straße **Am Mühlrain** in **Knöringen** (8,2 km).
Wir überqueren die Kreuzung und folgen der **Kirchstraße** zur **Hauptstraße** (*10) (8,5 km).
Nach links auf der Hauptstraße, vorbei am **Weingut Amselhof** (rechts/Nr. 4), erreichen wir die **Bahnhofstraße** (8,7 km). An ihr nach rechts fahren zum **Bahnhof Knöringen-**
8,9 **Essingen** (8,9 km).

*1. Morgen kommt die Weinkontrolle!

Um 1900 gibt es in Landau 76 Weinkellereien, alles stolze Anwesen. In der heutigen Schlachthofstraße sind einige zu Wohnungen umgestaltet.

Es gibt eine Zeit, da „jeder“ seinen Wein panscht. Damals trägt es sich bei einer Landauer Kellerei zu, dass ein Kellermeister 70.000 Liter „Wein“ in die Kanalisation laufen lässt. Ihm ist zugetragen worden: „Du, morgen kommt zu dir die Weinkontrolle!“

Die ausufernde Weinpanscherei beginnt mit der Entdeckung des Chemikers Chaptal (1756-1832) „Most lässt sich durch Zucker verbessern“. Zwar ist Zucker teuer, dennoch lohnt sich die Panscherei so sehr, dass in der Chronik von Dierbach 1870 steht: „Wie man Wein macht - ganz ohne Trauben“.

1901 soll ein neues Weingesetz diese Panscherei eindämmen. Das gelingt jedoch erst mit dem strengeren Gesetz von 1909, danach dürfen nur noch ungezuckerte Weine als „Naturwein“ verkauft werden.

*2. Festungsstadt Landau

Als Landau ab 1688 eine Festung wird, sind Deutsches und Französisches Tor die einzigen Zugänge zur Stadt. Beide Tore stehen heute noch. Sie sind baugleich, was kaum noch zu erkennen ist.

Seigneur de Vauban (1633-1707) ist es, der aus Landau eine Festung macht. Es kümmert ihn nicht, dass die Stadt damals mit ihren schmalen Gassen für eine Festung denkbar ungeeignet ist. Die Fachwerkhäuser würden bei Beschuss brennen wie Zunder. Das Problem „löst“ 1689 ein Stadtbrand. Beim Wiederaufbau werden die Straßen verbreitert und Fachwerk ist fortan verboten.

Die Festungsmauer hat die Form eines 16-zackigen Sterns. Das Französische Tor zeigt nach Frankreich, das Deutsche Tor nach Norden. Bestehen bleibt die Festung bis 1871, bis zur Gründung des Deutschen Reichs.

*3. Godramstein geschichtlich

Zu Römerzeiten kreuzen sich, wo heute Godramstein liegt, zwei Römerstraßen bei einer Siedlung. „Godramsteiner Aren“ (= Altäre) aus dieser Zeit sind heute im Historischen Museum in Speyer ausgestellt.

Godramstein ist ehemals ein Reichsdorf. Nach und nach erlangt das Kloster Hornbach große Anteile. Weitere Klöster haben Besitz, auch wird der Ort immer wieder verpfändet.

1285 verleiht König Rudolf von Habsburg (1218-91) dem Siebeldinger Tal, zu welchem Godramstein zählt, die gleichen Rechte, wie sie der Stadt Speyer zustehen. Die Godramsteiner können damit ihren Wein im ganzen Reich zollfrei anbieten.

1410 gelangt Godramstein in den Besitz der Kurpfalz, bald tagt hier das reichsunmittelbare Talgericht.

Nach der Französischen Revolution zählt Godramstein zu Frankreich und wird später bayrisch.

Godramstein
ehemals hat das Kloster Hornbach großen Besitz
1285: zählt zum Siebeldinger Tal
1410-1794: zur Kurpfalz (Oberamt Germersheim)
1797: wird französisch
1972: kommt zu Landau

*4. Kunst und Wein

An dem kunstvollem Weinerlebnispfad bei Nußdorf lassen sich inmitten von Reben Skulpturen berühren und betreten. Das Wahrzeichen ist eine 7m hohe Skulptur aus Stahlblechen von Karlheinz Zwick. Etwa 100 Seiten statischer Berechnungen waren für sie erforderlich.

Es gibt Klangskulpturen und da erhebt sich auch ein Lebensturm und bietet Lebensraum für allerlei Tierarten. Nicht zu versäumen ist der Thron - inspiriert von der Lage Kaiserberg. Von diesem aus kann die Landschaft aus der Höhe genossen werden.

Auch andere Weinorte schmücken sich mit Kunst, einige bereichern auch mit Kunst ihre Weinfeste, wie **Edesheim** (Weinechange), **Gleisweiler** (Wein & Kunst), **Rhodt unter Rietburg** (WeinTestival & KunstFestival), **Weyher** (Kunst und Wein).
Es gibt auch Weingüter und Wirtschaften, die sich mit Kunst schmücken, so zeigt Weingut Scherr Kunstetiketten (Hainfeld, Karl-Stein-Str. 9), das Weingut Wilhelmshof (Siebeldingen, Queichstr. 1) organisiert seit 1985 Kunstwochenenden, Kardinal2 (Speyer, Korngasse 7) zeigt Kunst-Präsentationen.

Es kommen immer neue Kunst-Wein-Symbiosen hinzu.

*5. Haustafeln aus französischer Zeit

Immerhin rund 20 Jahre lang zählt die Pfalz zu Frankreich. Nicht nur die französische Sprache prägt da den Alltag. Eingeführt wird auch eine neue Zeitrechnung, der „Revolutionskalender". Er beginnt am 22. September 1792 mit dem Weinlesemonat des Jahres Eins: 1. Vindémiaire I. 12 Monate gibt es mit jeweils 30 Tagen, und 5 bis 6 „jours complimentaires" am Jahresende passen den Kalender dem Sonnenjahr an. Statt 7-tägiger Wochen gibt es einen 10-Tage-Rhythmus. Bauherren lassen Haustafeln an ihr Haus anbringen mit dem Baudatum der neuen Zeit und stets sieht man darauf Erbauer und Ehefrau, dazu „Fr:Rep" für „Fränkische Republik".

Haustafeln in Nußdorf
Kirchstr. 9 (1797/98), Kirchstr. 51 (1798), Kirchstr. 6, 19, 53; Geißelgasse 31, 35 u.a.

*6. Ein mächtiger Walnussbaum

Walsheim und Nußdorf - beide Ortsnamen erinnern an Walnussbäume. Tatsächlich stehen diese mächtigen Bäume immer wieder bei den Reben. In Nußdorf, wo die Nussbäume einst in großer Zahl wuchsen, ließ man sich von ihnen zu einem Brunnen vor dem Rathaus inspirieren.

In Nußdorf:
links - am Weinerlebnispfad
rechts - Dürer-Gedächtnissäule für den Bauernkrieg

*7. Beim Bauernkriegshaus

Das heutige Bauernkriegshaus in Nußdorf lässt sich um das Jahr 1500 Gerichtsschöffe Hans Hohl erbauen. Am 23. April 1525 beginnt bei diesem Haus der Bauernaufstand der Pfälzer. Überregional ist er ohne Bedeutung, anderswo sind die Aufstände heftiger. Doch für die Menschen hier sieht das ganz anders aus.

In Nußdorf ist Kirchweih. Aus den Dörfern ringsum strömt alles, was Beine hat, herbei. Lustig ziehen die Burschen im Dorfe herum, die Alten sitzen im Wirtshaus. Die Aufstände im Lande sind ihr Thema, die Aufregung steigt mit jedem Glas Wein. Vom Wein erhitzt zieht in der Nacht ein großer Haufen in das Siebeldinger Tal. Damit beginnt der Bauernaufstand in der Südpfalz.

Am Morgen lagern die Bauern, mehr als 500, beim Hofgut Geilweiler. Der kurpfälzische Amtmann kommt geritten. Kaum ist er wieder fort, rotten sich die Bauern erneut zusammen. Sie dringen nun in das Stift Klingenmünster ein, fressen und saufen und führen Vieh, Getreide und wer weiß was mit sich fort.

Ein weiterer Haufen, die „Lothringer", zieht durch die Südpfalz. Kreuz und quer ziehen die Haufen, zu Klöstern und Burgen. Bei der Burg Scharfeneck öffnet ihnen der Amtmann das Tor, da sie versprechen, ihn und seine Frau abziehen zu lassen. Bei der wilden Erstürmung fällt einer, wahrscheinlich betrunken, von einem Turm in den Schlosshof. Alles hält den Atem an, doch unversehrt erhebt er sich. Da jubeln alle: „Ein Wunder!" Sie trinken von dem im Keller gelagerten Wein und lassen den Rest auslaufen. Beim Abzug setzen sie alles in Brand.

Am 10. Mai 1525 treffen 8.000 Bauern in Neustadt auf Kurfürst Ludwig V. (1478-1544), der nur 30 Räte bei sich hat. Beide Seiten machen Zusagen und halten sie nicht ein. Die Bauern zerstreuen sich nur zum Teil, der Kurfürst lässt keinen Landtag einberufen. Am 4. Juni ziehen die Bauern wiederum durch Neustadt und diesmal weiter nach Pfeddersheim. Dort werden sie am 23./24. Juni grausam geschlagen.

Das Haus in Nußdorf, bei dem alles begann, wird nach seiner Zerstörung im 30jährigen Krieg auf alten Fundamenten neu aufgebaut. Es soll 1976 abgerissen werden, doch rettend erwirbt alles die protestantische Kirche. Heute findet sich hier ein Museum.

Bauernaufstand 1525
um 1500: Bau des Bauernkriegshauses in Nußdorf
23. April 1525: Beginn - Pfälzischer Bauernkrieg
ab 1671: Wiederaufbau Bauernkriegshaus

*8. Südpfälzer Weinbau seit 1815

Ab 1816 zählt die Pfalz zu Bayern und heißt bald Rheinpfalz. Rheinpfalz heißt lange auch das Weinbaugebiet, erst 1993 benennt man es offiziell „Pfalz".

In den 1950er Jahren blicken alle, wenn es heißt „Wein aus der Pfalz", auf den Norden. Zwar wird damals im Süden der Pfalz in Bauernhöfen auch Wein erzeugt, doch den verkaufen die Bauern direkt aus dem Fass. Und regelmäßig karren Tanker viel Wein an die Mosel zur dortigen Verarbeitung.

Dann verbietet 1971 das neue Weingesetz den Verschnitt von Wein. Fortan muss Wein aus der Südpfalz auch als solcher vermarktet werden. Um für ihn zu werben, entsteht der Verein Südliche Weinstraße. Bald heißt gar der ganze Landkreis Südliche Weinstraße.

Die Winzer der Südpfalz vermarkten nun also ihren Wein selbst. Bald bewirtschaften sie große Flächen mit Vollerntern. Dabei bleibt oft die Qualität auf der Strecke. Weiterhin verkaufen sie ihre Weine aus dem Fass preiswert. „Süßliche Weinstraße", unken viele.

Der Glykolskandal 1985 stimmt nachdenklich, und bald bestraft eine EG-Verordnung die Winzer, die mehr als 10.500 Liter pro Hektar im Jahr produzieren (1989). Fragte bis dahin ein Weintrinker: „Haben Sie einen Weißen oder einen Roten", so wird nun darauf erwidert: „Wollen Sie einen Pfälzer Riesling oder einen Pfälzer Portugieser?“ Ein Umdenken setzt ein, und heute sind Südpfälzer Weine bei den besten Tropfen der Welt zu finden!

Ein Weintrinker heute will jedoch nicht nur köstlichen Wein genießen, er will darüber hinaus Weinkultur erleben. So betritt er in froher Erwartung einen Winzerhof, freut sich an Weinproben mit kulinarischen Genüssen, genießt Kultur und kunstvoll gestaltete Flaschen. Auch neues Wissen beeinflusst die Arbeit, die Böden sind von großem Interesse, und ökologischer Weinbau wird beliebter.

*9. Walsheim geschichtlich

Walsheim gehört ehemals zur Herrschaft Scharfeneck, doch wird der Ort immer wieder anderen Obrigkeiten zugeteilt. Lehensgeber ist die Kurpfalz.

Im 30-jährigen Krieg leben hier nur noch 49 Einwohner (1633). Doch nach dem Krieg ziehen 80 Schweizer hinzu. Walsheim liegt nah bei Landau, der französischen Festung, ist also ab 1680 Grenzgebiet.

Die Französische Revolution macht auch Walsheim selbst französisch. Doch nach dem Pariser Frieden kommt der Ort zu Bayern.

Walsheim
zählt ehemals zur Herrschaft Scharfeneck
1794-1814: zählt zu Frankreich, danach zu Bayern
1972: kommt zur Verbandsgemeinde Landau-Land

*10. Knöringen geschichtlich

Bis 1468 gehört halb Knöringen den Herren von Enggaß. Arnold von Engaß ist der Besitzer der Rietburg.

Nach dem 30jährigen Krieg, Nachbardorf Nußdorf zählt zu Landau und damit zu Frankreich, wird Knöringen Grenzgebiet. Totschlag und Plünderungen sind an der Tagesordnung.

Während der Französischen Revolution verläuft 1793 die Verteidigungslinie der Franzosen gegen die Preußen durch Knöringen. Die Kirche dient den Franzosen als Kaserne.

Knöringen
ehemals fränkische Siedlung
bis 1468: das halbe Dorf gehört den Herren von Engaß

Walsheim - Weingut Wambsganß und Harst

Von Knöringen über Queichheim nach Landau

Kurzinformation zu den Orten

Knöringen

siehe Weinweg 10, Etappe 1 .... S. 111

Dammheim (zu Landau)

rd. 1.000 EW; Ortsteil von Landau, liegt nordöstlich der Stadt.

Weingüter + Einkehren

Weingut E. Wambsganß: Speyerer Str. 23

Gasthaus Zum Schwanen: Speyerer Str. 26

... Weiteres siehe Anhang „Orte A-Z & Weingüter"

Weinlage

Großlage Bischofskreuz (Bereich Südliche Weinstr.)

„Dammheimer Höhe" (rd. 80 ha); Boden: Löss + Lehm (liegt 134-160m hoch)

Bornheim

(Verbandsgemeinde Offenbach a d. Queich)

rd. 1.450 EW; Winzerort in den hügeligen Ausläufern der Weinberge beim Pfälzerwald.

Wein & Sehenswert

Storchenzentrum (Kirchstr. 1; seit 2006)

Straßenlaternen (von Roland Mewes, Edesheim): jede ein Unikat!

Wein- u. Knoppfest (Aug.): überregional beliebt

Weingüter + Einkehren

Weingut Acuntius: Bachweg 10

Restaurant Lehrer Lämpel: Hauptstr. 67

... Weiteres siehe S. 147 f.

Weinlage

Großlage Trappenberg (Bereich Südliche Weinstr.)

„Bornheimer Neuberg" (65 ha); Boden: sandiger Lehm (liegt 140-153 m hoch

Queichheim

siehe „Weinwege genießen in der Südpfalz. Bd. 2"

Landau

siehe Weinweg 7, Etappe 3 .... S. 74

Weinweg 10, Etappe 2

Knöringen - Dammheim - (Abstecher Bornheim)

Rathaus in Bornheim

km

Wegverlauf

Beim **Bahnhof Knöringen-Essingen** überqueren wir die Gleise Richtung Essingen sowie die A 65, dann biegen wir nach rechts (0,1 km). Wir fahren neben der A 65 hinab, hinauf, vorbei an Brücke und Unterführung, 400m weiter fahren wir nach rechts über die B 272 und dahinter nach rechts in die Reben (1,8 km; Weinlage Dammheimer Höhe).
Bei 2,2 km geht es im spitzen Winkel nach links. Hier erinnert ein Stein an die Flurbereinigung 1990-95 (*1).
Noch 300m, dann endet der Wirtschaftsweg in **Dammheim** neben dem **Weingut E. Wambsganß** (rechts/Speyerer Str. 23;
2,5 2,5 km).

→ **Abstecher - Weingut Fath** (50m)
Nach rechts auf der **Speyrer Straße** zum Weingut (rechts/Nr. 19).

Gegenüber steht das **Gasthaus Zum Schwanen** (Nr. 26), links davon beginnt die **Dorfstraße** (*2), der wir folgen. Gleich sehen wir das **Weingut Herzog** (rechts/Nr. 4).
Dann knickt die Dorfstraße nach links. Sie endet an der **Alten Bahnhofstraße** (2,9 km). Der folgen wir nach rechts. Am Rand von Dammheim, kurz vor den Schienen der alten Bahn, beginnt nach links eine Anliegerstraße
3,6 (3,6 km).

Start: Knöringen-Essingen, Bahnhof

Anfahrt: Bahn (Neustadt - Edenkoben - Knöringen-Essingen - Landau - Wissembourg)

Ziel: Queichheim, Hintergasse bzw. Landau Hauptbahnhof
Weglänge (mit Rundweg über Bornheim): 12,9 km / knapp 2 Std.
davon Queichheim - Landau Hbf.: 1 km
Rundweg Dammheim - Bornheim: 4,4 km

Markierung (M): Winzer-Rundtour Landau; Queichtal-Radweg u.a.

Karte: Südpfalz. Wandern u. Radfahren zwischen Rhein & Reben; 1:40.000. - Pietruska-Verl., 2012

Anforderung: Die Markierung der Winzer-Rundtour Landau findet sich direkt beim Bahnhof Knöringen, sie weist uns den Weg zunächst bis nach Dammheim. Hier wird ein nicht markierter Rundweg über Bornheim eingebaut! In Queichheim beenden wir die Winzer-Rundtour, von dort wird unkompliziert Landaus Hauptbahnhof erreicht. (In „Weinwege genießen in der Südpfalz. Bd. 2“ wird die Winzer-Rundtour südlich der Pfalz beschrieben.)

km

→ **Rundweg über Bornheim** (4,4 km)
Wir folgen nach links der Anliegerstraße neben den alten Schienen bis zur Draisinenbahn (1,4 km). Hier fahren wir nach links (= **Hauptstr.**; M: Südpfalz-Radweg), vorbei an der Sporthalle. Am Ortsrand von Bornheim grüßt uns der „Rühmer“ (1,9 km). Wir folgen der Hauptstraße, sie knickt hinter dem Hirtenplatz nach links. Es geht vorbei am Harlekin (*3), dann am **Restaurant Lehrer Lämpel** mit Biergarten (Nr. 67; 2,3 km), dahinter biegt die Hauptstraße nach rechts. Beim Wachthäusel (*4)(2,4 km) liegt nach rechts das

Queichheim - Landau

km

Weingut Acuntius (Bachstr. 10).
Die Hauptstraße biegt wiederum nach links, die Straßenlaternen sind zu bestaunen. Vorbei an Kirche und Saubrunnen geht es zum Rathaus (*5) (2,7 km). Dahinter liegt das Storchenzentrum (*6). Wir folgen noch kurz der Hauptstraße zur **Dammheimer Straße** nach links (2,8 km).
(Abstecher: Geradeaus auf der Hauptstraße 30m zum ***Weingut Cuntz*** *(rechts/Nr. 5).)*
Die **Dammheimer Straße** bringt uns nach **Dammheim**. Hier heißt die Straße **Bornheimer Straße** und endet an der **Alten Bahnhofstraße** (3,6 km). Wir fahren nach links, kurz vor den Schienen ist unser Rundweg beendet.

Hinter den Schienen fahren wir geradeaus, queren bald die Straße nach Landau (3,7 km). Bei der nächsten Gelegenheit biegen wir nach rechts (3,9 km) und fahren auf einem unbefestigten Weg auf die Autobahn (A 65) zu. Vor ihr biegen wir nach rechts, um sie zu unterqueren.
Wir folgen dann nach links dem Radweg am
4,6 **Horstring** (4,6 km). Gut 1,1 km können wir mit den Autos um die Wette fahren.
Wo der Gehweg beginnt (5,8 km), überqueren wir den Horstring nach links (Ampel), fahren über den Parkplatz des Freizeitbads LaOla nach rechts zur Straße **Zum Queichanger**, auf ihr nach links weiter. *Bei der Queich (6 km) steht eine Baumgruppe mit mehr als 70 Krähennestern!*
Schnell ist dann **Queichheim** erreicht und
6,5 die Alte Hintergasse (6,5 km).
(Nach links (= **Alte Hintergasse**) führt die Markierung der Winzer-Rundtour fort - siehe „Weinwege genießen in der Südpfalz. Bd. 2".)

km

Nach **Landau** Hauptbahnhof fahren wir nach rechts (= **Woogstr.**), die Straße knickt am Ende nach rechts, gleich gibt es nach links einen Weg zur Unterführung des Bahnhofs
7,5 von Landau (7,5 km).

Bornheim - Straßenlaternen als Kunstwerk

Geschichte(n)

*1. Jubiläums-Weinlese am Flurstein

Dammheim wird schon im 10. Jh. , wie auch Nußdorf, als weinbaubetreibende Gemeinde in Akten genannt.

2010 begeht Dammheim sein 1.050-jähriges Ortsjubiläum. Im Herbst vor diesem Festjahr treffen sich die Dammheimer und Dammheimerinnen am Flurstein zu einer Jubiläums-Weinlese. Aus Riesling-, Chardonnay- und Silvanertrauben soll ihr Jubiläumswein entstehen, exakt 1.050 Flaschen.

Das Fest geht zu Ende, da zieht ein „Trauerzug" durch den Ort und nimmt bei jedem Hof eine Flasche des besten Weines mit. Die Kiste mit den Flaschen wird am östlichen Ortsausgang begraben, so wird die Kerwe „beerdigt". Der Wein kehrt zur nächsten Kerwe zurück, zum Trinken und Genießen.

Bornheim - Saubrunnen & Max und Moritz

*2. Dammheim geschichtlich

Dammheim ist ehemals ein „kaiserlicher Dinghof", wohl aus der Zeit der Franken (um 600). 1273 wird ein Sigula von Dammheim erwähnt. Damals will das Kloster Eußerthal, das einigen Besitz hat in Dammheim, die Einwohner zu Frondiensten heranziehen. Das Begehren jedoch wird abgewiesen. 1292 schenkt Kaiser Adolf von Nassau (†1298) der Stadt Landau einen „Königshof", das ist Dammheim. Seitdem ist das Dorf mit Landau verbunden.

Dammheim wechselt im 30jährigen Krieg wie Landau siebenmal den Besitzer. Auch hinterher lebt es sich hier unsicher. 1689, als die französischen Truppen die Pfalz zerstören, flüchtet sich sogar das ganze Dorf „wegen großer Kriegsunruhe" nach Landau.

Als der Ort 1792 zu Frankreich kommt, wird er wieder eigenständig und 1816 bayrisch.

Dammheim
ehemals ein „kaiserlicher Dinghof"
1292-1792: zählt zu Landau
1792-1814: ist französisch, dann bayrisch
1972: kommt zu Landau

*3. Mutiger Harlekin mit Hund

Der 30jährige Krieg ist vorüber, Not herrscht im Land, da tauchen am Abend des 6. Juli 1651 in Edesheim 6 bewaffnete Gesellen auf. Es sind italienisch sprechende Sarazenen. 14 Hühner mit Spanferkel spülen sie mit etwa 25 Liter Wein hinunter, erst dann lassen sie sich fortjagen. Dieselben Gesellen tauchen am Folgetag in Knöringen auf. Essingen verlassen sie hungrig, dort ist nichts zu holen.

Am 9. Juli sind die Bornheimer gewarnt. Als sie die Vagabunden sichten, verstecken sie schnell alle Jungfrauen und scheuchen Hühner und Gänse in die Ställe. Mit Sensen und Mistgabeln legen sie sich an der Hohl, wo heute die Wiesenstraße verläuft, in den Hinterhalt. Schnell sind die Sarazenen verjagt.

Am anderen Morgen nähert sich dem Dorf von Süden her tänzelnd ein junger Mann mit Maske und Hund. Ein 6jähriger Bub erblickt die Ankömmlinge. Er rennt nach Hause und schreit „Mamme, do kummt en Hansworscht!"

Der Bub hat Recht. Aus Padua in Italien kommend, schlägt sich jener mit seinen Possen durchs Leben. Hungrig ist er. Bevor er in Bornheim jedoch ein Gasthaus ansteuern kann, kommt eine Amtsperson und fragt ihn barsch: „Was willst denn du in Bornem?"

„Oh", erwidert der Harlekin mit Freundlichkeit, „icho tanzo und macho allo Leido großi Freudo".

Der Harlekin darf bleiben.

Am Folgetag tauchen erneut die Sarazenen in Bornheim auf. Tapfer stellt der Harlekin sich ihnen in den Weg und herrscht sie auf italienisch an. Die Vagabunden sind irritiert. Da spricht einer ihre Sprache? Nun lässt auch noch der Hund des Harlekins seinen Hut fallen, mit dem er das Geld für seinen Herrn einsammelt, und beginnt wild zu bellen. Fluchtartig rennen die Gesellen fort.

An Harlekin und Hund erinnert heute in Bornheim eine Skulptur des Künstlers Daniel Moritz Lehr.

*4. Beim Wachthäusel in Bornheim

Fürstbischof Johann Hugo von Orsbeck (1634-1711) ordnet anno 1700 an: Es seien in jeder Gemeinde Tag- und Nachtwächter aufzustellen; sie sollen „lüderliches Gesindel" fernhalten, welches bei Tage „im Müßiggang umherschleichen" und Gelegenheiten ausspähen werde. In Bornheim hat der Nachtwächter seine Wachstube im Rathaus.

1833 wird ein neues Wachthaus geplant. Der Architekt entwirft einen kleinen griechischen Tempel für die Wachtstube, dazu eine Arrestzelle, die selten gebraucht wird. Das Amt ist wenig beliebt, doch gibt es ab 1861 gar 2 Nachtwächter. Die Ära endet erst 1914 mit dem elektrischen Licht.

Heute steht bei dem „Wachthaisel" ein Nachtwächter mit Pickelhaube (von Kunstschmied Roland Mewes, 1995). Die Farben seiner Uniform erinnern an das Königreich Bayern.

Bornheim - Harlekin-Skulptur

Geschichte(n)

*5. Bornheim geschichtlich

In Bornheim hat ehemals das Kloster Weißenburg Herrschaftsrechte, doch eignen sich anno 985 die Salier den Besitz an. Der Ort zählt dann zum Kloster Klingenmünster, später zur Herrschaft Landeck. Diese geht um 1200 an die Grafen von Leiningen. Als der letzte derer von Leiningen stirbt (1290), folgen die von Ochsenstein.

1404 kauft Fürstbischof Raban von Helmstatt (†1439) den halben Ort und ebenso einen Teil der Herrschaft Landeck. 80 Jahre später stirbt der letzte Ochsensteiner (1485), deren Besitz fällt an die Kurpfalz. Damit teilen sich Hochstift Speyer und Kurpfalz die Herrschaft. Die Kurpfalz jedoch erwirbt immer mehr Besitz.

Kurfürst Karl II. (1651-85), in Geldnöten, verpachtet 1682 sein Oberamt Germersheim an Frankreich. Damit zählt Bornheim zu Frankreich und bleibt im Pfälzischen Erbfolgekrieg verschont. Als der Krieg endet, muss Frankreich das Oberamt Germersheim zurückgeben. 1709 kommt Bornheim per Tausch ganz zur Kurpfalz.

Ende 1793 besetzen französische Revolutionstruppen den Ort. Nach französischer Zeit gelangt Bornheim 1816 an das Königreich Bayern.

Bornheim
ehemals im Besitz des Klosters Weißenburg
985: Weißenburger Kirchenraub
11./12. Jh.: zählt zur Herrschaft Landeck
ab 1485: Hochstift Speyer + Kurpfalz sind Ortsherren
1680-97: von Franzosen besetzt
1709: zählt ganz zur Kurpfalz
1816: kommt nach frz. Zeit zu Bayern

*6. Storchendorf Bornheim

In Bornheim, beim Storchenzentrum, sind Kameras auf die Nester wildlebender Störche gerichtet.

Früher sieht man in der Rheinebene in jedem Dorf Störche auf den Dächern nisten. Doch wird ihr Lebensraum immer weiter eingeschränkt, bis 1973 in der Südpfalz letztmals drei Jungstörche erbrütet werden. Heute trägt die Aktion Pfalzstorch dazu bei, dass der Bestand an Brutpaaren wieder ansteigt.

Bornheim - oben beim Storchenzentrum; unten beim Weingut Cuntz

Wanderweg Deutsche Weinstraße

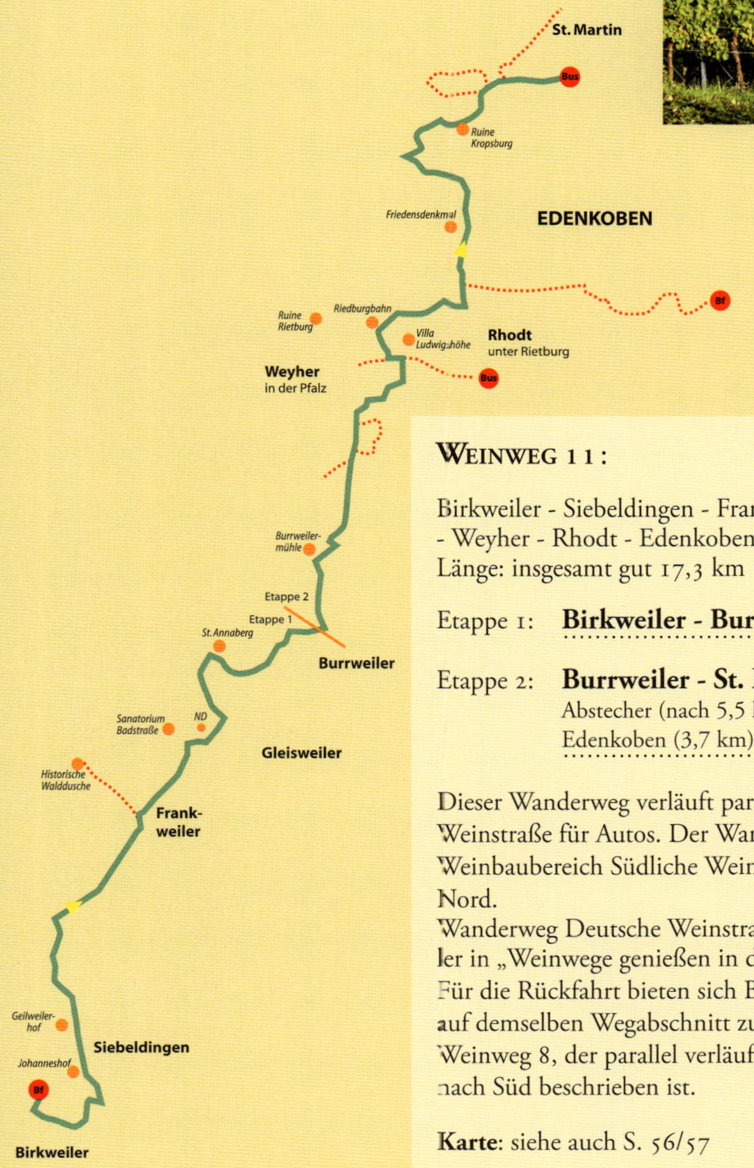

WEINWEG 11:

Birkweiler - Siebeldingen - Frankweiler - Gleisweiler - Burrweiler - Weyher - Rhodt - Edenkoben - St. Martin

Länge: insgesamt gut 17,3 km

		Seite
Etappe 1:	**Birkweiler - Burrweiler** (8,1 km)	126
Etappe 2:	**Burrweiler - St. Martin** (9,2 km) Abstecher (nach 5,5 km) zum Bahnhof Edenkoben (3,7 km)	132

Dieser Wanderweg verläuft parallel zur berühmten Deutschen Weinstraße für Autos. Der Wanderweg wird hier nur für den Weinbaubereich Südliche Weinstraße beschrieben, von Süd nach Nord.

Wanderweg Deutsche Weinstraße von Schweigen nach Birkweiler in „Weinwege genießen in der Südpfalz. Bd. 2“

Für die Rückfahrt bieten sich Bus und Bahn an, oder man geht auf demselben Wegabschnitt zurück oder nutzt für den Rückweg Weinweg 8, der parallel verläuft und in diesem Buch von Nord nach Süd beschrieben ist.

Karte: siehe auch S. 56/57

Von Birkweiler/Siebeldingen nach Burrweiler

Kurzinformation zu den Orten

Birkweiler
(Verbandsgemeinde Landau-Land)

750 EW; Winzerdorf im Siebeldinger Tal, am Fuße des Hohenbergs (556m), am Nordosthang des Kastanienbuschs (360m).

Weingüter + Einkehren

Weingut Dr. Wehrheim: Weinstr. 8

... Weiteres siehe „Weinwege genießen in der Südpfalz. Bd. 2" und in diesem Bd. S. 146

Siebeldingen

siehe Weinweg 8, Etappe 2 .... S. 94

Weingüter + Einkehren

Weingut Dr. Steiner: Johanneshof

... Weiteres siehe S. 170 f.

Frankweiler

siehe Weinweg 8, Etappe 2 .... S. 94

Weingüter + Einkehren

Weingut Bertram Lidy: Frankenburgstr. 6

... Weiteres siehe S. 154 f.

Gleisweiler
(Verbandsgemeinde Edenkoben)

ca. 600 EW; staatlich anerkannter Erholungsort in einer geschützten Bucht der Haardt, auf 300m Höhe am Teufelsberg (Höhe 598m).

Wein & Sehenswert

Kurhaus Bad Gleisweiler (Badstr. 28): mit Park

Kurpfälz. Zehnthof (Zum Sonnenberg 1): Garten mit Skulpturen

Simonshof (Hauptstr. 7): Möbel, Designobjekte

Weinlehrpfad Gleisweiler Hölle

Weinkerwe „Wein & Kunst" (Juli / Aug.)

Weingüter+ Einkehren

Weingut Argus: Hauptstr. 23

... Weiteres siehe S. 155 f.

Weinlage

Großlage Bischofskreuz (Bereich Südliche Weinstr.)

„Gleisweiler Hölle" (rd. 60 ha); Boden: Lehm, auch Gehängeschutt, stark wechselnd (liegt 220-280 m hoch

Burrweiler

siehe Weinweg 7, Etappe 2 .... S. 67

Weingüter + Einkehren

Weingut St. Annaberg: St. Annastr. 203

... Weiteres siehe S. 148 f.

St. Anna-Kapelle bei Burrweiler auf dem Berg

Birkweiler/Siebeldingen - Burrweiler

km

Wegverlauf

Den **Bahnhof Siebeldingen** im Rücken liegt vor uns Birkweiler. Wir überqueren die **Weinstraße** (L507), gehen vor dem stolzen **Weingut Dr. Wehrheim** (Weinstr. 8) nach links über die **Weinstraße** (L508) und geradeaus weiter (Schild: Siebeldingen 0,7). Hinter Weingut Ziegelhütte folgt die **Kanalmühle**
0,4 (Heerstr. 16; 0,4 km). Vor ihr nach links (= **Heerstr.**) wandern wir über die Bahn zur Weinstraße (0,5 km).

Wir gehen an der **Weinstraße** nach links, jedoch nur 10m. Dann führt ein Fußweg nach rechts.

Hinter der **Queich** (*1) gehen wir nach rechts (= **Ludwig-Clorman-Allee**). Die Allee knickt nach links und endet an der **Weinstraße** beim **Weingut Juliushof** (rechts/Nr. 84; 1 km).

An der Weinstraße nach links hinaufgehen, dann nach links wenden in die **Dagobertstraße** (1,1 km) zum Friedhof. Hier gehen wir im Prinzip geradeaus weiter (Schild: Dr. Steiner-Johanneshof; M: Mandelpfad...) bis zu einem
1,3 Weg nach rechts (1,3 km).

> **Abstecher - Johanneshof** (170m)
> Geradeaus wird das prächtige Weingut Dr. Steiner schnell erreicht.

Wir folgen dem Weg nach rechts hinauf in die Reben. Vom **Julius Kühn-Institut** (*2) sehen wir zunächst Rebzuchtstation und Schautafel „Weißer Heunisch" des **Rebenlehrpfads** (1,5 km). Geradeaus weitergehend in der Weinlage Mönchspfad genießen wir eine Mandelbaumallee, weitere Schautafeln, dann alte **Institutsgebäude** (*3).

Bei einer Kreuzung mit Schautafel „Ursprünge der Rebkultur" (2 km) gehen wir geradeaus weiter, der Weg verläuft leicht nach links und

Start: Birkweiler-Siebeldingen, Bhf. (Weinstraße)

Anfahrt: Bahn (Landau - Godramstein - Birkweiler - Siebeldingen - Annweiler - Pirmasens)

Ziel: Burrweiler, Rathaus (Hauptstr. 52)

Abfahrt: ab „Burrweiler, Mitte" mit Palatina-Bus 501 (Neustadt/Weinstr. - Landau)

ÖPNV unterwegs: „Gleisweiler, Mitte" (Palatina-Bus 501)

Länge: gut 8 km / gut 2 Std.

Markierung (M): Wanderweg Dt. Weinstraße; Pfälzer Weinsteig u.a.

Anforderung: Der Weg verläuft durch Weinberge, Weinorte, auch Wald. Es geht von Siebeldingen recht steil hinauf an den Waldrand, man wandert mit weitem Blick in die Ebene.

km

2,3 endet bei der Schautafel „Reblaus" (2,3 km). Wir halten uns rechts und kommen zur **Weinstraße** (2,5 km).

Auf der anderen Straßenseite folgen wir einem unbefestigten Weg hinauf.

Vor einem Hochspannungsmast (2,8 km) gehen wir nach links, sogleich nach rechts und nun hinauf an den Waldrand mit Bank und Blick auf Albersweiler (2,9 km).

Wir folgen dem Weg nach rechts weiter hinauf (M: Balken blau-weiß, Hüttentour) und gelangen zu einer Kreuzung mit Bank (3 km). Bald liegt am Weg ein großer Findling bei der Weinlage Frankweiler Kalkgrube (*4). Wir gehen geradeaus am Waldrand weiter.

Frankweiler (*5) erreichen wir mit der **Ringelsbergstraße** (3,6 km). Auf ihr gehen wir hinab, sie führt beim **Restaurant Robichon** (Orensfelsstr. 31; 4,1 km) nach links, zu einer
4,2 Kreuzung (4,2 km).

Birkweiler/Siebeldingen - Burrweiler

km

Abstecher - Weingut B. Lidy (110m)
Geradeaus der **Frankenburgstraße** folgen, rechts liegt die **Gaststätte Zur Traube** (Nr. 4; 90m), es folgt das Weingut (Nr. 6).

Wir gehen nach links (= **Steigerterhof**) und bei einer Wegverzweigung nach rechts hinab ins Hainbachtal. Wir gehen in den Wald bis zu
4,5 einer Brücke über den Hainbach (4,5 km).

Abstecher - Walddusche (650m)
Geradeaus neben dem Bach weitergehen. Nach 600m führt ein Pfad hinab zu dem lauschigen Wasserplatz im Wald.

Wir gehen nach rechts über den Hainbach, dahinter liegt ein Gehöft. Wir kommen in die Großlage Bischofskreuz (Weinlage Gleisweiler Hölle). Bald gehen wir nach links hinauf (4,8 km) auf Kopfsteinpflaster in ein Naturschutzgebiet. Oben finden wir eine Linde mit Bank (Naturdenkmal). Kurz vorm Wegende steht eine Friedenseiche. Der Weg endet.
Wir gehen nach links hinab und kommen zum **Kurhaus** von **Gleisweiler** (*6) (5,6 km). Der Park lohnt einen Besuch!
Wir gehen geradeaus weiter auf der **Badstraße**, vorbei an der **Weinstube Weinberg** (links/
5,8 Nr.18), zur Kronstraße (5,8 km).

Abstecher - Zehnthof (90m)
Nach rechts auf der **Kronstraße** hinabgehen, vorbei an der Martin-Bucer-Kirche, zum Zehnthof mit Skulpturen (*7).

Wir folgen nach links der **Kirchstraße** bis zur Kirche (5,9 km). (Rechts liegt das **Weingut Argus**, Hauptstr. 23.)
Wir folgen geradeaus der engen Kirchstraße und kommen hinter einem Garten voller Skulpturen des Künstlers H. Lorenz zu einem
6,1 kleinen Platz mit Hinzloch-Brunnen (6,1 km).

km

Abstecher - Bushaltestelle (200m)
Nach rechts der **Bergstraße** folgen, vorbei am Restaurant **Zur Alten Küferei** (links/ Nr. 12). Am Ende nach links zur Haltestelle „Gleisweiler-Mitte“.

Auf der **Bergstraße** nach links hinaufgehen. *(An der Straße Zum Schützenberg erblicken wir die älteste Kastanie der Südpfalz. Sie ist mehr als 500 Jahre alt!)*
Unser Weg verzweigt sich dann, wir halten uns rechts und kommen auf dem **Kapellenweg** in den Wald (*8). Bei einer Wegverzweigung (6,7 km) halten wir uns rechts.
Das **Weingut St. Annaberg** erreichen wir
6,8 nach einem kurzen Aufstieg (6,8 km). Es zählt schon zu **Burrweiler**. Wir gehen durch seinen Hof nach rechts zum Eingang. Wer hier auf der Terrasse sitzen darf, den Blick schweifen lässt, dazu Wein genießt - das ist Glück!
Hinter dem Weingut folgen wir der **St. Anna-Straße** steil hinab (M: Weinsteig, Keschdeweg (*11)). Wir gehen bei nächster Gelegenheit (7,1 km) nach links (= **Am Annaberg** 9-12) und hinter einem Rastplatz (7,2 km) nach rechts hinab (= Am Annaberg; M: Keschdeweg). Wir gehen dann geradeaus an einem weiteren Rastplatz vorbei.
Der Weg endet (7,7 km) bei einem Weinberg vom Weingut Meßmer aus Burrweiler. Hier gehen wir nach rechts hinab bis zur Straße Am Gewannenpfad (7,8 km). Wir gehen auf **Am Gewannenpfad** nach links weiter. Am Ende wandern wir auf der **Mönchstraße** nach rechts. Wir kommen zur **Hauptstraße**
8,1 (8,1 km), hier steht Burrweilers Rathaus.
(Geradeaus weiter... siehe Weinweg 11, Etappe 2 - S. 134)
Nach rechts wird nach 300m die Haltestelle „Burrweiler, Mitte“ erreicht.

Geschichte(n)

*1. Siebeldingen geschichtlich

Im Mittelalter liegen auf der heutigen Gemarkung von Siebeldingen 4 Orte: Geilweiler, Kintingen, Kolchenbach und Siebeldingen. Die Dörfer sind Reichsgut, doch werden sie 1257 an Leiningen verpfändet.

1285 gewährt König Rudolf von Habsburg (1218-91) dem Siebeldinger Tal dieselben Rechte wie der Stadt Speyer! Trotzdem wird es immer wieder verpfändet, bis es 1410 zur Kurpfalz kommt.

Bei der Kurpfalz verbleibt Siebeldingen bis 1794, ist danach rund 20 Jahre lang französisch und kommt dann zu Bayern.

Kolchenbach und Kintingen sind heute verschwunden, doch Geilweiler lebt fort im Geilweiler Hof.

Siebeldingen
zählt ehemals zum Reichsgut
1285: „Siebeldinger Tal" (Siebeldingen, Birkweiler, Godramstein) erhält Marktrecht u.a.
1410-1794: zählt zur Kurpfalz

*2. Namenlose Reben

Eine neue Rebsorte zu züchten, dazu braucht es Glück und Geduld. Blüht die Rebe, so werden die Staubgefäße, auf denen die Pollen sitzen, weggezupft. Die Blüte wird mit den Pollen einer ausgesuchten „Vaterrebe" befruchtet. In eine Tüte gewickelt reifen die Trauben geschützt heran. Ihre Kerne sind die Samen für brandneue Reben. Diese wachsen im 1. Jahr in Töpfen, im 2. Jahr im Sämlingsfeld Im 3. Jahr werden von 40.000 Pflänzchen vielleicht 500 in ein Vorprüfungsfeld einer Rebschule gesetzt. 4 Jahre lang werden sie beobachtet: Krankheiten, Wuchs, Fruchtansatz, Geschmack der Trauben, der erste Wein.

10 Jahre vergehen, dann kommen eine, vielleicht auch zwei Sorten für einen Feldversuch in einem Weingut infrage. Gut 200 namenlose Reben erhalten damit ihre Chance. Nach 3 Jahren wird der erste Wein gekeltert und mit allen Sinnen probiert.

*3. Beim Geilweilerhof

Einst schenken die Ritter von Riet ihren Gutshof Geilweilerhof dem Kloster Eußerthal (1184). Als 1525 die Bauern revoltieren, zerstören sie diesen als 1. Anwesen. 1565, als das Kloster aufgehoben wird, wird der Gutshof zur kurpfälzischen Schaffnei.

Den Hof versteigern 1813 die Franzosen, als sie hier herrschen. Später baut Dr. August Ludowici das Anwesen zum Mustergut aus und schenkt es als Forschungsstätte der Bezirksregierung (1925).

Heute zählt alles zum Julius-Kühn-Institut, dem Bundesforschungsinstitut für Kulturpflanzen. Anliegen ist die Züchtung neuer, wohlschmeckender und dabei schädlingsresistenter Reben. Es gibt das größte Sortiment von Reben in Deutschland. Das heißt auch, dass hier jedes Jahr 500-700 verschiedene Weine gekeltert werden, oft nur wenige Liter aus den Trauben einer einzigen jungen Rebe.

Stolz ist man hier auf die rote Sorte Regent, die 1995 auf den Markt kommt und mittlerweile in ganz Deutschland reift. Von den weißen Rebsorten, die man züchtete, erlangte der Bacchus die größte Berühmtheit, dessen Kreuzung erfolgte 1933.

Geilweilerhof
öffentliche Führungen im Sommer (1. Mi des Monats, 15 Uhr). - Rebenlehrpfad (2,3 km lang); Markierung - gelbes Schild mit „Rebenlehrpfad"

*4. Rieslingdorf Frankweiler

Ein großer Findling wird bei der Neuanlage der Weinlage Kalkgrube 1996 aus dem Weinberg an den Wegrand gezogen. In dieser Weinlage auf mit Löss überdeckten Muschelkalkböden, geschützt von dem Ringelsberg (447m), liegen die besten Parzellen im mittleren Hang und sind nach Süden bis Südosten ausgerichtet. Dort reift der Riesling, nach ihm nennt sich Frankweiler heute stolz „Rieslingdorf". Doch auch der Wilhelmshof in Siebeldingen (Queichstr. 1) hat hier Riesling für seinen Sekt.

*5. Frankweiler geschichtlich

Frankweiler ist eine der ersten Siedlungen, welche die Franken in dieser Gegend gründen (5.-8. Jh.). Sie wird im 13. Jh. als Reichsdorf an die Kurpfalz verpfändet. Die Kurpfalz gibt den Ort als Lehen an die Scharfenberger, welche oben auf dem Ringelsberg in der Burg Alt-Scharfeneck hausen. 1330 fällt Frankweiler zurück an die Kurpfalz und wird bei deren Erbteilung 1410 dem Herzogtum Pfalz-Zweibrücken zugeteilt. Doch hat auch das Hochstift Speyer Besitz.

Im 30jährigen Krieg ziehen Truppen durch die Pfalz. Die Menschen essen Wurzeln und Blätter, holen sich Tiere aus dem Schindanger, ja sogar Leichen vom Kirchhof. Frankweiler ist ab 1634 zeitweise fast verlassen, doch erstaunlicherweise lebt im Ort all die Jahre ein Pfarrer und führt das Kirchenbuch. Nach dem Krieg erholt sich die Pfalz rasch. Schon 10 Jahre später notiert ein Zeitgenosse: Es schaut aus, als wäre niemals Krieg geführt worden. Aussiedler aus der Schweiz sind zugezogen. Doch 1673 beginnt schon wieder ein neuer Krieg.

Frankweiler zählt bis 1768 zu Pfalz-Zweibrücken, gelangt dann an die Kurpfalz. Ende 1793 kommen die französischen Revolutionäre. Frankweiler wird französisch, gelangt 1816 an Bayern und wächst rasch. Doch Unruhe gibt es immer wieder. So quartieren sich in den revolutionären Jahren 1848/49 Freischaren ein. Einquartierungen gibt es auch im Deutsch-Französischen Krieg 1870/71. Und in beiden Weltkriegen sind Besetzungen durch die Franzosen hinzunehmen.

2009 hat Frankweiler die niedrigsten Grundsteuer-Sätze in Rheinland-Pfalz und ist schuldenfrei.

Frankweiler
zählt einst zur Herrschaft Scharfeneck
ab 1330: zählt zur Kurpfalz
1410-1768: zählt zu Pfalz-Zweibrücken
1768-94: zählt zur Kurpfalz
1816: wird bayrisch nach französischer Zeit

*6. Traubenkurort Gleisweiler

„Bad Gleisweiler" - an der Einfahrt zu dem Kurhaus begrüßt uns das Luitpolddenkmal. Den Findling holt man 1911 mit einem Pferdewagen vom Teufelsfelsen für den bayrischen Fürsten zum 90. Geburtstag. Zur Denkmals-Enthüllung kommt Luitpolds Sohn, der spätere König Ludwig III. (1845-1921).

Gegründet wird das Bad als Sanatorium für chronisch Kranke. Es kommen Kurgäste auch aus dem Ausland. Verordnet werden Wasserkuren - lange vor Kneipp. Für die Bewegung gibt es einen Turnplatz, und ein Kuhstall schafft bei Lungentuberkulose Erleichterung.

Der Clou ist eine Weintraubenkur, sie „regt die Absonderungsorgane zu erneuter Tätigkeit an".

Als Trauben reifen damals hier an der Haardt, von der französischen Grenze bis etwa Neustadt, zumeist Gutedel und Österreicher. Beim Kurhaus jedoch reifen für die Traubenkur 50 verschiedene Sorten!

Die Kur dauert 3-6 Wochen und ist am wirksamsten, wenn die Trauben frisch sind, also im Herbst. Dann gehen die Patienten in die Weinberge und bedienen sich. Der Patient soll des Morgens nüchtern 1 Pfund Trauben essen, dabei Hülsen und Kerne nicht mit verschlucken. Ungefähr um 10 Uhr verzehrt er eine zweite, größere Portion mit etwas Weißbrot. 2 Stunden später folgt das Mittagessen - Fleischsuppe und gebratenes Ochsen-, Hammel- oder Kalbfleisch. Grüne Gemüse oder Mehlspeisen sollen vermieden werden, erlaubt sind höchstens Kartoffeln, gelbe Rüben oder Schwarzwurzeln. Nachmittags verzehren die Patienten eine 3., aus etwa 2 Pfund bestehende Portion Trauben. Als Nachtessen genießen sie dann eine Suppe oder Tee mit Weißbrot.

Im 1. Weltkrieg wird aus dem Haus ein Lazarett, im 2. Weltkrieg wird es Domizil für 500 Soldaten.

Heute dient das Bad als Privatklinik. Der Park mit „Sonnentempel" und Café ist z.T. öffentlich zugänglich.

*7. Der alte Zehnthof

Den kurpfälzischen Zehnthof in Gleisweiler lässt Kurfürst Carl Theodor (1724-99) erbauen (1753). Eingegliedert ist eine Wohnung für den katholischen Pfarrer. „Wohl schwerlich gibt es im ganzen Land ein Pfarrhaus, welches diesem an Größe und Gemächlichkeit gleichkommt", berichtet der Hofkammerrat. Mit dem Bau der Amtskellerei werden die herrschaftlichen Weine nicht mehr zu dem Amtskeller nach Germersheim gebracht.

Als Pfarrhaus gilt das obere Stockwerk. Doch legt der Pfarrer in die mittleren Räume sein Holz und Stroh. Ja, er benutzt auch den Zehntkeller, weil sein Pfarrkeller unter freiem Himmel liegt, wo Regen und Schnee durchs Dach sickern. Es kommt darüber zu einem Streit mit dem Amtskeller, der auf Kosten des Pfarrers das strittige 2. Stockwerk durch Lattenzaun, neue Schlösser und Mauer abriegeln lässt.

Wenige Jahre später, bei den Kämpfen der Französischen Revolution, wird das Zehnthaus mehrfach geplündert. Mit Aufhebung der Zehntabgaben (1797) verliert es dann seine Aufgabe. Die Pfarrerswohnung bleibt bestehen.

Heute findet sich in dem alten Zehntkeller ein Papiermuseum. Im Garten stehen Skulpturen von in Gleisweiler lebenden Künstlern.

*8. Des Teufels Residenz

In uralter Zeit zieht der Teufel durch die Lande und legt allerorten seine Fallstricke aus. Überlistet ihn jedoch einer, dann flüchtet er sich jedesmal unter fürchterlichem Gefluche auf seinen Teufelsberg (599m). Dieser überragt das Dorf Gleisweiler um rund 300m. Von seiner Teufelskanzel dort droben übersieht der Teufel das Land und plant neue Gemeinheiten.

An einem Morgen steht er dort und bemerkt, dass unten am Berg die Menschen emsig am Schaffen sind. Er kneift die Augen zusammen und erkennt entsetzt eine Kapelle, die am Entstehen ist. Nicht lange und die fertige Kapelle wird der Heiligen Anna geweiht. Der Teufel, der ihre Nähe nicht erträgt, sucht sich mit Getöse eine neue Heimstatt.

Jedoch soll er manches Mal noch auf dem Berge umhergezogen sein. Besonders die Menschen in Weyher reden davon. Stürmt bei ihnen der Wind aus dem „Teufelsloch" und fegt durch das Modenbachtal und treibt dabei das schwarze Nachtgewölk wie unheimliche Gestalten vor sich her, dann raunt man hier: Da zieht das wilde Teufels-Heer direkt vom Teufelsberg zu uns!

Bunter Vogelwanderer in Gleisweiler

Von Burrweiler nach St. Martin

St. Martin

Kurzinformation zu den Orten

Burrweiler

siehe Weinweg 7, Etappe 2 .... S. 67

Weingüter + Einkehren

Weingut Herbert Meßmer: Gaisbergstr. 5

Burrweiler Mühle: Mühle 202

... Weiteres siehe S. 148 f.

Weyher

(Verbandsgemeinde Edenkoben)

ca. 490 EW; Fremdenverkehrsort am Fuße des Blätterberges (618 m), beim Modenbachtal.

Wein & Sehenswert

Altes Rathaus (Josef-Meyer-Str. 25; erbaut 1608

Kath. Kirche (St. Peter u. Paul; Kirchgasse 9): im Kirchhof Grabmal Fam. Traitteur

Glockenbrunnen (Parkplatz Modenbachstr.)

Weyherer Weinpanorama (Mai): Weinwanderung, Stände d. Winzer, „schönstes Weinfest 2010"

Weingüter + Einkehren

Weingut Valentin Ziegler Sohn: Hübühl 9

Weingut Möwes: Hübühl 10

Gasthaus Zum Kronprinzen: Josef-Meyer-Str. 11

... Weiteres siehe S. 177 f.

Weinlagen

Großlage Ordensgut (Bereich Südliche Weinstr.)

„Weyherer Michelsberg" (80 ha); Boden: Lehm (liegt 210-320m hoch)

Rhodt unter Rietburg

siehe Weinweg 7, Etappe 2 .... S. 66

Weingüter + Einkehren

Wohlfühlhotel Alte Rebschule: Theresienstr. 200, mit Gasthaus Sesel + Restaurant

... Weiteres siehe S. 168 ff.

Edenkoben

siehe Weinweg 8, Etappe 1 .... S. 84

Weingüter + Einkehren

Weingut Schneider-Beiwinkel: Bahnhofstr. 56

... Weiteres siehe S. 149 ff.

St. Martin

siehe Weinweg 7, Etappe 1 .... S. 59

Weingüter + Einkehren

Weingut Alfons Ziegler: Jahnstr. 11

Kirchstübel: Kirchstr. 9

Herrenhof St. Martin/Consulat des Weins: Maikammerer Str. 5

Altes Schlösschen: Maikammerer Str. 7

Weingut Gernert: Maikammerer Str. 39

Wein- u. Sekthaus Aloisiushof: Mühlstr. 2

... Weiteres siehe S. 173 ff.

Glockenbrunnen in Weyher

Burrweiler - Weyher - (Rhodt)

St. Martin im Rebenmeer ...

Start: Burweiler, Rathaus (Hauptstr. 52)

Anfahrt: nach „Burrweiler Mitte“ mit Palatina-Bus 501 (Neustadt - Landau). Von der Haltestelle, Blick zum Pfälzer Wald, nach rechts der Hauptstraße folgen bis zur Kreuzung vor dem Rathaus. Hier nach rechts setzt mit der Gaisbergstraße die Wegbeschreibung ein (300m).

Ziel: St. Martin

Abfahrt: ab „St. Martin Ort“ mit Palatina-Bus 501 (Neustadt - Landau)

ÖPNV unterwegs: „Rhodt Mitte“ (Palatina-Bus 501)
Abstecher (nach 5,5 km) zum Bahnhof Edenkoben: 3,7 km

Länge: 9,2 km / 2,5 Std.

Markierung: Wanderweg Dt. Weinstraße; M auch: Pfälzer Weinsteig u.a.

Anforderung: Diese Etappe führt recht steil hinauf nach Weyher. Der Weg führt dann oberhalb der Orte Rhodt und Edenkoben (Villa Ludwigshöhe) entlang und bietet ein wunderschönes Panoramabild. Für Fahrrad und Kinderwagen ist diese Etappe nicht zu empfehlen.

Karte: siehe S. 56/57 + 125

km

Wegverlauf

Wir folgen in **Burrweiler** der **Gaisbergstraße**, vorbei an den **Weingütern Meßmer** (links/Nr. 5), **Hayna** (rechts/Nr. 8), **Wind-Rabold** (links/Nr. 9). Mit der **Raiffeisenstraße** treffen wir auf Weinweg 8 (0,2 km), wir gehen bei der **Weinstraße** nach links, gehen dann geradeaus weiter (= **Am Schlossberg**) neben dem **Weingut v. Fleischbein u. Kienle** (Nr. 1) hinab. Am Ende nach links gehen, die Straße biegt schnell nach rechts neben Reben (Weinlehrpfad; Weinlage Burrweiler Schlossgarten). Linker Hand erheben sich Schlossberg und Gaisberg.

km

Wir queren eine Straße mit Rastplatz (0,8 km), geradeaus weiter geht es hinab und zur **Burrweiler Mühle** am Modenbach
1,2 (1,2 km) in der Weinlage Altenforst.
Hinter der Mühle folgen wir dem Uferweg nach links (1,3 km; Schild: Aussichtsterrasse, Keschdeweg) und gehen nach 60m nach rechts steil hinauf auf dem Schotterweg.
Am Ende (1,4 km), an einer kleinen Straße, wenden wir uns nach rechts. Der Weg wird zu

km

einem Wiesenweg, endet wiederum an einem Asphaltweg. Auf diesem gehen wir nur 10m nach rechts, dann nach links hinauf (M: Mandelpfad, Keschdeweg ...). Am Wegende (1,7 km) wenden wir uns nach rechts hinauf. Oben bieten Bänke am Weg eine herrliche Aussicht. Wir kommen hier in die Großlage Ordensgut (Weinlage Weyherer Michelsberg). Der Weg endet in **Weyher** (*1) an Moden-
2,3 bachstraße/Josef-Meyer-Straße (2,3 km).

Abstecher - Weingut + Brunnen

Der **Modenbachstraße** nach links folgen, vorbei am **Weingut Ludwig Seiler** (*2) (links/Nr. 3) zum Ortsrand. Hier liegt ein Parkplatz (300m) mit Glockenbrunnen (*3) und Rastplatz mit Gedenktafel für den 1. Heißluftballonflug der Pfalz .

Auf der **Josef-Meyer-Straße** nach rechts geht es in den Ort. Wir kommen zur **Winzerstube**
2,4 (rechts/Kirchgasse 19; 2,4 km) und Haltestelle „Weyher Ortsverwaltung".

Alternativer Rundweg (430m länger)

Nach rechts über die **Kirchgasse** vorbei an der Kirche gehen. Man folgt dann der **Froelichstraße** (160m) nach links, vorbei am **Weingut Lutz** (rechts/Nr. 1) zu einer Kreuzung (300m). Geradeaus der **Rhodter Straße** folgen, bei 1. Gelegenheit (400m) geht es nach links in die Straße **Hübühl** zu **Weingut Möwes** (Nr. 10; 510m). Nach links hinauf, vorbei am **Weingut Valentin Ziegler Sohn** (rechts/Nr. 9; 550m), endet der Rundweg an der Straße Oberdorf (750m).

Nach rechts weiter ... siehe unten

Wir bleiben auf der **Josef-Meyer-Straße**. Hinter dem alten Rathaus (rechts/Nr. 25) folgt bald das **Gasthaus zum Kronprinzen** (rechts/

km

2,5 Nr. 11; 2,5 km).

Abstecher - Weingut O. Graf (100m)

Hinter der Kirche auf der **Borngasse** nach links hinauf, nach 60m nach links zum Weingut (Nr. 7+9) gehen.

An der Josef-Meyer-Straße geht es vorbei am **Weingut Kaufmann-Ziegler** (links/Nr. 4), dahinter endet die Straße beim **Gasthaus zum Löwen** (rechts/Nr. 1; 2,6 km).

Wir gehen nach links hinauf (= **Oberdorf**; *Bei 2,7 km kehrt der alternative Rundweg zu uns zurück.*)

Wir gehen dann nach rechts in die Straße **Spring** (2,9 km; M: Mandelpfad; Keschdeweg). Am Ende (3 km) stehen da Bildstock mit Bank und Fernsicht.

Wir wenden wir uns nach links (= **Rietburgstr.**). Bei nächster Gelegenheit - am Ortsrand - geht es nach rechts hinab („Fußweg Weyher-Rhodt"). Bald geht es geradeaus über eine Kreuzung, der Weg ist unbefestigt. Bei nächster Gelegenheit gehen wir nach links (3,2 km), die Villa Ludwigshöhe im Blick. Wir gehen am Wegende nach rechts und bei nächster Gelegenheit nach links hinab auf einem Wiesenweg. Es geht auch wieder hinauf, der Weg endet an der **Theresienstraße** von
3,7 **Rhodt** (3,7 km).

(Nach rechts wird nach 600m Rhodt erreicht und dort über die Theresienstraße die Haltestelle „Rhodt Mitte".)

An der Straße gehen wir ein kurzes Stück nach links und gehen bei nächster Gelegenheit
3,9 (3,9 km) nach rechts.

Abstecher - Wohlfühlhotel Alte Rebschule (180m)

Geradeaus der **Theresienstraße** folgen zur Alten Rebschule (*4).

Burrweiler - Weyher - (Rhodt)

km

Wir gehen auf die „Villa" zu und kommen in die Großlage Schloss Ludwigshöhe (Weinlage Edenkobener Bergel). Hinter einer Kreuzung mit Bank, Apfel- und Kirschbaum (4 km) führt der Weg hinauf zum Wald.
Oben (geradeaus ist die Talstation der **Rietburgbahn** (*5) zu sehen) wenden wir uns nach rechts und gehen zu **Edenkobens Schloss**
4,3 **Villa Ludwigshöhe** (*6) (4,3 km). Steht man dort vor der Loggia und blickt hinab in die Ebene, geht Vielen das Herz auf: „Wie schön ist unsere Pfalz!". Da liegen, hingetupfelt wie Spielzeug, die Dörfer in einem Rebenmeer.
Wir folgen der Zufahrtstraße (= **Villastr.**) nach links hinab. Hinter der **Sportschule** gibt es einen Fußweg nach rechts (4,6 km; M: Weinsteig). Wir kreuzen bald wieder die Straße (4,7 km), wandern jedoch durch den Wald hinab und kommen wiederum zu der Villastraße (5 km).
Wir gehen nun an der **Villastraße** nach rechts, vorbei an der **Luitpold-Ruhe** mit Rastplatz. Gleich steht links eine Kelter (*7)(5,3 km; M: Weinsteig u.a.). Hier wenden wir uns nach links und gehen bei nächster Gelegenheit nach rechts hinab. Unten vor dem Triefenbach im
5,5 Tal (5,5 km) ...

Abstecher - Bhf. Edenkoben (3,7 km)

Nach rechts (M: Weinlehrpfad) geht es, an der 2. Kreuzung liegt links das **Hotel Prinzregent** (Unter dem Kloster 1). Geradeaus geht es weiter. Unsere Straße endet (1,4 km), hier nach links (= **Fritz-Clauer-Weg**) zu Watzengasse / Landauer Weg (1,5 km) gehen. Nach rechts auf dem **Landauer Weg**, dann nach links (= **Post-str.**) weitergehen. Vorbei an der **Tourist-information** (links/Nr. 23) zur Kreuzung (Haltestelle „Radeburger Straße"; 2,1 km).

km

Geradeaus der **Poststraße** folgen, sie endet an der **Weinstraße** (2,2 km). Dieser nach links folgen, dann nach rechts - hier liegt der **Schafplatz**. Hinter ihm (2,3 km) nach rechts auf der **Tanzstraße** zur Bahnhofstraße (2,5 km).
*(Abstecher: Geradeaus auf der **Edesheimer Straße zum Weingut Ökonomierat Froelich** (Nr. 42; 310m).)*
Nach links auf der **Bahnhofstraße**, vorbei am **Weingut Schneider-Beiwinkel** (rechts/Nr. 56; 2,7 km), zur Schanzstraße (3,2 km).
*(Abstecher: 100m nach rechts zum **Weingut Graeber** (links/Nr. 21).)*
Geradeaus weitergehen zum **Bahnhof Edenkoben.**

5,7 ... gehen wir geradeaus hinauf bis an die **Klosterstraße** (5,7 km).

Abstecher - Künstlerhaus (790m)

Nach rechts an der **Klosterstraße**, vorbei an Skulpturen, zum Künstlerhaus Edenkoben *(weiter mit Weinweg 8 gehen, S. 87).*

Auf der anderen Straßenseite führt eine kleine Treppe hinauf (M: Großer Guggemol-Weg; Weinsteig), linker Hand ragt die „Himmelstreppe" von Karlheinz Zwick bei einem Rastplatz empor.
Wir gehen geradeaus weiter zwischen Reben hinauf, neben einer Weinberg-Steillage.
Am Waldrand treffen wir auf eine Straße (K30; 6 km) mit Rastplatz, Hütte, Fernsicht.
(Nach links führt eine Treppe hoch zum Friedensdenkmal (20 Min.).)
Wir folgen der Straße geradeaus. Oben (6,1 km) laufen wir weiter auf der alten K30 („Kropsburg 2 km").
Nach einiger Zeit biegt unsere Straße nach

km

links, führt in Kurven in den Wald hinauf. Wir gehen vorbei an „Eichenes Büschel“ (Rastplatz mit Eiche), hier biegt die Straße nach links. Wir kommen zur **Kropsburg** (*8) mit **Burgschänke** (7,9 km).

Unser Wanderweg knickt vor der Burgauffahrt nach rechts hinab (= **Schlossweg**). Bei einem Rastplatz mit Kelter erreichen wir eine Straße

8,4 und blicken hinab auf **St. Martin** (8,4 km). Wir gehen geradeaus hinab auf Kopfsteinpflaster (= **Kreuzweg**) und erreichen die Kreuzung mit Einlaub- und Emserstraße (8,6 km). Unser markierter Weg führt nach rechts (= **Emserstr.**), vorbei am **Weingut Joachim**

8,7 **Raabe** (links/Nr. 4) zur Tanzstraße (8,7 km). Gegenüber liegt das **Boulevard** (Nr. 24) und rechts die Kellereistraße mit **Tourist-Info** (Nr. 1).

Abstecher - Aloisiushof (20m)

Der **Tanzstraße** nach links folgen zum feinen Aloisiushof (rechts/Mühlstr. 2).

Wir gehen an der **Tanzstraße** nach rechts. Hinter dem **Weinverkauf Gebr. Schreieck** (Weingut = Lärchengasse 13+15) knickt die Tanzstraße nach rechts.

An dieser Ecke verlässt Weinweg 9 die Markierung des Wanderwegs Deutsche Weinstraße und führt zur Haltestelle „St. Martin, Ort“.

Abstecher - Wanderweg Deutsche Weinstraße

Auf dem Wanderweg Deutsche Weinstraße hinaus aus St. Martin wandern: Geradeaus der **Kirchstraße** folgen, vorbei am **Alten Gutshof** des Weinguts Raabe (links/Nr. 1; 20m). Hinter der Kirche (*9) liegt das **Kirchstübel** (links/Nr. 9). Am Ende nach rechts gehen und der **Bergstraße**, vorbei am Heimatmuseum (links/Nr. 35), zur

km

Totenkopfstraße folgen (240m). An der **Totenkopfstraße** geht es ein Stück nach rechts, doch bei nächster Gelegenheit nach links in die Jahnstraße (280m).

*(Abstecher: Wer der **Totenkopfstraße** weiter folgt, findet rechts die **Weingüter Seeber-Vinofactur** (Nr. 44; 190m), dann **Adriane Moll** (Nr. 48; 220m) und links **Gilda Moll** (Nr. 45; 250m).)*

Mit der **Jahnstraße** geht es vorbei an den **Weingütern Alfons Ziegler** (links/Nr. 11) und **Stephanshof** (rechts/Nr. 42; 530m), und bald aus dem Ort hinaus in die Weinberge (750m) mit EXPO-Rundweg. Schnell wird ein schöner Rastplatz mit Kelter (*10) und Blick auf das Hambacher Schloss (940m) erreicht.

Wir folgen der **Tanzstraße** nach rechts. Hinter der **Weinstube Altes Rathaus** (rechts/Nr. 9) führt geradeaus die **Maikammerer Straße**. Wir gehen vorbei an **St. Martiner Castell** (rechts/Nr. 2), **Consulat des Weins** im Schloss der Hund von Saulheim (links/Nr. 5), **Altes Schlösschen** (links/Nr. 7), **Weingut Rössler-Schneider** (rechts/Nr. 12), **Weingut Gernert** (mit Garten; Nr. 39). Dahinter liegt die Haltestelle „St. Martin, Ort“ (9,2 km).

9,2

Schöner Winkel in St. Martin

Geschichte(n)

*1. Weyher geschichtlich

Weyher zählt früh schon zum Hochstift Speyer, doch verpfänden die Fürstbischöfe den Ort im 14. Jh., sie brauchen Geld. Daher leben hier mehrere Jahrhunderte lang die Herren von Wilere.

Besonders in den Kriegen im 17. Jh. wird Weyher schwer verwüstet.

Die Herrschaft des Hochstifts endet, als Weyher 1794 von den revolutionären Franzosen besetzt wird.

Weyher
früh im Besitz des Hochstifts Speyer
1794: wird französisch
1977: 1.200-Jahr-Feier

*2. Weinbau in Weyher

Wo heute in Weyher das Weingut Seiler (Modenbachstr. 3) steht, finden sich im Garten und in den angrenzenden Weinbergen immer wieder römische Münzen, auch Keramik. So gab es hier vermutlich einen römischen Gutshof.

1833 bereist der Wieslocher Weinbaupionier Johann Philipp Bronner (1792-1864) die Pfalz. Zu Weyher notiert er: „Hinter Weyher erheben sich 2 kleine noch niedere Vorberge, Forst und Schewerberg (Schieferberg) genannt. Hier werden außer Gutedel auch Rieslinge gepflanzt, wodurch herrlicher Wein gewonnen werden könnte - allein bei dem Kammertbau ist von ihm nicht viel Gutes zu erwarten; in den undurchdringlichen Schattengängen bleibt er zu lange grün.“ Dennoch sieht man in Weyher noch viele Jahre in den Weinbergen den Kammertbau. Erst ab 1900 werden hier die Reben in Reihen gepflanzt.

*3. Die Glocken im Weinberg

Die französischen Revolutionäre plündern Weyher 1794. Auch die Glocken holen sie vom Turm, und wollen sie am Folgetag fortbringen. In der Nacht jedoch schaffen acht junge Burschen aus Weyher die Glocken zu einem frisch gerodeten Weinberg. Dort vergraben sie sie sehr tief. Folterungen und Verhöre muss der Bürgermeister erleiden, doch die Glocken bleiben verschwunden.

1804 ist die Gefahr vorüber. Da graben die Burschen die Glocken wieder aus und hängen sie unter Jubel an ihren Platz. So läutet heute im Kirchturm von Weyher das älteste zusammenhängende Kirchenglockengeläut der Pfalz. Und der Glockenbrunnen zeigt, wo einst die Glocken vergraben lagen.

*4. Die alte Rebschule in Rhodt

Die Reblaus aus Amerika beginnt 1865 ihr Zerstörungswerk in Frankreich. Schon wird sie in Deutschland gesichtet. In Rhodt setzt man ihretwegen in den 1920er Jahren eigens einen Reblauskommissar ein!

Derweil sucht alle Welt nach Gegenmaßnahmen. Endlich findet sich eine Lösung: die Edelreiser europäischer Reben werden auf reblausresistente Wurzelstangen aus Amerika gepfropft. Diese Pfropfreben werden in Rebveredelungsanstalten fabriziert - „Rebschulen“ sagen die Pfälzer. Es schwindet die Nahrung für die Reblaus. In Deutschland gilt sie seit Ende der 1970er Jahre als ausgerottet.

So gibt es heute in der Südpfalz nur noch eine einzige staatliche Rebschule, den Geilweilerhof in Siebeldingen. In Rhodt gibt es, wo 1927-69 die größte staatliche Rebveredlungsanstalt Deutschlands steht, heute das Wohlfühlhotel Alte Rebschule.

In Weyher unterwegs

*5. Raubritter Hermann

Zur Ruine der Rietburg gondelt heutzutage bequem eine Sesselbahn hinauf. Als die Burg um 1200 von den Rittern von Riet erbaut wird, sieht das ganz anders aus.

Im Jahre 1255 weilt König Wilhelm von Holland (†1256) auf dem Trifels bei Annweiler. Weihnachten ist nahe. Gemahlin Elisabeth (†1266), die in Worms weilt, will zum Fest bei ihrem Gatten sein. Mit ihrem Gefolge reist sie durch die winterweiße Landschaft. Unterwegs jedoch lauert Raubritter Hermann von Riet den Reisenden auf. Er schnappt sich die Königin, schleppt sie auf seine Burg, entreißt ihr allen Schmuck und lässt sie ins dunkle Verlies sperren.

Mit hohen Lösegeldforderungen schickt Ritter Hermann seine Boten zum nahen Trifels und nach Worms. Die Wormser jedoch rücken kein Geld heraus. Sie rücken stattdessen mit Verbündeten vor die Rietburg. Ihr Angriff ist heftig, schnell ist Königin Elisabeth befreit. Ritter Hermann jedoch sieht niemals wieder die Sonne aufgehen.

So erzählt es die Sage. Heute weiß man jedoch, dass Ritter Hermann kein Raubritter war. Er lebte, als es Könige und Gegenkönige gab. Er entführte Elisabeth im Auftrag der Gegenpartei.

*6. Die „Villa“ auf der Ludwigshöhe

König Ludwig I. von Bayern träumt von einer „Villa italienischer Art, nur für die schöne Jahreszeit bestimmt“. Und er begibt sich ans Werk, seinen Traum zu erfüllen.

Kaum ist der Bau begonnen, bringt die Revolution 1848 die Bauarbeiten zum Stillstand. Zudem muss König Ludwig abdanken - er lässt dennoch sein „Schloss“ fertigstellen. Es hat 62 Räume und einen tiefer gelegenen Prinzenbau für das Personal. Ludwig bezieht die Villa erstmals 1852, er kommt mit Gattin Therese und Tochter Mathilde. Sie blicken gern von der Loggia ins Land, und Ludwig befindet: Ein Park muss nicht sein, „um mich herum ist Park genug“. Fortan kommt er etwa alle 2 Jahre, mit seinem Mobiliar im Gepäck. Die übrige Zeit steht das Haus leer!

Villa Ludwigshöhe

1846-52: Bau für Ludwig I. von Bayern (1786 -1868)
nach 1868: König Ludwig II. (1845-86) kommt nie
ab 1886: König Luitpold (1821-1912) kommt wieder
1917: Kaiser Wilhelm II. (1859-1941) besucht König Ludwig III. (1845-1921)
1975: Rheinland-Pfalz kauft sie
heute: Bilder von Max Slevogt

Schloss Villa Ludwigshöhe bei Edenkoben

Geschichte(n)

*7. Wenn die Trauben zu süßen beginnen...

Rückt in den Jahren bis etwa zum 1. Weltkrieg die Lese näher, erklingen in den Weinorten aus vielen Kellern dröhnende Hammerschläge. Dort richten Küfer und Winzer das „Herbschtgscherr“ und die Fässer her. Wird ein wahrhaft guter Herbst erwartet, wissen sich die Küfer vor Aufträgen kaum zu retten. Derweil hüten in den Weinbergen unbescholtene Männer als „Hämelschützen“ (Geheimschützen) die Trauben in der Nacht. Erspähen sie einen Traubendieb, geben sie flugs ein Pfeifensignal.

Erste Trauben sind reif, am Tag der Lese läutet die Ortsschelle knapp vor Tagesanbruch hinaus. Die Trauben werden in Holzkübeln gesammelt, dann in Holzhotten mit dem Mostkolben gequetscht. Den Most schütten die Winzer in die Wanne auf dem Schubkarren. 3 Hotten passen hinein, 120 l Most. Die volle Wanne - 3 Zentner Last - muss man auf oft morastigen Feldwegen zum Weingut befördern.

Weinbau in Edenkoben
1869: Gründung des Winzervereins (einer der ersten der Pfalz)
1925: Gründung der Winzergenossenschaft

*8. Die Kropsburg bei St. Martin

Die Bischöfe von Speyer lassen die Kropsburg erbauen, bis 1345 hausen darin die Ritter von Kropsburg. Der letzte vererbt die Burg seinem Schwiegervater Johannes von Dalberg. Bis 1439 wird noch eine Burghälfte von wechselnden Eigentümern bewohnt.

Die Dalberger herrschen nun in St. Martin. Sie sind Barone, also Freiherren. Die St. Martiner Weinlage heißt heute „Baron“.

Im Pfälzischen Erbfolgekrieg wird die Burg unbewohnbar (1689). Nach dem Krieg bauen sich einige eine schlichte Behausung an die Burgmauer. 1771 lässt sich ein Dalberger auf der Unterburg ein herrschaftliches Wohnhaus errichten, das heutige Wirtschaftsgebäude. Diese Burg erwirbt 1803 ein Edenkobener Bürger und veräußert die Steine.

Heute verlockt bei der Kropsburg die Burgschänke zu einer Rast im idyllischen Biergarten.

Kropsburg
um 1200: Bau der Burg
1302: von der Burg aus wird die Umgebung verwüstet
1345: die Dalberger erben die halbe Burg
1689: Burg wird unbewohnbar
1771: Bau - Wohnhaus + Ummauerung d. Kropsbergs

Kropsburg bei St. Martin

*9. Bei der Kirche

Vor der Kirche in St. Martin steht der Heilige Martinus und überblickt den Ort.

Im Pfälzischen Erbfolgekrieg ziehen französische Truppen durch die Pfalz. Sie nähern sich 1689 St. Martin. Schon brennt die Kropsburg, schon stürmen die Franzosen heran, mit Geschrei dringen sie in die Kirche. Die Menschen warten bang. Mit einem Mal stürzen die Franzosen „Bourbonen! Bourbonen!“ schreiend aus der Kirche und fort aus dem Ort.

Endlich wagen sich welche aus ihren Verstecken. „Was hat bloß die Franzosen da erschreckt?“

Sie schauen in die Kirche und rätseln: Haben die Söldner das Dalberg'sche Wappen (6 Lilien auf blauem Schild) mit dem Wappen der in Frankreich regierenden Bourbonen (3 goldene Lilien auf blauem Schild) verwechselt? Dann müssen sie geglaubt haben, die Kirche sei im Besitz ihres Königs.

St. Martin - Heiliger Martinus bei der Kirche

*10. Aus alten Hausbüchern

In ihren Hausbüchern notieren die Winzer in alter Zeit Weinpreise, Witterung und Weiteres. So steht bei Landwirt Johannes Christmann aus St. Martin 1767: „Bei unserer Heirat im Februar besaß meine Frau noch Wein von 1766. Im Herbst machte sie 82 Hotten voll Most. Diesen Wein verkauften wir an Michaeli“ (29.9.). Und er notiert weiter:

1787 zerfetzen Schloßen „auf Jakobus-Tag“ alles.

1788: „Es gab sehr viel Wein und er ist auch gut geworden.“ Doch „gleich nach Martini haben wir eine so strenge Kälte bekommen, dass beinahe alles erfroren ist. Sogar die Reiberchen im Keller sind bis auf eins zugefroren.“

Gute und schlechte Weinjahre wechseln einander ab. Auch kriegerische Zeiten gilt es zu ertragen, in den Jahren 1792-95 geht es hoch her.

Man macht 1795 im Herbst ziemlich Wein. Doch freut das kaum jemanden, denn alle glauben, die Franzosen würden alles holen. Das aber geschieht nicht.

Nach 1795 finden sich in dem Hausbuch keinerlei Notizen, „weil man nichts als Elend zu schreiben gehabt“ hätte. 1804 dann ist notiert: „Vollkommener Herbst; soviel Viertel, soviel Wein.“

1805: „ist der schlechteste Wein gewachsen, welcher mir gedenkt, er ist essigsauer.“

1824 stirbt Bauer Christmann.

Sach-Index

Bannwein: eine Naturalsteuer in alter Zeit
Barrique: Holzfass, Volumen 225 Liter, zwei bis drei Mal gefüllt. - Weintrinker denken bei „Barrique" an einen bestimmten Geschmack (rauchig, nach Vanille oder Holz). - „Barrique" steht auch für einen gehaltvollen, gerbstoffbetonten Weintyp. - Pfälzer Barrique-Forum (www.barrique-forum.de).
Biokreis (www.biokreis.de): gründet sich 1979 als Interessengemeinschaft von ökologischen Erzeugern und ernährungsbewussten Verbrauchern
Bioland (www.bioland.de): siehe ECOVIN.
Brandschatzung: in Kriegen alter Zeit hatten Orte die Wahl: Geld geben oder alles abbrennen lassen
Bukett: ausgeprägter Geruch eines Weines
Dekapolis: Elsässischer Zehnstädtebund (gegr. 1354)
Dubbeglas: runde Einbuchtungen verleihen dem Glas Griffigkeit, etwa bei zeitgleichem Verzehr von fettiger Wurst; typisch pfälzisch
Ecovin (www.ecovin.de): Bio-Verband für Winzer und Produkte aus Trauben (Wein, Traubensaft, Hefe- u. Tresterbrand). Will ein Winzer z.B. auch Obst zu Destillaten brennen, kann er sich Bioland oder Biokreis anschließen
entrappen: die Trauben von Blättern und Stielen befreien
Hektar: Feldmaß; heute gilt:
1 Hektar = 4 Morgen = 100 ar = 10.000 m^2
Herrschaft Landeck: um 1200 Appenhofen, Bornheim, Gleishorbach, Gleiszellen, Göcklingen, Heuchelheim, Insheim, Klingenmünster, Lingenfeld, Mörzheim, Oberhochstadt, Offenbach, Schwegenheim, Wollmesheim
Hotten: 60-80 Liter-Gefäße (auch Logel),darin tragen Hottenträger bei der Weinlese das Lesegut auf dem Rücken zum Wagen. Früher gefertigt aus Holz oder Weidengeflecht, später aus Blech oder Aluminium. Heute nimmt man sie, gefertigt aus Glasfaserkunststoff, in Steillagen
Jakobiner: im Zuge der Französischen Revolution werden 1789 in Frankreich politische Klubs gegründet. Die Gesellschaft der Verfassungsfreunde trifft sich im Dominikanerkloster Saint-Jacques in Paris, aus Saint-Jacques wird Jakobiner
Kestenburg: heute „Hambacher Schloss", liegt auf dem Berg bei Neustadt-Hambach
Kneipp: Wasseranwendungen, Bewegungs- und Ernährungsempfehlungen nach Sebastian Kneipp (1821-97)
Koalitionskriege (1792-1815): auch Napoleonische Kriege - zwischen Frankreich und den europäischen Machtrivalen
Konvikt: Wohnheim für Theologiestudenten
KUW (www.kuw-online.de): Beratungsring Kontrolliert Umweltschonender Weinbau Pfalz (gegr. 1991; „Umweltschonend erzeugt - Rheinland-Pfalz kontrolliert"); rd. 130 Winzer sind angeschlossen
Mairie: Bürgermeisterei (in Frankreich)
Maße: waren in alter Zeit je nach Region definiert; das Maß für Most (gequetschte Trauben) hieß Hotte / Logel (40 u. 50 Liter). - Wein wurde bemessen nach Ohm, Fuder u. Stück. 1 Fuder = 10, das Stück = 12 Ohm, 1 Ohm = 100 Liter. 30 Hotten Most sollten 1 Fuder Wein geben
Öchsle: Maßeinheit für das Mostgewicht und ein wichtiges Qualitätskriterium von Wein; gemessen wird der Anteil der gelösten Stoffe (mehrheitlich des Zuckers) im Traubenmost
Pariser Frieden: im 1. Pariser Frieden (1814; nach Napoleons Verbannung) regelt man, dass alles Land südlich der Queich bei Frankreich bleibt; unklar ist der Grenzverlauf am Haardtrand, noch Mitte März 1815 sind Arzheim, Ranschbach und Eschbach französisch besetzt, während in Ilbesheim bayrische Truppen sind. - Napoleon kehrt von Elba zurück, ist nochmals für 100 Tage frz. Kaiser. Danach wird im 2. Pariser Frieden (1815) die Lauter zum Grenzfluss. Da sie mitten durch Weißenburg fließt, legt man einen Kreis von 800 Toises (1 Toise = 1,949 m) um die Stadt
Peronospora: „Blattfallkrankheit" / „Falscher Mehltau"; gefürchtete Pflanzenkrankheit (bekannt seit etwa 1850)
Pfalz-Geschichte – Überblick: Die Römer erobern die heutige Pfalz im Jahre 58 v. Chr. und leben danach fast 400 Jahre lang hier. Doch um das Jahr 450 kommen die Alemannen, sie werden jedoch schnell von den Franken verdrängt (496).
1024 wird der Salier Konrad II. Kaiser des Heiligen Römischen Reichs, damit wird die Pfalz zum Zentrum der Reichsgewalt. Die Salier herrschen bis 1125.
1329 teilen sich die Wittelsbacher in eine bayerische und eine pfälzische Linie. Die pfälzischen Wittelsbacher werden 1355 Kurfürsten der Pfalz (Residenz in Heidelberg). 1410, nach dem Tod von Kurfürst Ruprecht III., wird sein Territorium unter den 4 Söhnen geteilt: Kurpfalz (Ludwig III.), Pfalz-Neumarkt (Johann), Pfalz-Simmern-

Zweibrücken (Stefan), Pfalz-Mosbach (Otto I.).
Nach dem 30jährigen Krieg (1618-48) werden die wichtigsten Teile des Elsass Frankreich zugesprochen.
Im Pfälzer Erbfolgekrieg (1688-97) beansprucht Frankreichs König Ludwig XIV. die Pfalz für Frankreich. 1797 wird die Pfalz offiziell französisch. Doch nach einem Übergang wird die Pfalz 1816 ins Königreich Bayern eingegliedert.
1870/71 ist die Pfalz Aufmarschgebiet im Deutsch-Französischem Krieg. Danach zählt das Elsass zum Deutschen Reich, es wird nach dem 1. Weltkrieg wieder französisch (1919). Damals ist die „Rheinpfalz" wieder von französischen Truppen besetzt (bis 1930). Das Elsass wird 1939-45 (2. Weltkrieg) wieder von deutschen Truppen besetzt, es fällt 1945 zurück an Frankreich. Die Pfalz wird 1947 ein Teil des neuen Bundeslandes Rheinland-Pfalz

Pfropfreben: ein Edelreis wird mittels spezieller Schnittformen auf die Unterlagsrebe aufgepfropft, um eine Verbindung von zwei verschiedenen Rebsorten zu schaffen

Piff: 1/8-Liter-Glas in der Pfalz

PIWI: Reben, die widerstandsfähig sind gegen Pilze. Die bekannteste PIWI-Sorte ist der Regent

Reblaus: Weinbauschädling, 1854 in Nordamerika entdeckt

Reiberchen: hölzerne Zapfhähne an Fässern

Reichstag: Versammlung der Fürsten als Gegengewicht gegenüber der kaiserlichen Zentralgewalt. In Speyer tagte man bis 1570 immer wieder, ab 1663 tagte man nur noch in Regensburg

Salischer Kirchenraub: 985 (fälschlich wird auch 991 genannt) eignet sich Herzog Otto I. 68 Orte aus dem Weißenburger Besitz an. In der Südpfalz sind dies Albersweiler, Altdorf, Leinsweiler, St. Johann u.a.

Schaffnei: (Vermögens-)Verwaltung

Schloßen: Hagelkörner

Schnawwelrute: horizontal wachsender Seitentrieb des Rebstocks; wurde früher abgeschnitten, dient heute als „Sonnenkollektor

Separatismus: abwertende Bezeichnung für politische Bestrebungen, ein bestimmtes Gebiet aus seinem bisherigen Staatsverband herauszulösen, um es staatlich zu verselbständigen oder einem anderen Staat anzuschließen.

Sesel: Rebmesser; besteht aus einer sichelförmig gebogenen Schneide und einem festen Griff

Souveränitätslande: Gebiete, in denen Frankreich im 17. Jh. die Oberhoheit (Souveränität) erringen wollte. Der Bischof von Speyer erkannte 1756 die französische Oberhoheit südlich der Queich formal an, formell zählte das Land schon seit 1689 dazu. Der Bischof blieb Grundherr, er bezog auch Einkünfte, doch hatte er die Rechte als Landesherr verloren

Terroir: Zusammenspiel von Klima, Boden und Anbaukultur einer bestimmten Region – mit Auswirkung auf den Wein

Trester: Reste der ausgepressten Trauben

Trollschoppen: ein Schoppen, den die Pfälzer nach altem Brauch reihum durch die Runde „trollen" lassen („Pfälzische Friedenspfeife"); oder das letzte Glas Wein, bevor einer sich nach Hause „trollt"

VDP (www.vdp.de): Verein der Prädikatsweingüter (gegr. 1910), für Deutschlands Spitzenweingüter. Die Mitglieder halten sich an verbindliche Qualitätsstandards, sind der naturnahen Bewirtschaftung verpflichtet

Weinlage: das Deutsche Weingesetz definierte 1971 alle Weinlagen neu; seitdem muss jede Einzellage in der Weinbergsrolle eingetragen sein und soll mindestens 5 ha groß sein (mit Sondergenehmigung auch kleiner). Auf dem Etikett steht die Weinlage in Verbindung mit dem Ort („Venninger Doktor")

Weinsticher: nahmen in alter Zeit für am Weinkauf-Interessierte Proben mit einem Stechheber aus dem Fass

Winzergenossenschaft: im 19. Jh. schlossen sich Winzer aus wirtschaftlicher Not zu einer Genossenschaft zusammen und vermarkteten ihren Wein gemeinsam. Ab etwa 1960 vereinten sich diese Genossenschaften zu größeren Gebietswinzergenossenschaften. Größte Winzergenossenschaft in Rheinland-Pfalz ist die Moselland eG. Zu ihr zählt aus der Südpfalz, seit der Ernte 2004 auch die Gebietswinzergenossenschaft Rietburg (Pfalz), die jedoch für die Traubenerzeugung ihrer Mitglieder verantwortlich bleibt, Moselland übernimmt nur Weinausbau und Vermarktung

Zehnte: in alter Zeit eine Abgabe an die Ortsherrschaft (oft mehr als 10%); wird in der Pfalz 1797 aufgehoben

Weingüter, auch Einkehrgelegenheiten

Birkweiler, Weingut Dr. Wehrheim

Roschbach, Weingut Karlheinz Roth

links: Bornheim - Gasthaus Lehrer Lämpel

rechts: Edenkoben - Winzergenossenschaft

Edesheim - oben: Weingut A. Diehl

rechts: Vinothek Oberhofer

Gemeinden

Annweiler am Trifels

(Gräfenhausen, Queichhambach) + Verbandsgemeinde Annweiler am Trifels (Albersweiler)

Büro f. Tourismus: Messplatz 1, 76855 Annweiler; Tel. 06346-2200 / www.trifelsland.de, info@trifelsland.de

Verbandsgemeinde Edenkoben

(Altdorf, Böbingen, Burrweiler, Edenkoben, Edesheim, Flemlingen, Freimersheim, Gleisweiler, Großfischlingen, Hainfeld, Rhodt, Roschbach, Venningen, Weyher)

Tourismusverein Südl. Weinstr. Edenkoben: Poststr. 23, 67480 Edenkoben; Tel. 06323-959222 www.edenkoben.de + www.urlaubsregion-edenkoben.de, touristinfo@vg-edenkoben.de

Landau

(Dammheim, Godramstein, Landau, Nußdorf)

Büro f. Tourismus: Marktstr. 50, 76829 Landau; Tel. 06341-13-8301 u.a. / www.landau-tourismus.de, touristinfo@landau.de

Verbandsgemeinde Landau-Land

(Birkweiler, Böchingen, Frankweiler, Knöringen, Siebeldingen, Walsheim)

An 44 Nr. 31; Tel. 06341-1430 / www.landau-land.de, info@landau-land.de

Verbandsgemeinde Maikammer

(Kirrweiler, Maikammer-Alsterweiler, St. Martin)

Büro f. Tourismus: Johannes-Damm-Str. 11; Tel. 06321-952768 / www.maikammer.de, poststelle@maikammer.de

Verbandsgemeinde Offenbach a d. Queich

(Bornheim, Hochstadt/Pfalz)

Büro f. Tourismus: Konrad-Lerch-Ring 6, 76877 Offenbach/ Queich; Tel. 06348-986180 / www.offenbach-queich.de

Südliche Weinstrasse e.V.

(wirbt für Wein d. Region): An der Kreuzmühle 2, 76829 Landau; Tel. 06341-940-409 / www.suedlicheweinstrasse.de, info@suedlicheweinstrasse.de

Orte A-Z & Weingüter

Die große Zahl der Weingüter erforderte eine Auswahl. Nach gründlicher Recherche und Besichtigung wurden Weingüter + Einkehrgelegenheiten einer Vorauswahl sämtlich kontaktiert und danach eine endgültige Auswahl getroffen. So stehen in diesem Buch neben den Weingütern und Einkehrgelegenheiten, die überall erwähnt werden, auch andere, die ebenfalls einen Besuch lohnen. Welch eine Freude, ein neues Lieblingsweingut zu entdecken! Wichtig war uns, dass niemand für den Eintrag etwas zahlen musste - wir wollten unabhängig bleiben bei unserer Auswahl!

Um sich bei der immer noch großen Zahl der Weingüter zurechtfinden zu können, sind sie innerhalb der Orte nach Straßen sortiert.

Wichtige Hinweise: Wer ein Weingut besuchen will, kann sein Glück probieren. Besser ist es, vorher anzurufen - es können dann Termine (auch individuell) vereinbart werden. Vinotheken haben feste Öffnungszeiten. Für Weinproben ist immer eine Anmeldung ratsam.

Die Rebenvielfalt in jedem Weingut ist groß, so werden nur Spezialitäten genannt.

Alle Angaben wurden sorgfältig recherchiert, doch Änderungen gibt es immer, daher übernehmen wir keine Gewähr.

Albersweiler (Verbandsgem. Annweiler am Trifels)

Verein f. Tourismus u. Wein: Weinstr. 12; Tel. 06345-2953 / www.albersweiler.de

Wein & Sehenswert

Albersweilerer Kanal (erbaut ab 1688): Reste vorhanden

Pfarrer-Hamm-Platz (Hauptstr.): Rathaus, Brunnen, Bänke, Stadtplan, Geschichte

Ev. Kirche (Am Kanal 2; erbaut 1843-45): Pläne - August von Voit

Kath. Kirche (St. Stephan; Kirchstr. 24; erbaut 1843-46): Pläne - August von Voit

Rokokoschloss mit Putten (St. Johann, Schlossstr. 5; erbaut 1764): einst Amtssitz d. Fürsten von Löwenstein; als sich revolutionäre Franzosen nähern, lässt der Amtsschreiber d. Akten auf 3 Wagen nach Mannheim schaffen. Heute BASF-Studienhaus; im Garten ein archäolog. Park

Weinfest: neues Konzept ab 2013

Weingüter

Weingut Gebr. Nägle
Hauptstr. 11; Tel. 06345-3443 / www.weingut-naegle.de
Familienbetrieb von Peter Nägle + Elke Kudling, ökolog. Weinbau seit 2008 (Bioland).
Verkauf (Mo-Fr 8-18 Uhr, Sa+So 9-18 Uhr); Weinprobe (10-30 Pers.); **Weinstube „Zum Hirsch"** (Sept.-Nov. Sa+So 11-22 Uhr, Do+Fr 17-22 Uhr; Sa+So auch im Frühj.)

Weingut Otto Dächert
Kirchstr. 15; Tel. 06345-919387
www.weingut-otto-daechert.de

Weingut Hahn
Kirchstr. 17; Tel. 06345-3421
www.weingut-franzhahn.de
Familienbetrieb von Franz Hahn, im frühklassizist. Bau
Vinothek (Mo-Fr 8-18 Uhr, Sa 9-16 Uhr)

Weingut Stefan Bernhart
Weinstr. 4; Tel. 06345-1332
www.weingut-stefan-bernhart.de
Bioland (seit 2008).

Weingut Hans Bosch
Weinstr. 12; Tel. 06345-2953 / www.weingut-bosch.de
Bioland-Mischbetrieb mit Wein, stromautark, Flaschen werden gespült.
Reblagen (rd. 6 ha)

Einkehrtipps

Zur Wappenschmiede: Hauptstr. 4; Tel. 06345-3514
www.zurwappenschmie.de (in der alten Wappenschmiede, über e. Brücke geht es in den Hof)

Pfälzer Hof: Weinstr. 106; Tel. 06345-3578
(Gaststätte + Hotel, Torbogen zeigt 1547)

Altdorf (Verbandsgem. Edenkoben)

Wein & Sehenswert

Altes Rathaus (Hauptstr. 58; erbaut 1583): Renaissancebau mit Glockentürmchen

Weinkerwe (Sept.)

Weingüter

Weingut Gernot Seith
Hauptstr. 7; Tel. 06327-5707 / www.weingut-seith.de
Weinbau u. Gaststätte seit 1893.
Verkauf tgl.; Weinprobe (1-16 Pers.); **Weinstube Seith** (Mai-Juni / Sept.-Okt. Di-Mi, Sa 17-22, So ab 16 Uhr)

Weinstube - Weingut Horst Litty
Hauptstr. 39; Tel. 06327-507479
www.gaestehausvinetum.de
Straußwirtschaft (Sept.-Nov. + Jan.-Apr. Mi-Sa ab 17 Uhr, So ab 16 Uhr);
Gästehaus (Raiffeisenstr. 4; Tel. -2907)

Weingut Spelzenhof
Hauptstr. 77; Tel. 06327-845 / www.spelzenhof.com
Weingut von Uschi + Hermann Hitschler, arbeitet ökolog. (KUW).
Weinstube & Café (Öffnungszeiten wechselnd)

Birkweiler (Verbandsgem. Landau-Land)

... siehe auch „Weinwege genießen in der Südpfalz. Bd. 2"

Weingut

Weingut Dr. Wehrheim
Weinstr. 8; Tel. 06345-3542
www.weingut-wehrheim.de + www.fuenf-winzer.de
1920 kauft Karl Wehrheim das Haus f. Landwirtschaft mit Weinbau. Sohn Heinz (Doktor) steigt ein (ab 1974 allein), 1984 steigen Sohn Karl-Heinz + Ehefrau Ulrike ein (4 Kinder). Im VDP seit 1991. Biodynam. Bewirtschaftung ab 2007. Die Etiketten zeigen das Wappen (W von Traube umschlungen).
Reblagen (17 ha): Birkweiler - Mandelberg (1,3 ha), Kastanienbusch (gut 8 ha; auf 50 Ar stehen 25 Jahre alte Rieslingreben auf Buntsandsteinverwitterungsboden, 31% Steigung), Rosenberg; Siebeldingen Im Sonnenschein
Reben (85% weiß) / Spezialität: Riesling Kastanienbusch GG, Weißer Burgunder Mandelberg GG
Wein-Preisspanne 2011: 5 - 40 €
Vinothek (Mo-Fr 9-12 + 14-18 Uhr);
Weinprobe (1-40 Pers.); Kultur; FeWo

Böbingen (Verbandsgem. Edenkoben)

Weinfest

Weinkerwe (Juli)

Weingüter

Weingut Pfaffmann
Hauptstr. 43; Tel. 06327-3663
www.weingutpfaffmann.de
Straußwirtschaft

Weingut A. Gschwindt
Hauptstr. 105; Tel. 06327-3506
www.weingut-gschwindt.de

Böchingen (Verbandsgem. Landau-Land)

Wein & Sehenswert

Schloss (Hauptstr. 27; 18. Jh.): einst Besitz derer von Steinkallenfels; heute mit e. Hochtankkeller der Weinkellerei Reh Kendermann (www.reh-kendermann.de)

Fabelbrunnen auf d. Dorfplatz (Hauptstr.)

Ev. Kirche (St. Bartholomäus; Hauptstr.; erbaut um 1600): davor Platz der Begegnung mit Friedenslinde von 1871, Skulptur „Begegnungen" von H. Sauvageaut, alte Grabplatten der „Edlen zu Zeiskam"

Heimatmuseum - Haus d. Südostdeutschen (Prinz-Eugen-Str. 22; erbaut ab 1964): „Donauschwaben" wanderten vor 300 Jahren aus d. Pfalz aus (www.haus-der-suedostdeutschen.de)

Weingüter

Weingut Riegel
Eckgasse 6; Tel. 06341-62322

Weingut Lothar Kern
Hauptstr. 17; Tel. 06341-63461 / www.weingut-kern.com
Lothar Kern + Ehefrau Renate mit Sohn Michael; Gründungsmitglied im KUW.
Weinprobe (3-60 Pers.); **Straußwirtschaft** ausgebaut mit biol. Baustoffen (Apr.-Mai Sa+So ab 17 Uhr, Sept.-Okt. Fr-So ab 17 Uhr)

Weingut Nicklis
Hauptstr. 37; Tel. 06341-62757 / www.weingutnicklis.de
Theo steigt 1976 ein (+ Ehefrau Karin; 2 Töchter), übernimmt 1994 von d. Eltern.

Weingut Heiner Sauer
Hauptstr. 44; Tel. 06341-61175
www.weingut-sauer.com
Die Vorfahren waren Winzer, doch Heiner Sauer gründet das Weingut 1987 neu; von Beginn an bei Bioland.
Reblagen (17 ha): Burrweiler; Godramstein; Gleisweiler; Nußdorf
Spezialität: Riesling Spätlese „Steinreich", St. Laurent Barrique
Wein-Preisspanne 2011: 4 - 17,50 €
Weinprobe (2-25 Pers.)

Weingut Heinz Kolb (Monika Kolb)
Landauer Str. 30; Tel. 06341-61822

Einkehrtipp

Weinstube Übel: Hauptstr. 54; Tel. 06341-62900 (Mo+Mi+Fr ab 16 Uhr, Sa ab 15 Uhr, So ab 10 Uhr)

Bornheim (Verbandsgem. Offenbach a d. Queich)

Wein & Sehenswert

Rathaus (Hauptstr. 19; erbaut 1868 als Schule): im Ratsaal 3 Gemälde zur Geschichte d. Südpfalz von Otfried H. Culmann (*1949), eines zeigt den südpfälz. Weinbau

Storchenzentrum (Kirchstr. 1; seit 2006): mit WebCams

Straßenlaternen (von R. Mewes): jede ein Unikat!

Wachthaus mit Nachtwächter (erbaut 1835)

Max-und-Moritz-Platz im alten Garten des Lehrers (Hauptstr., 1999, von G. Rumpf): einst steht hier d. Eußerthaler Hof

Hirtenplatz (Hauptstr./Wiesenstr.; angelegt 1999): Bornheim war ein armes Dorf, man führte früher Ziegen („Kuh" armer Leute) auf die Weide

Saubrunnen (1998 von G. Rumpf): wo einst ein Schweinezuchtbetrieb stand, räkelt sich heute d. Oberschwein, balanciert Fleischteile u. grunzt in Erwartung e. Schlachtplatte mit Wein. Muttersau + Ferkel zeigen d. Fruchtbarkeit d. Südpfalz. Als Weinfest gibt's hier nach Pfingsten d. „Saubrunnenfest"

Skulptur Harlekin mit Hund (Hauptstr.; von 1995)

Skulptur Rühmer (Ortseingang Gewerbegebiet; von R. Mewes): ein Rühmer erzählt Gutes von seinem Dorf, führt e. Schoppenglas zum Mund u. winkt

Storchennest-Skulptur (von K.-H. Zwick, Gräfenhausen): Edelstahlbänder knarren im Wind, klingt wie d. Geklapper der Störche

Ev. Kirche (Kirchstr. 2; von 1756)

Kath. Kirche (St. Laurentius; Hauptstr. 43; erbaut 1750)

Draisinenbahn (13 km): Bornheim - Lingenfeld auf d. alten Bahnstrecke Germersheim - Landau (Mai-Okt. tägl.; www.suedpfalzdraisine.de)

Wein- u. Knoppfest (Aug.): überregional beliebt

Weinkerwe (Sept.)

Weingüter

Weingut Acuntius (Horst + Uwe Acuntius)
Bachweg 10; Tel. 06348-5459
Reblagen (11 ha): Bornheim; Nußdorf
Weinprobe (5-50 Pers.)

Weingut Lothar Cuntz
Hauptstr. 5; Tel. 06348-1520

Einkehrtipp

Gasthaus Lehrer Lämpel: Hauptstr. 67; Tel. 06348-6106844 / www.gasthaus-lehrer-lämpel.de (Do-Mo ab 11 Uhr, Mi ab 17 Uhr)

Burrweiler (Verbandsgem. Edenkoben)

Wein & Sehenswert

Ehem. Schlossgarten (Schlossgasse 3): heute Parkplatz mit Resten d. alten Gartenmauer

Zehnthof derer von der Leyen (Weinstr. 3; 18. Jh.)

Rathaus (Hauptstr. 52; erbaut 1751)

Skulpturen Arno Ries (Hauptstr. 12)

Weinlehrpfad (ab Parkplatz Friedhof, Hauptstr.; 2,5 km lang): „Schnecke Burri" führt über d. Schlossberg

St. Anna-Kapelle (ursprüngl. 16. Jh.): Wallfahrtskapelle

Schiefertafel Burrweiler (Juli): in d. Weinbergen regionale Küche u. Weine aus d. Lagen Bischofskreuz + Schäwer

Weinfest in Winzerhöfen (Aug.)

Weingüter

Weingut v. Fleischbein u. Kienle
Am Schlossberg 1; Tel. 06345-2976
www.weinhotel-schlossberg.de
1991 übernehmen Kienles d. Weingut der von Fleischbeins. Heute arbeitet d. Sohn mit.
Reblagen: Burrweiler; Gleisweiler Hölle
Verkauf (Mo-Sa 8-12 + 13-17 Uhr, So 9-12 Uhr); Weinprobe (10-50 Pers.); Hotel; **Weinstube Schlossbergstübchen** (Do-So 17-23 Uhr, Sept.-Okt. Di-So)

Weingut Herbert Meßmer
Gaisbergstr. 5; Tel. 06345-2770
www.weingut-messmer.de
Elisabeth + Herbert Meßmer erwerben 1960 e. altes Weingut, sie setzen schon 1972 St. Laurent-Reben. Seit 1984 arbeitet Sohn Gregor + Ehefrau Sieglinde mit, 2006 steigt Sohn Martin + Ehefrau Oziem ein. VDP-Mitglied seit 1997.
Reblagen (33 ha, davon 25 ha im VDP): Burrweiler - Schäwer (größte Grauschieferlage d. Pfalz - von den 24 ha besitzt man fast ein Viertel), Schlossgarten, Altenforst u.a.
Reben (75% weiß), Klassisches / Spezialität: Riesling vorwiegend vom Schiefer
Vinothek **„Das Weinhaus"** (Weinstr. 6)

Weingut Hayna (Theo + Jutta Hayna)
Gaisbergstr. 8; Tel. 06345-1491 / www.weingut-hayna.de
Weinausschank (Aug.-Nov. Mi-So 14-19 Uhr, Sa+So mit Kuchen)

Weingut Wind-Rabold
Gaisbergstr. 9; Tel. 06345-3692 / www.wind-rabold.de
Weingut (mit Inschrift 1852) von Josef + Rita Rabold, Sohn Christoph wird Weinbauing.
Reblagen: Flemlingen; Hainfeld; Arzheim; Burrweiler
Weinprobe (1-16 Pers.); Hoffest (Aug.)

Weingut St. Urban (Marcus Wind)
Im Staufert 13; Tel. 06345-7082

Weingut St. Annaberg
St. Annastr. 203; Tel. 06345-3258
www.restaurant-sankt-annaberg.de
Dies höchstgelegene Weingut d. Pfalz (360m) übernehmen 1998 d. Brüder Stefan + Jürgen Lergenmüller aus Hainfeld.
Reblagen (gut 80 ha): Burrweiler St. Annaberg u.a.
Spezialität: Spätburgunder im Cuvee mit Dornfelder + Merlot (für d. Dt. Lufthansa), Weinserie Pirats of the Palatinum
Gutsschänke St. Annagut (offene Weine auch im 0,1 l Glas; Mi-Fr 15-21 Uhr, Sa+So/Fei 12-21 Uhr)

Weingut Bauer
Weinstr. 52; Tel. 06345-1813
Familienbetrieb von Diether Bauer.
Reblagen (8 ha): Burrweiler; Gleisweiler; Hainfeld; Böchingen
Spezialität: holzfassgereifte Rotweine, Neuzüchtung Dakapo, Terroir-Wein vom Burrweiler Schäwer
Wein-Preisspanne 2011: 3 - 4,70 €

Einkehrtipps

Burrweiler Mühle: Mühle 202; Tel. 06323-980751
www.burrweilermuehle.de (Mühle im Modenbachtal bei

d. Steillage Burrweiler Altenforst. Regionale Weine; Mi-Sa ab 15 Uhr, So/Fei ab 12 Uhr)

Das Weinhaus: Weinstr. 6; Tel. 06345-9599790 www.DasWeinhaus.com (moderne Vinothek d. Weinguts Meßmer (Gaisbergstr. 1), Weine aus 12 Betrieben, grandioser Blick; Mi-So 12-20 Uhr; Jan. geschl.); mit **Restaurant Ritterhof zur Rose**; Tel. -407328 www.ritterhof-zur-rose.de (Anwesen zählte zum Kloster Heilsbruck. Um 1900 lagern Weinhändler aus Bad Dürkheim im Gewölbekeller ihre Weinkäufe aus d. Südpfalz. Der Ritterhof als Restaurant ist nach dem 1. Weltkrieg bei frz. Offizieren mit ihren Damen beliebt. Mi-So 11.30-22 Uhr, Jan.-Apr. Mo+Di Ruhetag, sonst nur Mo)

Restaurant Grafen von der Leyen: Weinstr. 13; Tel. 06345-3620 / www.winzergaststaette-burrweiler.de (im Schloss derer von der Leyen mit Renaissance-Torbogen von 1577. 1953 übernehmen Gemeinde + Winzergenoss. Burrweiler das Anwesen, die Winzer betreiben e. Weinausschank. Als sich 1961 Burrweiler d. Genoss. Rietburg anschließt, gründen Winzer + Bürger e. Winzergaststättengenoss.! Weine von Winzern, denen Anteile gehören; gutbürgerl. dt. Küche mit Pfiff, herrliche Terrasse; Sa-Mi 11-21 Uhr, Do 11-14 Uhr)

Dammheim (Ortsteil von Landau)

Weingüter

Weinbau Günter Herzog

Dorfstr. 4; Tel. 06341-51541 / www.weingut-herzog.de
Else + Landwirt H. Herzog bauen 1978 den Kuhstall zum Flaschenlager aus. Heute leitet Sohn Günter alles.
Reblagen (ca. 10 ha)
Weinprobe (1-15 Pers.)

Weingut Fath

Speyerer Str. 19; Tel. 06341-54631
www.weingut-fath.de
Herbert Fath + Ehefrau Waltraud vergrößern 1963 (4 ha Reben, 10 ha Acker), Sohn Harald übernimmt alles 1985, er beginnt mit Flaschenwein und funktioniert die Ställe zu Flaschenlagern um. Seit 1990 konzentriert er sich ganz auf den Weinbau, und 2000 gibt es eine neue Halle. 50% der Weine werden immer noch als Fasswein an Weinkellereien verkauft.
Reblagen (rd. 11 ha)
Weinprobe (1-15 Pers.)

Weingut E. Wambsganß

Speyerer Str. 23; Tel. 06341-51532
www.wambsganss-dammheim.de
„Zwischen Pfälzerwald und Rhein, da ist gut sein", sagt d. Oma hier. Das Weingut leiten Egon + Doris Wambsganß u. Sohn Thomas mit neuen Ideen.
Reblagen (ca. 14 ha)
Weinprobe (1-45 Pers.)

Einkehrtipp

Gasthaus Zum Schwanen: Speyerer Str. 26; Tel. 06341 - 95670 / www.zumschwanen.de (Hotel + Restaurant; Di-Fr ab 17 Uhr, Sa+So/Fei 10-14 + ab 17 Uhr)

Edenkoben (Verbandsgem. Edenkoben)

Wein & Sehenswert

Schloss Villa Ludwigshöhe (Villastr. 64; erbaut ab 1845): Sommerresidenz d. bayr. Könige; heute: Gemälde von Max Slevogt u.a. (Apr.-Sept. Di-So 10-18 Uhr, Winter Di-So 10-17 Uhr, Dez. geschl.; Tel. 06323-93016)

Ludwigsplatz: mit Denkmal f. König Ludwig I. von Bayern (1890), Brunnen (um 1860), Rathaus (erbaut um 1840), ev. Kirche (St. Laurentius; um 1740)

Lederstrumpfbrunnen + Alte Kelter (am „Goldenen Eck" - die platzartige Kreuzung bekam ihren Namen im Inflationsjahr 1923, als Hausverkäufer auf Zahlung mit der in Gold einzulösenden neuen Reichsmark bestanden)

Museum für Weinbau- u. Stadtgeschichte (Weinstr. 107a; erbaut 1716; www.museum-edenkoben.de; Apr.-Okt. Fr 16-19, Sa 15-18, Nov.-März So 14-17 Uhr)

Weinlehrpfad (Villastr. u.a.; 3,5 km lang): alte Keltern, Liebeslaube u.a.)

„Redender" Scheitelstein (Klosterstr. 52): am Torbogen e. Winzerhofs von 1574, er besagt, dass 1574 d. Malter Korn 5 Gulden kostete, d. Fuder Wein 84 Gulden. Die geringe Ernte im Vorjahr machte d. Wein so teuer. Der Weinpreis schwankte im 16 Jh. zwischen 10-200 Gulden pro Fuder!

Küfer- u. Winzerzeichen an Toren (Klosterstr. 107 + 124 (1607) u.a.

Kloster Heilsbruck (Klosterstr. 170): Kloster 1262-1560, heute Weingut. Der Wein lagerte unter d. Kirche

Weg der Gedichte (bei Klosterstr. 175 u.a.)

Galerie Neumühle (Klosterstr. 173; Mo, Mi-Fr 9-13 + 15-19 Uhr, Sa+So 10-12 + 15-17 Uhr; Tel. 06323-2891): Bilder d. Pfalz

Herrenhaus Edenkoben (Klosterstr. 175, Tel. 06323-2322; www.herrenhaus-edenkoben.de): Kultur in d. alten Hollerschen Mühle

Künstlerhaus Bergelmühle (Klosterstr. 177; Tel. 06323-2325): Ausstellungen, Matineen, Konzerte

Wohnhaus mit Renaissance-Portal (Klosterstr. 87; erbaut 1597): war Kelterhaus

Renaissancehaus (Bahnhofstr. 23; erbaut 1588): gewaltiger steinerner Querträger über d. Hofeinfahrt

Eußerthaler Klosterhof (Bahnhofstr. 9; erbaut 16.-19. Jh.): Winzermesser am Hoftor, seltene ältere hölzerne Eingangspforte im Hof. Von hier aus verwaltete d. Kloster Eußerthal seine Güter in Edenkoben. Im Rückgebäude waren Ställe + Weinkeller

Antiquariat No. 1 - Buch trifft Wein (Weinstr. 87; www.buecherstadt-edenkoben.de): in d. „Bücherstadt Edenkoben" gibt's weitere Antiquariate

Guggemol-Wege (Start: Parkplatz Im Letten / Radeburger Str.): erblickt e. Pfälzer eine schöne Landschaft, ruft er „Guggemol do!"; 2-6,7 km lang

Luitpoldsruhe (Villastr.; um 1891): alte Eiche, Inschriftenstein, Sitzgruppe

Rietburgbahn (bei Villa Ludwigshöhe; März nur So, Ostern-Okt. tgl. 9-17/18 Uhr; Tel. 06323-1800)

Sieges- u. Friedensdenkmal (Hochberg; erbaut 1895-99): Bogenhalle mit allegor. Figuren

Owwergässer Winzerkerwe (Juni; Klosterstr.): überregional beliebt, mit mittelalterl. Markt

Großes Weinfest d. Südl. Weinstraße (früher: Oberhaardter Weinfest; Sept.): überregional beliebt

Wein- u. Kastanienmarkt am Schloss Ludwigshöhe (Okt.): überregional beliebt

Weingüter

Weingut Schneider-Beiwinkel
Bahnhofstr. 56; Tel. 06323-7769
www.schneider-beiwinkel.de
Das Bio-Weingut gründet Wolfgang Beiwinkel 1988.
Reblagen: Edenkoben; Rhodt; Weyher
Spezialität: Weißer Burgunder
Wein-Preisspanne 2011: 5 - 6 €
Weingut mieten f. Events

Weingut Ökonomierat Froelich
Edesheimer Str. 42; Tel. 06323-4586
Weingut in e. Villa von 1848. Ökonomierat Gustav A. Froelich ist um 1860 der erste, der Schwefel zur Bekämpfung von Oidium anwendet, macht später erfolgreich Versuche zur Bekämpfung d. Peronospora. „Froelich-Silvaner" gibt es in ganz Deutschland. In Edenkoben wechselt er als Erster vom Kammertbau zur Spaliererziehung! Sohn Friedr. August (†1955) folgt. Sein Schwiegersohn Bernhard Husfeld (†1970) baut 1948 d. Forschungsinstitut f. Rebzüchtung in Geilweilerhof auf.

Weingut Kilian Bopp
Klosterstr. 49; Tel. 06323- 980929 / www.kilianbopp.de
Klaus Bopp weckt das Familienweingut 2003 zu neuem Leben, der Wein lockt mehr als sein Studium. Ehefrau Heike studiert Maschinenbau, kommt nach Flucht aus d. DDR (1989) über Göttingen 2000 nach Rhodt. Im heißen Sommer 2003 hilft sie Klaus beim Abfüllen, besteht d. „Test". Hochzeitsgeschenk 2004: d. Weingut heißt fortan Kilian Bopp (1 Tochter), Bio seit 2007.
Reblagen: Edenkoben; Rhodt; Maikammer
Spezialität: Riesling trocken, Dunkelfelder, Cabernet Blanc, Cuvée Red Revolution One
Wein-Preisspanne 2011: 4,50 - 9 €
Stand bei Weinfesten; Weinprobe im Sandsteinkeller - behaglich bei Käse + frischem Brot (1-20 Pers.)

Weingut Marcus Schreieck
Klosterstr. 61-65; Tel. 06323-5902
www.weingut-schreieck.de
Gästehaus am Eck mit Vinothek.

Weingut Gudrun Croissant
Klosterstr. 133; Tel. 06323-6492

Weingut Stuber-Fruth
Klosterstr. 149 + 151; Tel. 06323-2535
www.stuber-fruth.de
Gegr. von Jakob Stuber, d. Weingut leiten heute Heinz + Pia Fruth.
Reblagen (ca. 8 ha): Edenkoben - Schloss Ludwigshöhe, Bergel, Schwarzer Letten, Heilig Kreuz; Venningen
Spezialität: Cabernet Dorsa, Dakapo
Wein-Preisspanne 2011: 3 - 12,50 €

Verkauf (Mo-Sa 8-13 + 14-18 Uhr, So 9-13 Uhr); Weinprobe (1-50 Pers.); Straußwirtschaft (Mitte Sept.-Okt. Fr+Sa ab 16 Uhr, So ab 15 Uhr)

Weinbau August Gleich
Klosterstr. 169; Tel. 06323-5225
Einladend stehen im Hof Tisch + Bank.

Weingut Kloster Heilsbruck
Klosterstr. 170; Tel. 06323-7040350
www.klosterheilsbruck.de
Im alten Weinkeller d. Klosters lagern d. Weine. Seit 1996 leitet alles Jacob Sulzer, EG-Öko-Verordnung seit 2005.
Reblagen (10 ha): Klostergarten (alte exklusive Einzellage)
Spezialität: Gewürztraminer
Verkauf (Mo-Fr 11-18 Uhr, Sa 12-15 Uhr); Weinprobe (10-300 Pers.); Veranstaltungen

Weingut Hans J. Schreieck
Klosterstr. 177; Tel. 06323-5394
Weingut in e. Mühle von 1810.
Weinprobe (8-50 Pers.)

Weingut Nicole Graeber
Schanzstr. 21; Tel. 06323-5568
www.weingut-graeber.de + www.edelundsuess.com
Peter Graeber gründet d. Weingut, er verfasst auch Mundartgedichte. Die Söhne August + Ludwig mit Ehefrauen übernehmen, es folgt Augusts Sohn Peter + Ehefrau Hannelore. 2009 steigt Tochter Nicole ein, sie präsentiert mit Astrid Stentz (Mörzheim; Mörzheimer Hauptstr. 47) Wein & Schokolade. Neuer Anbau 2012.
Reblagen (14 ha): Edenkoben - Mühlberg (Alleinbesitz; 3 ha Riesling) u.a.; Rhodt; Venningen
Reben (70% weiß) / Spezialität: Barrique
Vinothek (Di-Fr 9-12 + 14-18 Uhr, Sa+So 10-17 Uhr); Weinprobe (8-15 Pers.)

Weingut Damm
St. Martiner Str. 20; Tel. 06323-4129
www.wein-sektgut-damm.de

Weingut Edel-Brauch
St. Martiner Str. 30; Tel. 06323-2555
www.edel-brauch.de
Familienbetrieb bei d. Reben von Roland Edel.
Reblagen (10 ha): Edenkoben; Birkweiler
Weinprobe (1-40 Pers.); **Weingasthof** (Fr+Sa ab 17 Uhr, So/Fei ab 11 Uhr)

Weingut Lähr (Fam. Flach-Lähr)
Weinstr. 19a; Tel. 06323-2875
Lährs Weinstube

Winzergenossenschaft Edenkoben
Weinstr. 130; Tel. 06323-94190 / www.wg-edenkoben.de
1925 gegr., bezieht hier 1956 ein Weingut d. Gründerzeit. Heute mit Neubau, Garten mit Riesenzeder. 2001 kommt d. St. Martiner Winzerverein „Ritter von Dalberg" hinzu. Es liefern knapp 100 Winzer ihre Trauben (Kapazität: 4 Mio. Liter).
Reblagen (140 ha): Edenkoben Schloss Ludwigshöhe u.a.
Spezialität: Dornfelder, Spätburgunder
Wein-Preisspanne 2011: 3,20 - 21 €
Verkauf (Mo-Fr 9-18 Uhr, Sa 9-17 Uhr, So 10-17 Uhr; geschl. 25./26.12. + 1.1.); Weinprobe (15-60 Pers.); Tag d. Offenen Tür (Sept.)

Einkehrtipps

König Ludwig Keller: Ludwigsplatz 10; Tel. 06323-7474 www.koenig-ludwig-keller.de (heimische Weine; Do-Mo ab 17 Uhr, im Okt. auch Di)

Alte Feuerwache: Ludwigsplatz 23; Tel. 0172-6117832 www.alte-feuerwache-edenkoben.de (gehobene Küche, Hotel; Mi-Fr 18-22 Uhr, Sa+So 12-14 + 18-22 Uhr)

Hotel Prinzregent: Unter dem Kloster 1; Tel. 06323-9520 / www.prinzregent-edenkoben.de (regionale Speisen, Weinstube; tgl. ab 12 Uhr)

Pfälzer Hof: Weinstr. 85; Tel. 06323-938910 www.pfaelzerhof-edenkoben.de (Hotel, Restaurant Garten Eden, Weinbar, Wein aus d. Region u.a.; tgl. 11.30-22 Uhr; nachm. Kuchen, Eis, Vesper)

Walthari Stube: Weinstr. 113; Tel. 06323-9139178 www.walthari-stube.de (nett!; Wein vom Weingut Damm (Edenkoben, St. Martiner Str. 20); tgl. 11-14.30 + 17-1 Uhr)

Edesheim (Verbandsgem. Edenkoben)

Wein & Sehenswert

Schloss Edesheim (erbaut ab 1594; Luitpoldstr. 9; www.schloss-edesheim.de): Schloss d. Speyrer Fürstbischöfe, seit d. 19. Jh. Weingut; Schlossfestspiele im Park (www.schlossfestspiele-edesheim.de)

Kath. Kirche (St. Peter u. Paul; Ludwigstr. 15; erbaut ab 1742): Kirchhofportal mit Nepomuk-Skulptur

Schloss Kupperwolf (Luitpoldstr. 40; erbaut um 1900)

Edesheimer Gemarkungsweg (Start: Edesheim, Rathaus; ca. 18 km lang): Wanderweg entlang d. Gemarkungsgrenze mit 10 Bänken; geplant ist e. Wein-Lehrpfad

Weinexchange (März): Weinmesse seit 2011, jedes Jahr steht im Mittelpunkt 1 Wein; mit Kunstausstellungen (www.edesheimer-weinexchange.de)

Jahrmarkt in d. Winzerhöfen (Sept.)

Fest des neuen Weines (Sept./Okt.)

Weingüter

Wein- u. Sektgut Diehl
Eisenbahnstr. 3a; Tel. 06323-938930 / www.diehl-wein.de
1999 übernimmt Andreas (+ Ehefrau Alexandra) d. Weingut von d. Eltern, baut e. modernes Presshaus beim alten Anwesen.
Reblagen (35 ha): Edesheim; Edenkoben; Walsheim; Roschbach; Rhodt; Weyher
Reben (60% weiß) / Spezialität: Syrah (seit 2005), Sauvignon Blanc, weiße Burgunder
Vinothek (Mo-Fr 9-12 + Mo/Di, Do/Fr auch 14-17 Uhr, Sa 9-17 Uhr); Weinprobe (1-40 Pers.)

Weingut Norbert Schwarz
Eisenbahnstr. 23; Tel. 06323-5903
Verkauf (Sa 9-17 Uhr, So 10-12 Uhr); **Straußwirtschaft** (Febr.-1. Mai + Sept.-Nov. Sa/So ab 16 Uhr)

Weingut Erlenmühle
Erlenmühle 1; Tel. 06323-7441
Das Weingut (von Klaus Sperling + Familie) in e. ehem. Mühle (erbaut etwa 1835) liegt am Bach in den Weinbergen. Umweltschonend (KUW).
Verkauf (Mo-Sa 9-20 Uhr, So 11.20 Uhr);
Weinstube Doris mit Garten (März-Dez.)

Weingut Ralf Schwedhelm
Jahnstr. 24; Tel. 06323-989031
www.weingut-schwedhelm.de
Das alte Weingut liegt heute modern am Ortsrand in d. Ebene.
Reblagen: Rhodt; Edenkoben; Edesheim; Fischlingen
Spezialität: Muskateller trocken, Dunkelfelder trocken im Holzfass gereift
Wein-Preisspanne 2011: 3 - 10 €
Verkauf (Mi+Sa 10-18 Uhr); **Gutsausschank** (Ende Sept.-Okt.)

Weingut Provis-Anselmann
Ludwigstr. 18; Tel. 06323-5118 / www.weingut-provis.de
In der „Provis" (Zehntkeller d. Fürstbischofs).
Reblagen (gut 40 ha): Edesheim

Weingut Joachim Ruzika
Ludwigstr. 31; Tel. 06323-989088
www.weingut-ruzika.de
Ferdinand Ruzika aus Prag reist als Bildhauer durch d. Welt, in Edesheim heiratet er 1876. Der Sohn, Schreiner, erwirbt 1922 d. heutige Anwesen. Sohn Josef, Schreiner, baut den Weinbau, bis dahin Nebenerwerb, aus. Sohn Joachim führt alles heute.
Weinprobe (1-40 Pers.)

Weingut Heribert Rehm
Ludwigstr. 36; Tel. 06323-7749 / www.weingut-rehm.de
Dies kleine Weingut gründen Martina + Heribert 1988. 1992 übernehmen sie den elterlichen Betrieb, 2006 erfolgt d. Umstellung von KUW auf EU-ökolog. Landbau.
Rebfläche (9 ha): Edesheim; Burrweiler; Gleisweiler u.a.
Barriquekeller (Holzfässer aus Eiche - je 225 Liter,); FeWo

Weingut Thomas Klimm
Ludwigstr. 39; Tel. 06323-5686 / www.weingut-klimm.de
Familienweingut, seit 1991 betreiben es Thomas + Ute Klimm.
Rebfläche (8,8 ha)
Verkauf (Mo-Fr ab 13 Uhr, Sa + So bis 16 Uhr);
Weinproben (1-25 Pers.); Leergut-Rücknahme

Weingut Garth
Ludwigstr. 40-41; Tel. 06323-2703 / www.garth.de
Weingut von Manfred Garth u. Sohn Mathias.
Reblagen (25 ha): Edesheim
Weinprobe (10-14 Pers.); FeWo

Weingut Rainer Boos
Ludwigstr. 150; Tel. 06323-2288
www.weingut-gaestezimmer-boos.de
Weinprobe (1-30 Pers.); Weinprobierstand (Mai/Aug./Okt. Sa-So ab 13 Uhr); Übernachtung

Weingut Holländer
Rhodter Str. 3; Tel. 06323-1474

Weingut Hubert Wolf
Ruprechtstr. 20; Tel. 06323-6284 / www.wolf-weingut.de
Weinprobe (1-60 Pers.); **Weinstube Wolf** (Fr-So/Fei ab 17 Uhr, Sept.-Okt. tgl. ab 17 Uhr)

Weingut Heinrich Bourdy
Ruprechtstr. 30; Tel. 06323-5875
www.weingut-bourdy.de
Feines Weingut von Heinrich + Karin Bourdy.
Vinothek; Weinprobe (1-35 Pers.); Gästehaus

Weingut Klaus Habermehl
Speyerer Str. 27; Tel. 06323-5854
www.weingut-habermehl.de
Kleines Weingut im großen Winzeranwesen.
Lese zumeist maschinell; Flaschenrücknahme.
Rebfläche (8 ha)

Vinothek - Weingut Oberhofer
Staatsstr. 1; Tel. 06323-944911
www.weingutoberhofer.de
2005 übernehmen d. alte Weingut Heidi + Stefan Oberhofer, sie bewirtschaften es umweltbewusst u. besitzen d. ältesten Rebstöcke d. Welt (Gewürztraminer, 400 J. alt)!
Reblagen (24 ha): Rhodter Rosengarten; Edesheimer Mandelhang u.a.
Spezialität: Rotweincuvée mit bes. Etikett, Sauvignon Blanc, Gewürztraminer
Wein-Preisspanne 2011: 4 - 40 €
Weinprobe (bis 40 Pers.); **Vinothek** mit kl. Speisen (Mo-Fr 11-20 Uhr, Sa+So 10-20 Uhr); **Weingut** (Am Linsenberg 1)

Wiedemanns Weingut
Staatsstr. 23; Tel. 06323-2400 / www.wiedemann-wein.de
Familienbetrieb von Albert Wiedemann mit Barriquekeller (14. Jh.). Bioland seit 2009.
Rebfläche (12,5 ha)
Reben (76 % rot) / Spezialität: Syrah, trockene Weine
Verkauf (Mo-Fr 9-12, 14-18 Uhr, Sa 9-16 Uhr);
Weinprobe im Gewölbekeller (1-50 Pers.); **Weinhotel** (St. Martin, Einlaubstr. 64-66)

Weingut Ernst Minges
Staatsstr. 51; Tel. 06323-5713 / www.minges-wein.de
Weinbau seit 1285 in d. Familie. 1905 errichtet Ernst Minges aus Flemlingen die Wirtschaftsgebäude für d. heutige Weingut in Edesheim. Seit 2003 leitet alles sein Urenkel Ernst jun. umweltschonend (KUW). Jeko Stojanov, Fan d. Weine, bemalte Keller + Hausfassade.
Flaschenwein: seit etwa 1930
Reblagen (23,5 ha): Edesheim - Forst, Rosengarten, Mandelhang; Edenkobener Kirchberg; Rhodt u.a.
Spezialität: Riesling trocken, Barrique-Wein (rot), Künstler-Etiketten f. Cuvées
Wein-Preisspanne 2011: 3,20 - 12,50 €
Vinothek; Weinprobe (1-30 Pers.); **Gutsausschank** (Mo-Fr 9-18.30 Uhr, Sa-So 10-18.30 Uhr, Feiertag + letzter So im Monat geschl.); Hoffest

Weingut Werner Anselmann
Staatsstr. 58-60; Tel. 06323-94120
www.weingut-anselmann.de
Weinbau seit Generationen. Als Werner 1982 stirbt, führt Sohn Gerd d. Weingut mit d. Mutter Inge weiter, später steigen d. Geschwister Ralf + Ruth ein, alle 3 leiten heute alles gemeinsam. Sie beliefern Großereignisse wie Bambi-Verleihungen, 2003 findet hier d. Eröffnung der dt. Weinlese statt (11 Fernsehteams). Es gibt einen der größten Barriquekeller in Dtld., auch e. Kinderweinberg für d. Nachwuchs!
Flaschenwein: seit Jg. 1959
Reblagen (rd. 120 ha): in Edesheim; Edenkoben; Flemlingen; Walsheim; Arzheim ...
Spezialität: „Raritäten" (Cabernet Blanc, Auxerrois, Syrah), Blancs de noirs, Barrique-Weine, Eisweine
Wein-Preisspanne 2012: 2,80 - 20,90 €
Verkauf (Mo-Sa 8-20.30 Uhr, So 9-20.30 Uhr); Weinprobe (1-60 Pers.); Künstler-Etiketten (Domsekt Speyer, Zoowein Landau...); Weinprobierstand (tgl.); **Straußwirtschaft Brunnenterrasse** (Mitte Mai-Sept. tgl. ab 10/11 Uhr); Weihnachtswald (Dez.)

Einkehrtipps

Weinstube Zur Blume: Ludwigstr. 100;
Tel. 06323-3584 / www.lindenbornhof.de
(Peter + Uschi Kreutz aus Köln gründen d. Weinstübchen, Uschi ist Autorin von „Hüttenzauber in d. Pfalz" + „Beim Straußenwirt". - Wein aus d. Südpfalz ...;
Do-So 17-23 Uhr, So bis 22 Uhr)

Hotel Schloss Edesheim: Luitpoldstr. 9;
Tel. 06323-94240 / www.schloss-edesheim.de
(Schloss d. Speyrer Fürstbischöfe, erbaut ab 1594, im 19. Jh. Weingut, heute Hotel + Gourmetrestaurant, hauseigene Reben, gut bestückter Weinkeller;
tgl. 12-14 Uhr, Di-Sa auch 18-24 Uhr; Schlossfestspiele www.schlossfestspiele-edesheim.de)

Im Alten Posthof: Staatsstr. 17; Tel. 06323-980123
www.posthof-edesheim.de (im Posthof von Thurn u. Ta-

xis, Innenhof mit Linde, alter Maulbeerbaum, Wein vom Weingut Gropper-Brutscher, Roschbach, Hauptstr. 49)

Wein-Castell Diehl: Staatsstr. 21; Tel. 06323-938940 www.wein-castell-edesheim.de (Restaurant-Hotel, Wein von d. Weingütern d. Söhne Thomas (Hainfeld, Weinstr. 47) + Andreas (Edesheim, Eisenbahnstr. 3a))

Zum Goldenen Engel: Staatsstr. 30; Tel. 06323-4533 www.restaurant-goldener-engel.de (Hotel, Restaurant, Garten; d. Kellergewölbe, wo mehr als 200 Jahre lang Weinfässer lagerten, gestaltete 1973 d. Verein Südl. Weinstr. (www.suedlicheweinstrasse.de) zu e. Weinprobierkeller um; tgl. ab 11 Uhr)

Flemlingen (Verbandsgem. Edenkoben)

Wein & Sehenswert

Weinbrunnen (Hauptstr. / Maxstr.): zeigt Arbeiten d. Winzers im Jahr

Kath. Kirche (St. Alban; Kirchstr. 7; erbaut 1759): Grabmal Minges, Baumkreuz (um 1883) u.a.

Weingüter

Weingut Theo Minges
Bachstr. 11; Tel. 06323-93350
www.weingut-minges.com
Der Weinkeller (15. Jh.) war d. Zehntkeller d. Grafen von der Leyen aus Burrweiler. Das Weingut führt Theo Minges (d. Vater war auch Bildhauer). Tochter Regine ist dabei. Im VDP seit 2008, selektive Handlese, Umstellung auf „Bio“.
Reblagen (24 ha): Flemlingen; Gleisweiler; Böchingen; Burrweiler; Hainfeld; Walsheim
Reben (66% weiß) / Spezialität: Riesling Froschkönig - mit bes. Etikett
Wein-Preisspanne 2011: 3,80 - 36 €
Verkauf (Mo-Fr 9-12 + 13-18 Uhr, Sa 9-17 Uhr); Hoffest geplant

Weingut u. Weinstube Marienhof
Bachstr. 16; Tel. 06323-5009
www.weingut-marienhof.de
Weinbau in d. Familie seit 1285. Georg Minges übernimmt 1995 von d. Eltern, seit 2008 biolog. Anbau. Verkauf (tgl. ab 10 Uhr); Weinstube mit grandiosem Garten, rd. 30 offene Weine (tgl. ab 11.30 Uhr)

Weingut Bentz
Hainfelder Str. 5; Tel. 06323-4331
www.weingut-bentz.de
Bioland-Weingut von Georg Bentz.
Weinstube (Mi-Fr ab 16.30 Uhr)

Weingut Braun
Maxstr. 13; Tel. 06323-5783 / www.wein-braun.de
Familienbetrieb von Markus Braun.
Weinprobe (10-25 Pers.); Gästezimmer

Weingut Sonnenhof (Konrad Bieth)
Maxstr. 23; Tel. 06323-3934 / www.wein-bieth.de
Flaschenwein: seit 1959
Weinprobierstand in Pergola (Mai-Okt. Sa+So/Fei); Hoffest (Aug.)

Einkehrtipps

Weinstube Im Hahnegässel: Hauptstr. 18; Tel. 06323-2769 / www.bieth.de (eigene Weine, Deko mit Hähnen; Mi, Fr-So ab 17 Uhr)

Weinstube Zechpeter: Maxstr. 17; Tel. 06323-989373 (Mi, Fr, Sa ab 16.30 Uhr)

Frankweiler (Verbandsgem. Landau-Land)

Touristik-Information: Weinstr. 16; Tel. 06345-3523
www.frankweiler.de

Wein & Sehenswert

Frankenburg-Ruine (Weinstr.; von 1834)

Ev. Kirche (St. Georg; Weinstr. 14; von 1788)

Rathaus (Weinstr. 12): mit Schlauchtrockenturm

Weingut Erwin Kräußle (Dorfbornstr. 37): Barocker Torbogen von 1733, davor e. Brunnen von 1831 für 5.000 l

Steigerter Hof: an Frankweilers nördl. Ende d. Steigerter Hof gehört einst denen von Scharfeneck u. zählte früher zu Albersweiler

Dagobert-Tafel (Mai): Weinfest

Fest des Federweißen (Okt.)

Weingüter

Weingut Rolf u. Tina Pfaffmann
Am Stahlbühl; Tel. 06345-1364
www.wein-pfaffmann.de
Rolf + Moni Pfaffmann erbauen d. Aussiedlerhof 1970. Eingestiegen ist Tochter Tina.
Reblagen (15 ha): Frankweiler - Kalkgrube, Biengarten

Reben (92% weiß) / Spezialität: weiße Cuvées
Verkauf (Mo-Fr 8-12 + 13-18 Uhr, Sa 8-15 Uhr);
Weinprobe (10-60 Pers.)

Weingut Müller
Bergbornstr. 15-17; Tel. 06345-1707
www.weingut-m.de
Weingut von Ulrike + Andreas Müller. Seit 2012 mit e. Vinothek am Ortsrand.
Reblagen (13,5 ha)
Spezialität: Edition Kunststück (Riesling, Spätburgunder u.a.)
Verkauf (Mo-Fr 14-18 Uhr, Sa 8-18 Uhr, So 10-12 Uhr);
Vinothek (Zum Kunststück 2)

Weingut Sohn
Dagobertstr. 33: Tel. 06345-1211 / www.weingut-sohn.de

Weingut Feindel-Anselmann
Dorfbornstr. 34; Tel. 06345-1217
www.feindel-anselmann.de
Weingut im barocken Wohnhaus von etwa 1735.
FeWo

Weingut Lidy
Frankenburgstr. 6; Tel. 06345-3472
www.weingut-lidy.de
Altes Weingut, seit 1974 am Ortsrand; es leiten Bertram Lidy, mit Vater u. Söhnen Marcel + Micolay. Das Weingut wächst. Weinberge, d. früher keiner haben wollte, sind hier beste Weinlagen.
Flaschenwein: seit 1959
Reblagen (19 ha): Frankweiler - Kalkgrube, Biengarten
Reben (67% weiß) / Spezialität: Riesling, Burgunderweine, Luna Plena (Trauben, bei Vollmond von Hand gelesen)
Wein-Preisspanne 2011: 3-5 € (Liter); 4 - 9,50 €
Verkauf (Mo-Sa 9-12 + 13-17 Uhr)

Einkehrtipps

Gaststätte Zur Traube: Frankenburgstr. 4;
Tel. 06345-918010 / zur-traube-frankweiler.de
(Mo+Di+Fr 12-14 + 17-22 Uhr, Do 17-22 Uhr, Sa/So/Fei 12-22 Uhr)

Restaurant Robichon: Orensfelsstr. 31; Tel. 06345-3268
www.restaurant-robichon.de (frz. Speisen, z.T. günstiges Mittagsmenü; Mi-So 12-13.45 Uhr + ab 18 Uhr)

Weinstube Brand: Weinstr. 19; Tel. 06345-959490 (nur 6 Tische, dazu im Sommer e. Innenhof, regionale Weine; Di 17-22 Uhr, Mi-Sa 12-14 + 18-22 Uhr)

Freimersheim (Verbandsgem. Edenkoben)

Weinfest

Weinfest (Juli)

Weingüter

Weingut Gernot Struppler & Sohn
Hauptstr. 14A; Tel. 06347-8274
www.weingut-struppler.de
Von Dirk Struppler, mit Winzerhalle am Weinberg (**Strausswirtschaft**).

Weingut Werner Struppler & Sohn
Hauptstr. 87; Tel. 06347-8618
www.weingut-struppler.com
Von Frank Struppler.
Reblagen (11 ha): Freimersheim; Wollmesheim
Hof geöffnet Sa+So ab 11.30 Uhr (angekündigte Tage)

Gleisweiler (Verbandsgem. Edenkoben)

Verkehrsverein: Hainbachtalstr. 3; Tel. 06345-3000
www.gleisweiler.de

Wein & Sehenswert

Kurhaus Bad Gleisweiler (Badstr. 28; erbaut 1844 von Hofbaumeister Leo von Klenze; heute Privatklinik, www.privatklinik-bad-gleisweiler.de): im subtrop. Park e. Sonnentempel von 1780; Prinz-Luitpold-Denkmal von 1911; dem Park verdankt Gleisweiler seinen Namen „pfälzisches Nizza“

Kurpfälz. Zehnthof (Zum Sonnenberg 1): Garten mit Skulpturen, Kellergeschoss mit Papiermuseum (Apr.-Okt. So 14-18 Uhr, www.papiermuseum-gleisweiler.de)

Gemeindehaus (Reitschulplatz; erbaut 1842): war Sommervilla; davor d. Plastik „Reitschulpferd mit Kindern“ von H. Lorenz aus Gleisweiler

Simonshof (Hauptstr. 7; Tel. 06345-7483; www.simonshof.com; Fr+Sa): Möbel, Designobjekte, Keramiken, Nachlass d. Bildhauers Karl Sulzer (1897-1971), Archiv Jean Prouvé (1901-84)

Kath. Kirche (St. Stephan; erbaut 1760 von Hofbaumeister Rabaliatti; Hauptstr. 22)

Künstlerhaus Bernd Kastenholz (Weinstr. 3; www.bernd-kastenholz.de)

Ev. Kirche (Martin-Bucer; Badstr. 5; erbaut 1954)

Walddusche (Hainbachtal; erbaut 1849): Sturzbach, Wassertretbecken, Sitzgruppe im Wald

Hinzlochbrunnen (Bergstr.): Steintrog (1521), war Pferdetränke

Älteste Edelkastanie d. Südpfalz (über 500 Jahre alt): Stammumfang 8m

Weinlehrpfad Gleisweiler Hölle (Start: Kinderspielplatz östl. d. alten Weinstr.; 4 km + 2 km lang)

Weinkerwe „Wein & Kunst“ (Juli / Aug.): überregional beliebt

Weingüter

Weingut F.G. Kost
Hainbachtalstr. 3; Tel. 06345-3000 / www.kostwein.de
Friedrich Kost + Ehefrau Elke gründen d. Weingut 1970, Sohn Gunther steigt ein, umweltschonend nach KUW.
Reblagen: Gleisweiler; Böchingen; Godramstein u.a.
Spezialität: trockene Weine, KOST-Secco mit bes. Etikett, Weißburgunder
Wein-Preisspanne 2011: 3,80 - 6 €
Verkauf (Sa ab 10 Uhr); Weinprobe (Elke lädt ein zum Mitsingen); **Gutsausschank** (Febr.-Nov. Fr-So + Mi ab 17 Uhr); Wein-Wander-Wochenenden; FeWo

Weingut Argus
Hauptstr. 23; Tel. 06345-919424 / www.argus-wein.de
Eva + Peter Argus übernehmen d. Weingut 1994 von Peters Eltern (3 Kinder). Gewölbekeller von 1610. Weinanbau soll Bio werden (heute KUW).
Flaschenwein: seit 1954
Reblagen (9 ha): Gleisweiler; Frankweiler; Böchingen; Godramstein
Reben (68% weiß) / Spezialität: Sauvignon Blanc, Muskateller
Wein-Preisspanne 2011: 4 - 9 €
Verkauf (Sa 10-17 Uhr, So-Fr nach Anm.); Hoffest (Aug.)

Weingut Nicklis
Weinstr. 11; Tel. 06345-1804 / www.weingut-nicklis.de
Das Weingut leiten Frank Nicklis + Ehefrau Maike.

Weingut Fritz Wadle
Weinstr. 20; Tel. 06345-3676 / www.wadle-wein.de

Einkehrtipps

Weinstube Weinberg: Badstr. 18; Tel. 06345-3341
www.haus-weinberg.de

Zur Alten Küferei: Bergstr. 12; Tel. 06345-9496515 / www.zuraltenkueferei.de (Wein aus d. Ort; Juli-Okt. auch Di ab 17.30 Uhr, sonst Mi-Fr 12-14.30 + 17-22 Uhr, Sa+So ab 12 Uhr)
Gasthaus Zur Post: Hauptstr. 15; Tel. 06345-1815 (Gartenterrasse; Di 17-22 Uhr, Mi-Fr+So 12.15-22 Uhr, Sa 15-22 Uhr; Übernachten)

Godramstein (Ortsteil von Landau)

Wein & Sehenswert

Denkmalzone Steingasse (erbaut ab 18. Jh.): malerisch

Ev. Kirche (Kellereigasse 2; erbaut 1774): spätgot. Turm

Rathaus (Godramsteiner Hauptstr. 96; erbaut um 1820/30)

Finklerhof (Max-Slevogt-Str. 1; erbaut um 1870): in diesem „Schlössel“ war auch d. Maler Max Slevogt

Weinkerwe (Aug.)

Weingüter

Weingut Grünwald
Bahnhofstr. 12; Tel. 06341-61192
www.weingut-gruenwald.de
Gründung kurz nach 1960 von Anton Grünwald sen., heute leitet alles Sohn Anton jun. und dessen Sohn Matthias.
Flaschenwein: seit 1971
Reblagen (18 ha): Godramsteiner Münzberg
Spezialität: Sauvignon Blanc trocken, Müller-Thurgau, Cabernet Sauvignon/Merlot im Barrique
Wein-Preisspanne 2011: 3,20 - 8,90 €
Verkauf (Mo-Fr 8-18 Uhr, Sa 8-16 Uhr); Weinprobe (10-40 Pers.); Weinbergsbrunch im Grünen; Hoffest (geplant)

Weingut Münzberg - Lothar Keßler & Söhne
Hofgut / Böchinger Str. 51; Tel. 06341-60935
www.weingut-muenzberg.de + www.fuenf-winzer.de
Lothar Keßler verlagert d. Weingut 1974 außerhalb d. Ortes. Heute leiten alles d. Söhne Rainer + Gunter.
Im VDP seit 2000, Handlese.
Reblagen (17 ha): Godramsteiner Münzberg
Reben (75% weiß) / Spezialität: Schlangenpfiff Großes Gewächs, Barrique, Sekt

Verkauf (Mo-Fr 8-12 + 14-18 Uhr, Sa 9-16 Uhr);
Weinprobe (1-30 Pers.)

Weingut Übel
Godramsteiner Hauptstr. 66; Tel. 06341-969487
www.weingut-volker-uebel.de
Volker Übel arbeitet umweltschonend.
Flaschenwein: bereits seit 1960
Reblagen: Godramstein; Landau; Siebeldingen
Spezialität: Weißburgunder (vom steilsten Weinberg d. Weinguts), Riesling, Barrique
Wein-Preisspanne 2011: 4,20 - 12,50 €
Weinprobe (1-30 Pers.); bes. Flaschenetiketten

Weingut Martinshof
Godramsteiner Hauptstr. 83; Tel. 06341-61367
www.Martinshof-Weingut.de
Weingut von Elke + Bernd Martin im Anwesen von 1770.
Reblagen (15 ha)
Weinprobe (6-20 Pers.)

Weingut Barbey
Godramsteiner Hauptstr. 88; Tel. 06341-60862
www.weingut-barbey.de
Henry Barbey (+ Ehefrau Bärbel) ertüftelte „Rankenlöser" u.a. Sohn Marcel beginnt mit Flaschenwein, tatkräftig unterstützen ihn seine Schwester Isabel + deren Freund Florian Frank.
Weinprobe (1-15 Pers.)

Weingut Karl Theobald
Steingasse 15; Tel. 06341-969390
Straußwirtschaft Stägass (Fr-So ab 17 Uhr)

Einkehrtipps

Beat Lutz: Bahnhofstr. 28; Tel. 06341-60333 www.beatlutz.de (Restaurant, Einfluss aus d. Süden; Di-Sa, Fei 11.30-15 + 18-21 Uhr)

Westphals Kulinarium: Godramsteiner Hauptstr. 62; Tel. 06341-968428 / www.westphals-kulinarium.de (feine Weine; Di-Sa 18-24, So/Fei 12-15 + 18-24 Uhr)

Gräfenhausen (Ortsteil von Annweiler am Trifels)

Wein & Sehenswert

Burgunderweinfest (Juni)

Kapelle (von 1762): für Johannes d. Täufer

Burgunderweg: mit Schautafeln

Weingut

Burgunderhof Schneider
Krummgasse 9 + 11; Tel. 06346-3557
www.burgunderhof-schneider.de
Reblagen: Gräfenhausen; Frankweiler
Spezialität: Spätburgunder
Verkauf (Mo+Di ab 17, Mi+Do ab 13, Fr+Sa ab 8 Uhr); FeWo

Großfischlingen (Verbandsgem. Edenkoben)

Wein & Sehenswert

Ehem. kathol. Pfarrhof (Oberstr. 4; erbaut um 1765): in d. Nebengebäuden Reste des Schlosses d. Edlen von Fischlingen (13.-15. Jh.)

Kath. Kirche (St. Gallus; Oberstr. 2)

Kulturscheune (www.die-kulturscheune.de)

Weingüter

Weingut Spiegel (Joachim Spiegel)
Hauptstr. 25; Tel. 06323-980535
www.weingut-spiegel.de
Weinstube Spiegel (Venningen, Hauptstr. 13)

Weingut Lauth u. Sohn
Hauptstr. 35; Tel. 06323-989110 / www.lauth-wein.de

Einkehrtipp

Gutting Pfalznudel: Hauptstr. 43/45; Tel. 06323-5719 www.pfalznudel.de (Besichtigung f. Gruppen n. Anm.; Nudelladen z.B. mit Nudeln in Form von Trauben, Pasta mit Weinbergskräutern, Traubenkernnudeln Mo-Fr 8-19 Uhr, Sa ab 9 Uhr, So ab 11 Uhr; **Restaurant Nudelholz** auch mit Kuchen tgl. 11-17 Uhr)

Hainfeld (Verbandsgem. Edenkoben)

Wein & Sehenswert

Schloss Hainfeld (Am Schlossberg 8; erbaut 16. Jh.): Renaissance-Vierflügelbau

Röhrenbrunnen (Karl-Stein-Str.; von 1561): dabei Sandsteinbänke f. Hainfelds Weinhoheiten

Kath. Kirche (St. Barbara; Weinstr. 24a): Turm von etwa 1300

Skulpturenpark Hummelaue (bei d. Mittelmühle)

Haus d. jüd. Weinhändlers Markus (Weinstr. 67; erbaut

1595/96)

Ehem. Zehntkeller d. Hochstifts Speyer (Weinstr. 35; erbaut 1748)

Alte Dorfmühle (Weinstr. 39): stand hier 1100-1918

Weinkerwe (Aug.): überregional beliebt

Fest des Federweißen (Okt.): überregional beliebt

Weingüter

Weingut Hundemer
Friedhofstr. 1; Tel. 06323-2743
www.weingut-hundemer.de
Weingut von Angela + Ralf Hundemer (2 Kinder).
Reblagen (11 ha): Weyher Michelsberg u.a.
Spezialität: trockene Weine, Barrique, Sekt
Verkauf (Sa 9-18 Uhr, So 9-12 Uhr)

Theodorus Wein- u. Sektgut
Theodorhof (Gartenstr./Schmiedegasse); Tel. 06323-5034
www.theodorus-wein.de
Weingut seit 1778, siedelt 1975 an d. Ortsrand. Thomas Lergenmüller führt es seit 1996 - heute mit Ehefrau Ulrike, sie modernisieren 2010, sind ab Ernte 2011 Bio zertifiziert.
Reblagen (rd. 14 ha): Hainfeld; Edesheim; Burrweiler; Siebeldingen u.a.
Spezialität: Riesling, Spätburgunder, Sauvignon Blanc
Wein-Preisspanne 2011: 4 - 17 €
Verkauf (Sa 9.30-16.30 Uhr u.a.);
Weinprobe (20-50 Pers.); FeWo

Weingut Kastanienberg
Gartenstr.; Tel. 06323-3344
www.weingut-kastanienberg.de
Das Weingut leiten seit 1995 Werner + Ehefrau Andrea Koch.
Flaschenwein: seit 1987
Reblagen (11 ha): Hainfeld; Flemlingen
Reben (60% weiß)
Verkauf (Mo-Sa 9.30-18 Uhr, So 10-12 Uhr); Weinprobe (10-50 Pers.); Weinprobierstand (Mai-Aug. nur Sa+So, Sept.-Okt.)

Weingut AAX
Georg-Koch-Str. 3; Tel. 06323-5363
www.krahl-hainfeld.de
Das Weingut übernimmt 1977 Sohn Franz Krahl, er stellt früh auf ökolog. Anbau um (damals 1985 gibt es nur wenig „Verrückte" wie ihn). Agrar, Alternativ in X-facher Vielfalt.
Reblagen: Hainfeld; Flemlingen
Spezialität: Sekte aus eigener Herstellung, Riesling Auslese trocken
Wein-Preisspanne 2011: 3,90 - 9,80 €
Verkauf (Mo-Fr 9-11 Uhr, Sa+So 10-13 Uhr u. Anm.);
Weinprobe (1-40 Pers.)

Weingut Karl-Ludwig Scherr
Karl-Stein-Str. 9; Tel. 06323-3777
www.weingut-scherr.de
Einige Fässer im Gewölbekeller sind 170 Jahre alt.
Nach 1945 startet Ludwig Scherr mit 4 ha Land. Um 1970 übernimmt Karl-Ludwig alles, 2002 steigt Sohn Andreas ein.
Flaschenwein: seit etwa 1959
Reblagen (gut 20 ha): Hainfeld; Edesheim; Burrweiler; Flemlingen u.a.
Spezialität: Schwarzriesling, Dunkelfelder, Sauvignon Blanc
Wein-Preisspanne 2011: 4 - 10 €
Verkauf (tgl. 8-12 + 13-17 Uhr); Weinprobe (1-50 Pers.);
Mediterraner Garten; Flaschenetiketten mit Kalligraphie

Weingut Georg Anselmann
Landauer Str. 1; Tel. 06323-5069

Weingut Bernhard Koch
Weinstr. 1; Tel. 06323-2728
www.weingut-koch.com
Gründer Johann A. Koch - JAK steht auf d. Flaschen.
Sohn Bernhard übernimmt 1987 die 6,5 ha; überwiegend Handlese.
Reblagen (40 ha): Hainfeld; Flemlingen u.a.
Spezialität: fruchtige Weißweine, Scheurebe, Rieslaner
Weinpavillon (Mi-So 14-22 Uhr)

Weingut Gerhard Klein
Weinstr. 38; Tel. 06323-2713
www.weingut-gerhard-klein.de
Weingut von Gerhard + Ehefrau Sieglinde, Sohn Peter ist seit 2008 mit Erfolg verantwortl. im Keller, Tochter Bärbel (Ex-Weinkönigin d. Pfalz) hilft. 90% Handlese, umweltschonend (KUW). Weingut als Ort d. Begegnung von Menschen, die Wein als Kulturgut schätzen.
Reblagen (24 ha): Hainfeld; Burrweiler Altenforst (Schiefer); Weyher

Verkauf (Mo-Fr 8-18 Uhr, Sa 9-17 Uhr);
Weinprobe (1-40 Pers.); Gutsausschank (Sept.)

Weingut & Ferienhof Weisbrod
Weinstr. 45; Tel. 06323-5431
www.Weinshop.xail.net
Besitz von Familie Weisbrod.
Reblagen: Hainfeld; Rhodt; Maikammer; Roschbach; Weyher; Edesheim
Spezialitäten: Gewürztraminer, Muskateller Secco, Dunkelfelder Rotwein
Wein-Preisspanne 2011: 3 - 5,50 €
Verkauf (Mo-Sa 8-18 Uhr, So 10-15 Uhr an geraden Tagen); Ausschank im Weingut; FeWo + Gästezimmer

Weingut Borell-Diehl
Weinstr. 47; Tel. 06323-980530
www.borell-diehl.de
Im Fachwerkhaus von 1611 wächst Annette Borell auf, heiratet 1990 Thomas Diehl aus Edesheim. 2008 pachtet man d. einzigartigen Weinberg von Schloss Kupperwolf (Edesheim); 100% Handlese.
Reblagen (28 ha): Edesheim; Hainfeld u.a.

Weingut Edgar & Andreas Lutz
Weinstr. 57; Tel. 06323-3925
www.weingut-lutz-hainfeld.de
Edgar Lutz + Ehefrau Gerlinde (2 Kinder).
Reblagen (11,5 ha): Hainfeld; Roschbach u.a.
Verkauf (Sa 9-17 Uhr); Weinprobe (1-35 Pers.)

Weingut Matthias Glaser
Weinstr. 60; Tel. 06323-981534 / www.wein-glaser.de
Johann V. Habermehl ist bis 1729 Schultheiß im Ort. Sohn Johannes errichtet 1736 d. heutige Wohnhaus. Manfred Glaser übergibt 1992 an Sohn Matthias + Eileen Glaser.
Reblagen (10 ha)
Weinprobe (1-20 Pers.); FeWo

Weingut Lothar Hagenbuch & Söhne
Weinstr. 63; Tel. 06323-2770 / www.lothar-hagenbuch.de
Weingut von Lothar + Annemarie Hagenbuch, d. Söhne Tobias + Stefan sind erstmals 2003 für d. Ausbau der Weine verantwortlich.
Reblagen (15 ha): Hainfeld
Spezialität: Burgundersorten

Einkehrtipps

Gasthaus zum Logel: Kirchgasse 1; Tel. 06323-938793

Restaurant Am Dorfbrunnen: Weinstr. 28; Tel. 06323-980734 / www.dorfbrunnen-hainfeld.de (gemütl. Wirtschaft im Dorfschulhaus von 1757; Mi-So 11-14.30 + 17-21 Uhr)

Weinstube „WeingALerie“: Weinstr. 68; Tel. 06323-9884105 / www.weingalerie-hainfeld.de (erlesene Weine, frische Speisen; Fr-Di 12-14 + 18-22 Uhr)

Hochstadt (Pfalz)
(Verbandsgem. Offenbach an der Queich)

Wein & Sehenswert

Rathaus (Hauptstr. 75; erbaut um 1890)

Haus d. Naturfreunde (Hauptstr. 70): mit Dünscher Lesestunde u.a.

Kath. Kirche (St. Georg; Hauptstr.; erbaut ab 1749)

Ev. Kirche (Hauptstr. 203; wohl 13. Jh.)

Weinlehrpfad mit Hochstadter Turm (1,4 km lang): für Hochstadts Dt. Weinkönigin 2006/07 - Katja Schweder

Weingüter

Weingut Gerhard Hörner
Edesheimer Weg 14; Tel. 06347-919203
www.weingut-hoerner.de
Marko Hörner übernimmt vom Vater Gerhard. Am Ortsrand bei Reben steht d. mediterrane Halle.
Reblagen (18 ha): Hochstadt
Spezialität: seit 2009 Neuzüchtung Cabernet Dorsa
Weinprobe (1-35 Pers.); Übernachten (Im Entenhöbel 7)

Weingut Stern
Hauptstr. 199; Tel. 06347-700580
www.weingut-stern.de
1952 kauft Holzküfer Josef Stern („Sterne-Sepp“ genannt) den 1. Weinberg. 1980 übernimmt alles Sohn Wolfgang, 2003 steigt Sohn Dominic ein als Betriebsleiter.
Flaschenwein: seit 1980
Reblagen (8 ha): Hochstadt u.a.
Spezialität: Spätburgunder, „PinoTimes“ (hochwertige Burgunderweine von Dominic + Cousin Philipp Kiefer, Aloisiushof St. Martin, Mühlstr. 2)
Wein-Preisspanne 2011: 5 - 28 €
Verkauf (Mo-Fr 9-18 Uhr, Sa 9-16 Uhr); **Weinstube**

„**Zum Sterne Sepp**“ (Hauptstr. 104; Tel. 06347-7255; Di-Fr ab 17 Uhr, Sa ab 14 Uhr, So ab 11 Uhr)

Weingut Schweder
Hauptstr. 211; Tel. 06347-2008
www.weingut-schweder.de
Heinrich Schweder kehrt aus Amerika zurück, er erwirbt d. Weingut 1889 mit Pferden, Kühen, Enten, Dorfstammtisch, Tanzsaal, Arzt u. Milchstube im Haus. Heute arbeiten hier Heinz + Anita Schweder. Tochter Katja (2006/07 Dt. Weinkönigin), Sohn Henrik will alles übernehmen.
Flaschenwein: seit etwa 1970
Reblagen (2,5 ha): Hochstadt
Reben (60% rot)
Weinprobe (im 300-jährig. Kellergewölbe)

Weingut Hainbachhof
Hainbachhof; Tel. 06347-8814 / www.hainbachhof.de
Feines Weingut von Reinhold + Ehefrau Suse Hörner (2 Kinder), 6 Pferde. Sohn Thomas belegt 2010 bei d. Europameisterschaft der Jungwinzer im Team mit Felix Zöller Platz 1!
Reblagen (25 ha)

Weingut Wolfgang Fischer
Hauptstr. 73; Tel. 06347-1339
www.fischer-hochstadt.de
Hofanlage mit Fachwerkhaus von 1705, duftende Rosen im Vorgarten.
Reblagen (15 ha)
Spezialität: Merlot, Acolon, Sauvignon Blanc

Otto Pressler Weinkellerei
Neustadter Str. 3-13; Tel. 06347-98200
www.otto-pressler.de
Eine der größten Kellereien der Pfalz, d. Winzergemeinschaften Kloster Haimbach + König Dagobert zählen dazu.
Reblagen (rd. 75 ha; 100 Winzer)
Verkauf (Mo-Do 7.30-12 + 13-17 Uhr, Fr 7.30-12 + 13-16 Uhr)

Kirrweiler (Verbandsgem. Maikammer)

Wein & Sehenswert

Edelhof (Kirchstr. 20): alter Hof des Hochstifts Speyer, heute Dorfgemeinschaftshaus mit Edelhof-Theater (Nov.)

Stadtmauer-Reste (z.B. Am Brühlweg)

Rathaus (Hauptstr. 14): wurde 1725 das „neue fürstbischöfl. Amtshaus“

Kath. Kirche (Kreuzerhöhung; Kirchstr. 11; erbaut ab 1749): d. Orgel von der einst in Kirrweiler ansässigen Orgelbaudynastie Seuffert (1809) baut Orgelbauer R. Mahler (Elsass) 1998 neu; jährl. Kirrweiler Orgelsommer

Weinlehrpfad (Start: Friedhof; ca. 2,5 km lang): vorbei am Nickelsee

Schlossweiher: Naherholung, Hochwasserschutz

Kirrweiler Weinzehnt (Juli): überregional beliebt; Weinfest, Kunst, Kutschen

Winelandgames (Sept.)

Trauben und Wein (Okt.): Römerweg mit Weinverkostung

Weingüter

Weingut Anslinger
Am Neugarten 19; Tel. 06321-5696
www.weingut-anslinger.de
Karl-Heinz Anslinger baut d. Weingut 1970.
Reblagen: Kirrweiler; Venningen; Altdorf; Edenkoben; St. Martin; Maikammer
Spezialität: Chardonnay, Gewürztraminer, Cabernet Mitos
Wein-Preisspanne 2011: 2,70 - 6,20 €
Gästehaus

Weinhaus Matt-Schwaab
Am Rebenmeer; Tel. 06321-58327
www.weingut-matt-schwaab.de
Weingut in d. Reben von Thomas Schwaab + Stefanie Matt-Schwaab.
Weinstube Oberschlossschänke (Hauptstr. 62; Apr.-Okt. Sa ab 17 Uhr, So/Fei ab 11.30 Uhr); Gästehaus

Weingut Michael Oberhofer
Hauptstr. 110; Tel. 06321-575182
Weinstube St. Urban (auch mit Kuchen)

Weinhaus Ralph Anton
Heuweg 3; Tel. 06321-5669 / www.antonwein.de

Weingut Norbert Zöller
Jahnstr. 20; Tel. 06321-58797
www.wein-gaestehaus-zoeller.de
Reblagen (14 ha)
Weinprobe (1-50 Pers.); Gästehaus

Weinhaus Hermann Zöller
Marktstr. 16; Tel. 06321-58287
www.weinhaus-zoeller.de
Inge + Hermann Zöller machen d. landwirtschaftl. Mischbetrieb zum Weingut. Das führt heute Sohn Thomas.
Reblagen (rd. 16 ha)
Spezialität: Dornfelder (schon seit 1975), restsüße Weine (z.B. Gewürztraminer Spätlese)
Weinprobe (1-25 Pers.); Gutsausschank (Fr+Sa ab 17 Uhr, So ab 15 Uhr); Kelterhausfest (Aug.); Gästehaus

Weingut Roth (Pirmin Roth)
Marktstr. 49; Tel. 06321-59616
www.weingut-gaestehaus-roth.de
Reblagen (10 ha)
Spezialität: Dornfelder
Weinprobe (1-30 Pers.);
Gästezimmer

Weingut Schlössel
Schlossstr. 14; Tel. 06321-5296
www.weingut-schloessel.de
Vom Amtssitz des Hochstifts Speyer blieb d. Schaffnerei von 1764/68, wo d. Weinzehnte im Gewölbekeller lagerte. 1925 kauft Familie Schwaab aus Alsterweiler d. Anwesen für Sohn Daniel. Daniels Sohn Johannes übernimmt (die Brüder gründen auf d. Areal eigene Weingüter). 1997 übernimmt alles Sohn Martin. Er + Sohn Daniel agieren seit 2001 gemeinsam.
Reblagen (ca. 12 ha): Kirrweiler
Weinprobe (1-40 Pers.); Rebengarten für private Feste (Mai-Okt.); Kutschfahrten

Weingut Markus Schwaab
Schlossstr. 16; Tel. 06321-952686
www.markus-schwaab.de
Das Weingut steht, wo ab etwa 1280 d. Wasserschloss Marienburg stand (s.a. Weingut Schlössel, Schlossstr. 14). 1997 übernimmt d. Weingut Markus (+ Ehefrau Andrea) von den Eltern. 2006 kommen d. Weinberge der Schwiegereltern Scherer aus Edesheim hinzu.
Reblagen (17 ha): Kirrweiler; Maikammer; Venningen; Edesheim
Verkauf (Mo-Fr 8.30-12.30 + 13.30-19 Uhr, Sa 8.30-12.30 + 13.30-18 Uhr, So/Fei 9-12 Uhr); Weinprobe (1-25 Pers.); Gästehaus

Einkehrtipp

Weinstube Edelhof: Kirchstr. 18; Tel. 06321-4883020 www.edelhof-kirrweiler.de (Im alten Palast d. Hochstifts Speyer bietet im Rittersaal e. Weinstube Weine von Winzern aus Kirrweiler, gehobene Küche, Kultur; Mo + Mi-Sa ab 17 Uhr, So/Fei ab 11.30 Uhr; 15.1.-15.3. auch Mo Ruhetag)

Knöringen (Verbandsgem. Landau-Land)

Wein & Sehenswert

Kath. Kirche (St. Philipp u. Jakob; Kirchstr.; erbaut 1771)

Ev. Kirche (Hauptstr. 32; erbaut 1787)

Amselkerwe (Mai)

Weinfest (Juni)

Weingut

Weingut Amselhof
Hauptstr. 4; Tel. 06341-932482
www.amselhof.de
Axel + Natascha Hörner gründen d. Weingut anno 2000.
Reblagen (14,5 ha): Knöringer Hohenrain
Spezialität: Weißburgunder Sekt brut
Wein-Preisspanne 2011: 3,50 - 16,50 €
Verkauf (Sa 8.30-12 + 13-17 Uhr); Weinprobe (1-40 Pers.); **Weinstube Amselnest** (März-Juni/Sept.-Nov. Do-So 17-23 Uhr); Schoppenbähnchen-Fahrt; Hoffest mit Jazz (Juni); FeWo

Landau

... siehe auch „Weinwege genießen in der Südpfalz. Bd. 2“

Wein & Sehenswert

Rathaus (Marktstr. 50; erbaut 1827): war Festungskommandantur

Rathausplatz: Luitpold-Denkmal (Einweihung 1892), Böckingsches Palais (Nr. 1; um 1770), Altes Kaufhaus (Nr. 9)

Altes Stadthaus (Stadthausgasse 5; erbaut 1742-68): ehem. Kommandantur

Stadtbibliothek (Heinrich-Heine-Platz 10; Mo-Di, Do-Fr 10-18 Uhr, Sa 9-13 Uhr)

Französisches Tor (Obertorplatz; erbaut um 1690)

Deutsches Tor (Neustadter Str. 2; erbaut um 1690)

Haus Mahla (Maximilianstr. 7; Tel. 06341-134200 www.landau.de): Museum mit Winzergeräten, Stadtmodell mit Vauban-Festung

Frank-Loebsches-Haus (Kaufhausgasse 9; erbaut 16.-19. Jh.): Ausstellungen (Di-Do 10-12 + 14-17 Uhr, Fr-So 11-13 Uhr); Weintage Südl. Weinstr. (Juni)

Katharinenkapelle (Kaufhausgasse): dient ab 1344 d. Beginen für d. Krankenpflege; ist nach d. Reformation Gefängnis, Wachhaus, auch Weinkeller

Skulptur Landavia (Martha-Saalfeld-Platz; 1980): Künstler Martin Mayer nannte sie Palatina Bacchabunda, sie erregte Gemüter mit ihren Trauben vor prallen Brüsten

Rote Kaserne aus Landaus Festungszeit (erbaut 1756-59): Gedenktafel f. Thomas Nast (1840-1902), der hier zur Welt kam u. später in Amerika als Karikaturist berühmt wurde

Herberge „Zum Maulbeerbaum" (Marktstr. 92; erbaut 16. Jh.): 1322-1488 steht hier e. Hof d. Klosters Klingenmünster, später eine städt. Herberge; darin trifft sich 1522 Franz von Sickingen (1481-1523) mit Rittern, sie wollen mit ihrem „Landauer Bund" d. Lehre Luthers stärken. 1888 erhält d. Gebäude 17 Kopfreliefs bedeutender Gäste, auch Franz von Sickingen

Stiftskirche (evang.; Marktstr. 93; erbaut bis 1333): mit Türmerwohnung

Ehem. Augustinerkloster (Königstr. 21; erbaut ab 1739): Kreuzgang von etwa 1450

Zoo Landau (Hindenburgstr. 12-14; www.zoo-landau.de)

Freizeitbad La Ola (Horstring 2; www.la-ola.de)

Strieffler-Haus (Löhlstr. 3; Tel. 06341-86204; Fr-So 14-17 Uhr): Nachlass d. pfälz. Landschaftsmalers Heinrich Strieffler (1872-1949) + Tochter Marie (1917-87)

Werkstatt-Galerie Xaver Mayer (Ostbahnstr. 18; www.xaver-mayer.de): der Künstler schuf „Der klääne Pälzer" + Weinflaschen-Etiketten

Landauer Sommer (Juli): Weinfest

Fest des Federweißen (Okt.): überregional beliebt

Herbstmarkt (Sept.) und **Maimarkt** (Apr.) je mit Weindorf: überregional beliebt

Weintage d. Südl. Weinstr. (nach Fronleichnam Fr-Mo)

Weinkost (Mai; Festhalle; www.vdp-pfalz.de): Gipfeltreffen VDP Pfalz, Wein verkosten u. es werden 4 neue „Junge Talente" vorgestellt (seit 2008)

Kunsthandwerklicher Thomas-Nast-Nikolausmarkt (Dez.)

Weinhandlungen

Wein Rebholz - Haus der Winzerweine
Nordring 27; Tel. 06341-82067

Il Mio - Weinmagazin
Ostbahnstr. 12; Tel. 06341-648330
www.il-mio.de
Wein aus Italien, Frankr., Österr. + Übersee, Kaffee, Bar (Di-Fr 11-19 Uhr, Sa 10-14 Uhr)

Einkehrtipps

Zur Blum: Kaufhausgasse 9; Tel. 06341-897641 www.zurblum.de (Weinstube im Frank-Loebschen Haus; Di-Sa ab 17 Uhr, Mi+Sa auch 11.30-14.30 Uhr)

Bistro Barock: Obertorplatz 4; Tel. 06341-995566 www.barock-landau.de (Brasserie im alten Französ. Tor; Mo-Do 7-1, Fr 7-2, Sa 8-2, So/Fei 10-1 Uhr)

Fünf Bäuerlein: Theaterstr. 2; Tel. 06341-20746 www.fuenf-winzer.de (die Weinstube Bäuerlein machen d. Winzer „Fünf Freunde" 2001 zur Gaststätte Fünf Bäuerlein; erlesene Weine u.a.; Mo ab 17 Uhr, Di-Fr 11.30-14 + 18-22 Uhr)

Akzent Kaffeehaus: Westbahnstr. 31; Tel. 06341-557495 (Café, ökolog. Weine aus d. Region; Mo-Sa 9-23 Uhr, So 10-23 Uhr)

Maikammer-Alsterweiler
(Verbandsgem. Maikammer)

Wein & Sehenswert

Kath. Kirche (St. Cosmas u. Damian; Weinstr. Nord 18; erbaut 1756/57): Grabmale d. Ritter von Oberstein; Altartisch „Schalk im Heiligtum" (von G. Rumpf 1976/77; da klettert an d. Priesterbank e. „arme Kirchenmaus", in einer Höhle steckt e. „gutes" Lamm, unter ihm symbolisieren Drachen u. andere Fabelwesen d. Böse)

Alsterweiler Kapelle Mater Dolorosa (Alsterweiler Hauptstr.; erbaut 1845): dabei ein histor. Weinberg

Denkmal General Hartmann (Marktplatz; 1900)

Schoppendenkmal (Marktplatz)

Kredenburg (Friedhofstr. 101; erbaut Ende 19. Jh., im Kern älter)

Weinlehrpfad Mandelhöhe (ab Alsterweiler Kapelle; 2,5 km lang): alte Erziehungsformen, Rebsorten u.a.

Maikammerer Weinmarathon (März): 24-Std.-Weinevent im Bürgerhaus

Maifest Maikammer (ab Himmelfahrt): Weintreff im Lavendelgarten, Weindorf u.a.

Weingüter

Weingut Gerhard Hauck
Alsterweiler Hauptstr. 26-28; Tel. 06321-58752
www.weingut-gerhard-hauck.de
Reblagen: Alsterweiler; Maikammer
Vinothek im Sandsteinkeller (17. Jh.)

Weingut Hubert Müller
Bahnhofstr. 3; Tel. 06321-5472
www.mueller-maikammer.de
Das Weingut leitet Stefan Müller.
Reblagen (20 ha): Maikammer
Verkauf (Mo-Fr 9-12 + 13-18, Sa 9-17, So 10-12 Uhr); Weinprobe (1-60 Pers.); Rebenpatenschaften; Übernachten

Weingut August Ziegler
Bahnhofstr. 5; Tel. 06321-95780
www.august-ziegler.de
1717 kommt Schneider Johann A. Ziegler aus Württemberg nach Maikammer u. heiratet e. Winzerstochter. Die Ltg. des Weinguts (denkmalgeschütztes Gutshaus von 1894) übernehmen 1996 d. Brüder Harald + Uwe Ziegler von ihren Eltern.
Reblagen (20 ha): Alsterweiler; Maikammer; Gimmeldingen u.a.
Spezialität: Künstleretiketten bei Barricot Select-Linie, fruchtig-duftige Bukettweine, maischevergorene kraftvolle Rotweine im Barrique ausgebaut
Wein-Preisspanne 2011: 3 - 31 €
Verkauf (Mo-Fr 8-18 Uhr, Sa 9-15 Uhr); Weinprobe (auch Themen); Koch-Workshop

Weingut Fritz Breiling
Bahnhofstr. 15; Tel. 06321-5020
Fritz Breiling stellt schon 1965(!) auf Bio-Anbau um (Bioland).
Verkauf (Sa 9-12 + 14-17 Uhr)

Wein- u. Sektgut Otto Stachel
Bahnhofstr. 18; Tel. 06321-5212
www.weinhausstachel.de
Etwa 1838 gegr. von Willy Stachel.
Reblagen (12 ha): Maikammer
Spezialität: Riesling, Burgunder
Wein-Preisspanne 2011: 3,80 - 6,80 €
Verkauf (Mo-Fr 9-18 Uhr); Weinprobe (1-55 Pers.)

Weingut Erich Stachel
Bahnhofstr. 40; Tel. 06321-5112
www.weingut-stachel.de
Familienweingut von Erich Stachel + Sohn Matthias.
Keller mit Sandsteingewölbe.
Reblagen (14 ha): Maikammer
Spezialität: Sekt, Barrique-Weine
Verkauf (Mo, Mi, Fr 9-12 + 14.30-18, Di+Do 9-12 Uhr, Sa 10-13 Uhr); **Weinbistro „Stachelvino“** (Mi-So 17-23 Uhr)

Weingut Joachim Müller
Hartmannstr. 37; Tel. 06321-5252
www.weingut-joachim-mueller.de
Die 1998 heilige gesprochenen Edith Stein kam 1930 mit e. Schulklasse aus Speyer.
Spezialität: Edith-Stein-Wein (f. Edith-Stein-Haus, Breslau)
Weinprobe (1-24 Pers.); **Müllers Weinsch„Anke“** (Mo-Sa 9-12 + 13-18, So 10-18 Uhr); **Straußwirtschaft** (Sept.-Okt.)

Schreieck Maikammer - Wein- u. Sekthaus
Hartmannstr. 38; Tel. 06321-5067
www.schreieck-maikammer.de
Weingut aus St. Martin, siedelt 1970 nach Maikammer. Es leiten Volker + Bernd Schreieck. Mit sehenswertem Kreuzgewölbekeller für Barrique!
Reblagen (18 ha): Maikammer
Spezialität: S-Klasse-Serie (Grauburgunder, Riesling, Chardonnay)
Verkauf (Mo-Sa 9-18 Uhr, So 10-12 Uhr); Gästehaus (Mühlstr. 13); **Weinlaube** (Sept./Okt.); Events

Weingut Felix Schädler
Hartmannstr. 62; Tel. 06321-5425
www.schaedler-wein.de
Bis um 1955 verkosten hier im Frühjahr d. Kommissionäre d. neuen Weine. Emil Schädler verschickt sie in

30-60-l-Holzfässern per Bahn an Kunden (in Maikammer entsteht vor 1900 eigens e. Güterbhf. für Weinversand). Sohn Paul leitet alles seit etwa 1960, bei Weinproben teilt er gern Liederhefte aus! Sohn Felix übernimmt 1994, er liefert Wein deutschlandweit aus.
Flaschenwein: seit 1950er Jahre
Reblagen (gut 9 ha): Maikammer; Alsterweiler; Kirrweiler; Diedesfeld
Reben (2/3 weiß)
Verkauf (Mo-Fr 8-12 + 13-19 Uhr, Sa 9-17 Uhr, So 10-12 Uhr); Weinprobe (5-30 Pers.)

Winzerhof Ernst
Hohlweg 3; Tel. 06321-59493
www.winzerhof-ernst.de
Gegründet nach d. 2. Weltkrieg von Ludwig Ernst, alles leiten heute die Enkel Sophie, Christoph + Stefan Ernst.
Reblagen: Maikammer; Kirrweiler; Diedesfeld
Spezialität: Secco, Traubensaft, Essige
Wein-Preisspanne 2011: 3,20 - 8,60 €
Weinprobe (1-50 Pers.); **Straußwirtschaft** (Mai-Juni + Juli-Okt. Di, Fr-So/Fei ab 17 Uhr, bei Sonne Sa+So ab 15 Uhr); „Weinquelle" im Weingarten (Selbstbedienung tgl. geöffnet)

Weingut Schwaab - Vinothek
Marktstr. 7; Tel. 06321-58411
www.weingutschwaab.de
Das Weingut leiten seit 2002 Marion + Stefan Schwaab, ein Riesling von ihnen gelangte unverhofft bei d. Weinwelt-Probe (1.700 Rieslinge) auf Platz 5! Preise auch f. andere Weine.
Vinothek (Mo-Fr 9-18.30, Sa 9.30-17, So 10-13 Uhr); **Restaurant Dorfchronik** (Tel. 06321-58240 / www.restaurant-dorfchronik.de; Barockhaus von 1747, saisonal spannende Küche, bes. Events wie History-Dinner; Mi-Fr ab 17.30, Sa 11.30-14 + ab 17.30, So/Fei ab 11.30 Uhr)

Ortsvinothek Weinkammer
Marktstr. 8 (Haus Rassiga/Bürgerhaus)
www.maikammer.de
Das Bürgerhaus, heute mit Vinothek + Weinbistro, lässt sich Junker Hans Obendruff erbauen, seinen Reichtum zeigt d. prächtige Fassade. Bereits im 19. Jh. gibt es hier einen Gutsausschank, darin treffen sich d. Honoratioren aus der Umgegend. Ihre Kutschen halten vor dem großen Hoftor, und durch das kleine Nadelöhr betreten sie den Gutshof. Seit 2012 bieten die Freundinnen Christa Warkus + Anja Rothenbücher hier in ihrer Vinothek Wein von 25 Weingütern im Ort. Wer hier einen Wein für sich findet, macht sich danach vielleicht mit Neugier auf den Weg, d. Weingut zu entdecken.

Weingut Immengarten Hof
Marktstr. 62; Tel. 06321-59400
www.immengarten-hof.de
Hans Höhn (Ehefrau Gisela) übernimmt 1979 d. elterlichen Hof, Sohn Frank leitet alles seit 2003.
Flaschenwein: ab 1968
Reblagen (13 ha): Maikammer; St. Martin; Kirrweiler; Venningen; Diedesfeld; Hambach
Spezialität: internat. Sorten
Verkauf (Fr+Sa 9-18 Uhr, So 10.30-12.30 Uhr); FeWo

Weingut Faubel
Marktstr. 86; Tel. 06321-5048 / www.weingut-faubel.de
Jugendstil-Villa mit Gingkobaum (Naturdenkmal). 1978 übernimmt Christa Faubel, geb. Ullrich (+ Ehemann Heinz) den Ullrichshof von d. Eltern. Sie übergeben nach 20 Jahren an Sohn Gerd + Ehefrau Silke.
Reblagen (24 ha): Maikammer; St. Martin; Haardt u.a.
Reben (70% weiß) / Spezialität: Weine d. KOSTBAR
Vinothek KOSTBAR (Mo-Fr 10-18 Uhr, Sa 10-16 Uhr n. Anm.); Weinprobe (2-20 Pers.); Gästezimmer

Weingut Bernhard Müller (Ute Müller)
Mühlstr. 16; Tel. 06321-59767
Kleines sympathisches Weingut.
Spezialität: Verkauf von Hausreben
Weinprobe (1-50 Pers.)

Weingut Wilhelm (Eberhard Wilhelm)
Mühlstr. 44; Tel. 06321-576210
www.weingut-eberhard-wilhelm.de

Sektmanufaktur Bernd Schöpsdau
Weinstr. Nord 33; Tel. 06321-59327
www.schoepsdau.de
Spezialität: Sekt.
Sektproben (1-30 Pers.); FeWo

Weingut Rolf Ziegler
Weinstr. Nord 38; Tel. 06321-5007
www.weingut-norbert-ziegler.de
Anwesen mit leuchtend roten Rosen, gegr. 1849 von Johann Ziegler, der - vom Schuldienst suspendiert - Weinhändler wurde.

Reblagen (ca. 4,7 ha): Maikammer; Alsterweiler u.a.
Reben (77% weiß) / Spezialität: Weißburgunder Kabinett
Wein-Preisspanne 2011: 2,05 - 9,50 €
Hausetikett mit Topf „Weinverkauf"; FeWo

Weingut Ökonomierat Ziegler

Weinstr. Nord 41; Tel. 06321-5001
www.weingut-oekonomierat-ziegler.de
Michael Hauck, Küfer, heiratet 1821 Winzerstochter Klara u. gründet d. Weingut. Bereits um 1837 besitzen sie e. Weinfass für 20.000 Liter. 1901 kauft August, Michaels Enkel, d. heutige Anwesen. Tochter Hildegard heiratet 1936 Walter Ziegler, nach dem 2. Weltkrieg bauen sie d. Weingut aus. Sohn Dieter übernimmt 1964, er wird 1985 rheinland-pfälz. Staatsminister f. Landwirtschaft ..., da übernimmt Sohn Michael mit 19 Jahren alles.
Übrigens: Im Dt. Histor. Museum in Berlin befindet sich als Leihgabe d. Familie e. Deutschlandfahne, 5m lang, wohl vom Hambacher Fest 1832!
Reblagen (11 ha): Maikammer; Alsterweiler; Kirrweiler; Diedesfeld; Hambach
Spezialität: Rotweincuvee 2009er „Auszeit" mit bes. Etikett; Frühburgunder Spätlese, Rotwein trocken
Wein-Preisspanne 2011: 3,40 - 9,40 €
Verkauf (Mo-Fr 9-18 Uhr, Sa 9-16 Uhr);
Restaurant Alt-Maikammer (Weinstr. Nord 35)

Weingut Dengler-Seyler

Weinstr. Süd 6; Tel. 06321-5103 / www.dengler-seyler.de
Gründung 1960, Julia Dengler (Ehemann Erwin Seyler) übernimmt d. Weingut von d. Eltern. Tochter Eva + Ehemann Matthias leiten alles seit 2000 (2 Kinder). Etiketten klar u. dezent, Logo mit ihrem Weinbergstempel aus d. Heiligenberg, von 1913; Tendenz zu Bio.
Flaschenwein: seit etwa 1960
Reblagen (12 ha): Maikammer; Kirrweiler; Alsterweiler
Reben (80 % weiß) / Spezialität: Riesling aus d. Kleinlagen d. Heiligenbergs
Wein-Preisspanne 2011: 4 - 38 €
Vinothek (Mo-Sa 9-12 + 13-18 Uhr); Weinprobe (4-20 Pers.); Picknick auf d. Heiligenberg (Juni); „Weingenuss u. Gartenlust" (Aug.)
Gasthaus Zum Winzer: Weinstr. Süd 8; Tel. 06321-5410
www.winzer-maikammer.de (verpachteter Gutsausschank, frische saisonnale Küche; Mi 17.30-23.30, Do-So 11.30-14.15 + 17.30-23.30 Uhr)

Weingut M. Schädler

Weinstr. Süd 43; Tel. 06321-5235 / www.m-schaedler.de
2002 pachtet Steffen Mugler d. Weingut (war zuvor Kellermeister im elterlichen Betrieb) u. stellt auf Bio-Wein um. Mit M. Andres gehört ihm d. Sektkellerei Andres & Mugler in Ruppertsberg.
Reblagen (9,5 ha): Maikammer
Spezialität: Riesling, Burgundersorten
Wein-Preisspanne 2011: 3,10 - 5,10 €
Verkauf (Sa 9-16, So 9-12 Uhr); Hoffest (Himmelfahrt)

Einkehrtipps

Hotel Immenhof: Immengartenstr. 26; Tel. 06321-9550
www.hotel-immenhof.de (mit Restaurant-Café, gut bürgerlich; tgl. 10-24 Uhr)

Goldener Ochsen: Marktstr. 4; Tel. 06321-58101
www.zum-goldenen-ochsen.de (Hotel-Restaurant, denkmalgeschütztes Anwesen von 1703/12; Gutbürgerliches; Sa-Mi mittags + ab 17 Uhr, Fr nur ab 17 Uhr)

Gasthaus Zur Kalmit: Mühlstr. 2; Tel. 06321-5054
(Pfälzer Küche, Di-So ab 10 Uhr)

Winzerkeller Alsterweiler: Mühlstr. 14;
Tel. 06321-959713

Mayer's Eck'l: Schulstr. 2; Tel. 06321-95195
(kleine Weinstube)

Restaurant Alt-Maikammer: Weinstr. Nord 35;
Tel. 06321-952864 / www.alt-maikammer.de (in der ehem. Posthalterei, erbaut um 1565 + 1787; heute: Gutsausschank von Ökonomierat Ziegler, Weinstr. Nord 41; Do-Di ab 11.30 Uhr)

Neustadt/Weinstr.

Tourist-Info: Hetzelplatz 1; Tel. 06321-9268-0
www.neustadt.eu, touristinfo@neustadt.pfalz.com

Wein & Sehenswert

Deutsches Weinlesefest im Saalbau (Bahnhofstr. 1): zweitgrößtes Weinfest d. Welt; Wahl d. Pfälzischen Weinkönigin; Winzerfestzug; große Pfalzweinprobe

Hambach:

Hambacher Schloss (tgl. 11-17 Uhr;
www.hambacher-schloss.de): mit Restaurant 1832

Theater in der Kurve (Weinstr. 279;
www.theaterinderkurve.de): in e. ehem. Weingut

Andergasser Fest (Mai): Weinfest in d. Andergasse

Diedesfeld:

Weinkerwe (Aug.) & **Federweißenfest** (Okt.)

Weingüter

Weingut Joachim Hollerith
Pfarrer-Abel-Straße 5 (Hambach); Tel. 06321-921877
www.joachim-hollerith.de
Aus einem Weingut in Maikammer stammend wandert Joachim Hollerith (+ Ehefrau Brigitta) 1978 aus in die USA. 1999 kehrt er zurück in die Pfalz.
Reblagen (3 ha): Maikammer Heiligenberg
Spezialität: Pinot Maximus (aus Früh- u. Spätburgunder)
Wein-Preisspanne 2012: 9 - 15 €

Weingut Georg Naegele - Schloßbergkellerei
Schlossstr. 27-29 (Hambach); Tel. 06321-2880
www.naegele-wein.de
Das Weingut im alten „Oberzehntkeller" d. speyrischen Fürstbischöfe gegründet. Eva Bonnet (+ Ehemann Ralf; 2 Kinder) übernimmt es ab 1992 von d. Eltern.
Reblagen (15 ha): Hambach
Spezialität: Riesling in Varianten, Rotweine - Barrique + Holzfass, Etiketten mit hist. Darstellung Hambacher Schloss
Wein-Preisspanne 2012: 4 - 25 €
Verkauf (8-17.30 Uhr); Hoffest (Juni)

Weinhaus Kaiserstuhl
Weinstr. 45 (Hambach); Tel. 06321-80398
www.weingut-kaiserstuhl-nickel.de
Das Weingut, gegr. 1959 von Paul Nickel, führt heute Enkel Hans Nickel + Ehefrau Eva. Benannt nach d. ehem. Weinbergslage „Hambacher Kaiserstuhl".
Reblagen: Hambach
Spezialität: Riesling, Burgunder, Edelsüßes wie Siegerrebe
Wein-Preisspanne 2011: 4 - 22 €
Verkauf (Mo-Sa 9-19 Uhr, So im Sept.+Okt. 10-18 Uhr)

Hambacher Schloss Kellerei eG, Hambach
Weinstr. 110; Tel. 06321-2343. / www.hskeg.de
Gegr. 1902, nutzt heute das ehem. Weingut d. Fam. Lichtenberger (erbaut 1847).
Reblagen (50 ha)
Verkauf (Mo+Di 8-12 + 13-17, Mi-Fr 8-12 + 13-18, Sa 9-12, So 11-15 Uhr)

Weingut Schackert (Klaus Schackert)
Weinstr. 552 (Diedesfeld); Tel. 06321-80937
www.weingut-schackert.de
Ökolog. Weinbau (KUW).

Stortz-Nicolaus Wein- & Sektgut
Weinstr. 601 (Diedesfeld); Tel. 06321-31575
www.stortz-nicolaus.de
Weingut am Ortsrand von Diedesfeld, Bioland seit 2004.
Reblagen: auch im Bereich Südl. Weinstr.
Spezialität: hochwertige Weiß- u. Rotweine

Einkehrtipps

Zur Fassdaube: Weinstr. 269 (Hambach); Tel. 06321-9291826 / www.zurfassdaube.de (auch Vegetarisches; Mo 18-22, Di-Fr 11.30-14 + ab 17, Sa+So ab 11.30 Uhr)

Nußdorf (Ortsteil von Landau)

Wein & Sehenswert

Weinerlebnispfad (www.weinerlebnispfad-nussdorf.de)

Historischer Dorfrundweg mit Schautafeln

Bauernkriegshaus (Kirchstr. 66; erbaut 1671/72; www.bauernkriegshaus-nussdorf.de): Museum

Bauernkrieger-Denkmal (Kirchstr. / Walsheimer Str.): Bauernkrieger mit Schwert im Rücken (von P. Brauchle nach e. Entwurf Albrecht Dürers)

Ev. Kirche (Kirchstr. 61; seit 1289): röm. Viergötterstein

Landauer Ölfeld: Ölförderung seit 1957

Nußdorfer Weinkerwe (Aug.)

Nacht der offenen Keller (2. Okt.)

Weingüter

Weinbau Dr. W. Hochdörffer
Geißelgasse 35; Tel. 06341-61230
www.weinbau-dr-hochdoerffer.de
Gründung d. Weinguts um 1800 von Jakob Hochdörffer (Inschriftentafel von 1802). Heute Weinbau im Nebenerwerb - Familie Hochdörffer nimmt sich gerne Zeit für Wünsche!
Reblagen (7 ha): Nußdorf; Godramstein; Walsheim
Spezialität: Syrah, Rondo, Cabernet Sauvignon

Weingut Susanne + Klaus Rummel
Geißelgasse 36; Tel. 06341-61972
www.rummel-biowein.de
Wohnhaus = baubiolog. umgebaut, Ökoanbau seit 1987

(Ecovin seit 1994)! 1990 wird gegen Widerstand d. Behörden d. Sorte Regent gepflanzt. 1993 übernimmt Klaus (+ Ehefrau Susanne, 3 Kinder) alles vom Vater. 2005 Förderpreis Ökolog. Landbau d. Landwirtschaftsministeriums f. Pionierarbeit mit PIWIS (gut 50% d. Betriebsfläche mit neuen PIWI-Reben bestockt).
Reblagen (12 ha): Nußdorf
Spezialität: PIWIS wie Regent, Pinotin, Cabertin; 1er/Cabernet blanc (durchlief hier d. Sortenanbaueignungsprüfung mit Zifferncode VB 91261; VB = Züchter Valentin Blattner, 91 = wurde 1991 gekreuzt, 26 = Serie 26 d. Züchters, 1 = 1. Sämling, der ausgewählt wurde)
Wein-Preisspanne 2011: 5 - 12 €
Weinprobe (1-60 Pers.); Flaschenetiketten „aus eigener Feder“

Weingut Sonnenhof
Kaiserberg 13a; Tel. 06341-61225
www.weingut-hochdoerffer.de
Wird etwa 1955 ein reines Weingut, 1967 Umzug an d. Ortsrand. Es leitet alles Gerhard Hochdörffer + Tochter Sabine (seit 2004) + deren Partner Matthias Dollt.
Flaschenwein: seit 1974
Reblagen (12,5 ha): Nußdorf
Reben (50% weiß) / Spezialität: Riesling, Weiß- u. Spätburgunder; künstler. Flaschenetiketten
Wein-Preisspanne 2011: 3,10 - 12,80 €
Vinothek; Weinprobe (1- 16 Pers.)

Weingut Herbert Schreiber
Kaiserberg 15; Tel. 06341-60170
Weingut am Ortsrand.
Weinprobe (1-50 Pers.)

Weingut Eugen Wambsganß
Kirchhohl 10-12; Tel. 06341-61990
www.eugen-wambsganss.de
„Wambsganß“ - d. Gans auch im Etikett, d. Weingut gründet Eugen 1953. 1990 übernehmen Tochter Iris + Ehemann Klaus Estelmann u. erweitern. Eingestiegen ist Sohn Christian.
Reblagen (13 ha): Nußdorf; Walsheim; Godramstein
Spezialität: Etiketten von Karlheinz Zwick, Riesling trocken, Rieslaner Auslese, Barrique-Rotweine
Wein-Preisspanne 2011: 3,50 - 20 €
Verkauf (Mo-Fr 9-19 Uhr, Sa 9-17 Uhr); **Weinstube Rebstöckl** (Nußdorfer Weg 32, Landau)

Martinshof - Weingut Martin Heupel
Kirchhohl 20; Tel. 06341-61246
www.martinshof-heupel.de
Das Weingut leiten Martin + Claudia Heupel.
Reblagen: Nußdorf
Spezialität: Weiß- u. Grauburgunder
Wein-Preisspanne 2011: 3,20-11,70 €
Verkauf (Mo+Mi-Fr ab 13.30 Uhr, Sa 9-16 Uhr); FeWo

Weingut Estelmann
Kirchstr. 15; Tel. 06341-61569

Wolfgang + Susanne Pfaffmann
Kirchstr. 55; Tel. 06341-62879
www.wolfgang-pfaffmann-weine.de
Hier werden Interessierte zur Handlese im Herbst eingeladen, auch Kinder dürfen mittun. Susanne Pfaffmann, Kunsthistorikerin, unternimmt auch Kunstführungen in d. Pfalz.
Reblagen: Nußdorf
Spezialität: Burgunderweine, Muskateller, Sauvignon Blanc
Wein-Preisspanne 2011: 5 - 12 €
Verkauf (Mo-Fr 8-12 Uhr, Sa 9-15 Uhr;
Gästezimmer; Kochkurse (auch f. Kinder; Slow Food)

Weingut Theobald Pfaffmann (Haus d. trockenen Weine)
Lindenbergstr. 36; Tel. 06341-969187
www.vinopan.de
Theobald + Ehefrau Hildegard gründen 1983 ihr Haus der trockenen Weine. 2008 steigt Sohn Thomas ein.
Flaschenwein: seit etwa 1989
Reblagen (8 ha): Nußdorf
Spezialität: Auxerrois, Pan-Noir, Pan-Pinot, Sekt brut
Wein-Preisspanne 2011: 4,50 - 53 €
Verkauf (Mo-Fr 9-13 + 15-19 Uhr, Sa 9-18 Uhr);
Weinprobe (10-160 Pers.); Gästezimmer; Rebstock-Patenschaften

Kernlinghof
Lindenbergstr. 60; Tel. 06341-62892
www.Kernlinghof.de
Ludwig Hochdörffer findet 1974 d. Kernling zwischen Kerner-Reben (Zuchtstammnummer 13A80 nach d. Geburtstag von Sohn Philip).
Reblagen (18 ha)

Hochdörffers Weingut
Lindenbergstr. 79; Tel. 06341-649630

www.weingut-h-m-hochdoerffer.de
Gutsweine, weitläufiges Anwesen fast außerhalb von Nußdorf von Lieselotte + Ehemann Hans M. Hochdörffer. Die Söhne Martin (Vinifikation) + David (Außenbetrieb) sind eingestiegen, Tochter Anna ist Pfälz. Weinkönigin 2012.
Reblagen (28 ha)
und **Weingut Villa Hochdörffer** (Tel. 06341-6496320; www.weingut-villa-hochdoerffer.de): Gründung 1985 von der ehem. Weinkönigin Lieselotte Hahn-Hochdörffer f. Premiumweine; viel Handarbeit.
Reblagen (12 ha)
Verkauf (tgl. 8-18 Uhr); Weinprobe (2-90 Pers.); Gästehaus mit gr. Saal zum Feiern

Weingut Emil Bauer & Söhne
Walsheimer Str. 18; Tel. 06341-61754
www.bauerwein.de
Emil Bauer stellt nach 1945 von Landwirtschaft auf Weinbau um. Mit Oechsle-Weltrekord 1971 (326° Oechsle bei d. Siegerrebe), d. „Wein", zäh wie Sirup, kann besichtigt werden. Man baut schon 1990 im Versuchsanbau Cabernet Sauvignon an.
Flaschenwein: seit 1948
Reblagen (25 ha): Nußdorf; Essingen; Birkweiler u.a.
Spezialität: Burgundersorten
Wein-Preisspanne 2011: 4 - 18 €
Verkauf (Mo-Sa 9-18 Uhr, So 9-13 Uhr); Gutsausschank (Sa+So im Okt.)

Einkehrtipps

Villa Delange: Lindenbergstr. 30; Tel. 06341-676740 / www.villa-delange.com (Gästehaus im ehem. Winzerhof mit verziertem Erker + Weinlounge einmal pro Jahr)

Landhaus Herrenberg: Lindenbergstr. 72; Tel. 06341-60205 / www.landhaus-herrenberg.de (Hotel, Wein vom St. Annagut, Burrweiler u.a.; Wintergarten Restaurant Mi-So ab 18 Uhr; Wein- u. Bierstube mit Terrasse Mi-So ab 17 Uhr)

Queichhambach (Ortsteil von Annweiler am Trifels)

Wein & Sehenswert

8. Längengrad (Queichtalstr./L 490): Rastplatz

Einkehrtipp

Wirtshaus im Fronhof: Queichtalstr. 40; Tel. 06346-929176 / www.wirtshaus-im-fronhof.de

Rhodt unter Rietburg (Verbandsgem. Edenkoben)

Fremdenverkehrsverein im Durlacher Hof: Weinstr. 44; Tel. 06323-980079 / www.rhodt.de

Wein & Sehenswert

Ältester Weinberg der Welt (Edesheimer Str.): vom Weingut Oberhofer (Edesheim, Am Linsenberg 1)

Durlacher Hof (Weinstr. 44): Amtshaus d. Markgrafen von Baden-Durlach, heute: Fremdenverkehrsverein

Theresienstraße: als Allee gesäumt von Rosskastanien, alte Torbögen führen in Höfe; führt aus Rhodt hinaus zum Schloss Ludwigshöhe, am Ortsrand steht e. Holzkelter (18. Jh.)

Schlössel (Weinstr. 87; erbaut 1780): Adventsausstellung zur Weihnachtszeit u.a.

Nebenius-Haus (Weinstr. 60; erbaut 16.-18. Jh.): ehem. badischer Amtshof

Barockes Kelterhaus (Weinstr. 20; erbaut 1745)

Südländ. Früchtegarten (Gartenstr.)

Ev. Kirche (Herrengasse 1; erbaut 1720-22)

Burgruine Rietburg (erbaut 13. Jh.)

WeinTestival & KunstFestival (April): Kunst in d. Weingütern, mit Traminerprobe im Durlacher Hof

Heimat- u. Blütenfest (Pfingsten): offene Winzerhöfe, sehr beliebt

Fest d. neuen Weins (Sept.): offene Winzerhöfe, Musik, überregional beliebt

Weingüter

Weingut Heinrich Krieger
Edesheimer Str. 7; Tel. 06323-5411
www.weingut-krieger.de
Familienweingut von Ulrike (pfälz. Weinkönigin 1966) + Heini Krieger u. Barbara + Uwe Krapp.
Flaschenwein: seit 1970er Jahre
Reblagen: Rhodt
Spezialität: Eiswein mit bes. Etiketten, Secco M, dt. Perlwein, Bukettsorten
Verkauf (Mo-Sa 8-12 + 13-18 Uhr, So 8-12 Uhr); Weinprobe (5-30 Pers.); Gästehaus

Weingut Stefan Meyer
Edesheimer Str. 17; Tel. 06323-2348
www.meyer-rhodt.de

Das Weingut übernimmt Stefan Meyer 2007 vom Vater.
Reblagen: Rhodt
Spezialität: Riesling „Eigensinn"
Gästezimmer

Weingenossenschaft Rietburg
Edesheimer Str. 50; Tel. 06323-949920
www.rietburg.de
Seit 2011 mit Moselland eG. fusioniert.
Reblagen (400 ha, 300 Mitglieder)
Weinladen (Mo-Fr 9-12 + 13-17.30 Uhr, Sa 9-16 Uhr)

Weingut Seelos
Theresienstr. 1; Tel. 06323-2676
www.weingut-seelos.de
Familienweingut, erbaut um 1800.
Reblagen: Weyher; Rhodt; Kleinfischlingen
Lieblingswein: Spätburgunder
Spezialität: Gewürztraminer
Wein-Preisspanne 2011: 3,50 - 5,50 €
Verkauf (Mo-Do 17-18.30, Fr-Sa 10-18, So 10-14 Uhr); **Straußwirtschaft Zum Weinbauer** (Sept.-Okt.); Gästehaus

Winzerhaus Fleischmann-Krieger
Theresienstr. 22; Tel. 06323-81372
www.fleischmann-krieger.de
Reblagen (16 ha): Rhodt u.a.
Weinprobe im alten Winzerhaus; **Kriegers Vinorant** (Restaurant; im Eingang ersetzte man d. alte Tor zum Kelterhaus durch Glas + Metall; Do+Fr ab 17 Uhr, Sa+So ab 11.30 Uhr; Sept.-Okt. auch Di-Mi offen)

Weingut Fader - Kastanienhof
Theresienstr. 62; Tel. 06323-5193
www.weingut-fader.de
Carl Fader aus Baden heiratet 1780 in Rhodt e. Winzertochter. Heute leiten d. Weingut Karl-Heinz + Sohn Knut Fader (Ehefrauen Hedwig + Heike).
Flaschenwein: seit 1970er Jahre
Reblagen (15 ha): Rhodt; Edenkoben; Godramstein
Reben (70% weiß) / Spezialität: Gewürztraminer
Verkauf (Mo-Sa 8-12 + 13-18 Uhr, So 9-12 Uhr)

Weingut Krieger
Theresienstr. 71; Tel. 06323-4370
www.weingut-thorsten-krieger.de
Bis in d. 1950er Jahre bestimmen Fassweinverkauf + Tätigkeit als Kommissionäre d. Leben. Mit Jg 2001 übernimmt Sohn Thorsten u. macht alles anders.
Reblagen (13 ha): Rhodt
Gutsausschank im alten Kelterhaus (Sept.-Nov. Di-So ab 12 Uhr)

Weingut Klaus Meyer
Theresienstr. 80a; Tel. 06323-93233
www.weingut-meyer.com
1987 beginnen Dorit + Klaus Meyer. Sohn Marius wird mit 19 Jahren „Bester Jungwinzer" (Schlepperfahren, Sensorik, Marketing ...).
Reblagen (9 ha): Rhodt; Edenkoben
Verkauf (Mo-Sa 14-18 Uhr, So 10-12 Uhr);
Weinstube Meyer (Tel. -5244; Febr.-März Sa ab 17 Uhr, So ab 16 Uhr; sonst Do-So)

Weingut Harteneck
Weinstr. 42; Tel. 06323-2912 / www.harteneck.de
Verkauf (So 10-12); **Weinstube** (verpachtet)

Weingut Seitz-Schreiner
Weinstr. 52; Tel. 06323-989490
www.weingut-seitz-schreiner.de
Seit 1973 führen Lieselotte Seitz-Schreiner + Josef Schreiner d. Gut.
Flaschenwein: bereits Beginn 20. Jh.
Reblagen: Rhodt
Verkauf (Mo-Sa 8-12 + 13-18 Uhr, So/Fei 10-12 Uhr); Rhodter Piff (Glas mit Urkunde)

Weingut-Weinstube Hotel Waldkirch
Weinstr. 53; Tel. 06323-5825
www.weingut-waldkirch.de
Renaissance-Torbogen, Innenhof mit Kopfsteinpflaster, Feigenbaum, Tische mit karierten Decken - all das leitet Gerhard Waldkirch.
Reblagen (9,5 ha)
Reben (65% weiß)
Weinprobe (1-30 Pers.); **Weinstube** im alten Kelterhaus (Tel. -7053; www.weinstube-waldkirch.de; Mo-Mi + Fr ab 17, Sa+So ab 12 Uhr; Juli-Okt. tgl. ab 12 Uhr); Hotel

Einkehrtipps

Theresienhof: Theresienstr. 46; Tel. 06323-9493780 www.theresienhof-rhodt.de (Torbogen von 1599, d. Haus ließen sich reiche Handelsleute errichten; Weinstube mit Kamin; Do-So ab 17 Uhr; Gästezimmer)

Alter Kastanienhof: Theresienstr. 79; Tel. 06323-81752 (nette Weinstube, Tische in Hof + Südterrasse, Wein vom Weingut Fader-Kastanienhof (Rhodt, Theresienstr. 62), sehr leckere Speisen; tgl. ab 11 Uhr; Gästezimmer)

Wohlfühlhotel Alte Rebschule: Theresienstr. 200; Tel. 06323-7044-0 / www.alte-rebschule.de (oberhalb von Rhodt in der ehem. Rebschule; mit **Gasthaus Sesel**, urig, Tel. -704456; Mo-Fr 12-14.30 + 17.30-22 Uhr, Sa+So 12-22 Uhr; **Restaurant Alte Rebschule**, feinste Genüsse + edle Pfälzer Weine, Panoramaterrasse + lichtdurchflutete Räume; tgl. ab 18 Uhr)

Gasthaus Rhodter Adler: Weinstr. 10; Tel. 06323-9492770 / www.rhodter-adler.de (erbaut ab 1578 - alte Bögen zum Garten; 10 Zimmer + Restaurant; Nov.-Ostern Do-So ab 17 Uhr, im Sommer Mi-So ab 17 Uhr)

Gasthaus Zur Sonne: Weinstr. 39; Tel. 06323-2132 sonne-dabasi.de (italien. Küche; Mo-Di + Do-Sa 11.30-14.30 + 17.30-22.30; So 11.30-22.30 Uhr)

Café Eyer: Weinstr. 41; Tel. 06323-989877 (Di-Sa 7.30-18 Uhr, So 10-18 Uhr)

Roschbach (Verbandsgem. Edenkoben)

Wein & Sehenswert

Kath. Kirche (St. Sebastian; Hauptstr. 33): spätgot. Turm (von etwa 1500)

Weinfest (Juli)

Weingüter

Weingut Argus (Heinz + Anja Argus)
Am Rosenkränzel 23; Tel 06323-7907
Weihnachtsmarkt (Nov.); FeWo

Weingut Karlheinz Roth
Hauptstr. 9; Tel. 06323-4003
www.weingut-karlheinz-roth.de

Weinbau Harald Pioth
Hauptstr. 12; Tel. 06323-1891

Weingut Joachim Minges
Hauptstr. 54/55; Tel. 06323-81112

Siebeldingen (Verbandsgem. Landau-Land)

Verkehrsverein: Tel. 06345-3531 / www.siebeldingen.de, tourismus.siebeldingen@gmx.de
... siehe auch „Weinwege genießen in der Südpfalz. Bd. 2"

Wein & Sehenswert

Julius-Kühn-Inst. (www.jki.bund.de): mit Rebenlehrpfad

Simultankirche (St. Quintin; Weinstr. 65)

Galerie Gabriele Sauer (Weinstr. 42; Sa+So 14-18 Uhr; Tel. 06345-1548)

Regent-Nacht beim Fassschlubberfeschd (Juli)

Kulinarische Weinbergswanderung (Sept.; www.sigibaldus-winzer.de): überregional beliebt; „Weinbergsshuttle" zwischen Bergzabern - Edenkoben. „Sigibaldus" = Gemeinschaftsprojekt von 11 Winzern mit Wein aus d. Lage „Im Sonnenschein"

Weingüter

Weingut Dr. Steiner
Johanneshof; Tel. 06345-3664/www.weingut-dr-steiner.de
www.eventlocation-suedpfalz.de
Das Weingut, seit 1963 in d. Reben, zeigt eine Kelter von 1686 beim großzügigen mediterranem Park. Georg Steiner platziert es 1989 (5 ha) neu im damals schrumpfenden Markt. Fördermitglied bei Bioland.
Reblagen (17 ha): Siebeldingen; Birkweiler; Frankweiler
Spezialität: Sauvignon Blanc, Muskateller, Rotweincuvées, Künstleretiketten (Fritz Föttinger)
Wein-Preisspanne 2012: 3,50 - 16,50 €
Verkauf (Mo-Fr 9-12 + 14-18 Uhr, Sa 9-13 Uhr, Mi-Nachm. geschl.); Weinproben (1-150 Pers.);
Gutsausschank (Apr.-Okt. Do-Sa ab 14 Uhr, So/Fei ab 12 Uhr); Hoffeste mit Kultur, so im Juni (Johannesfeuer) + „Classic meets Weinberg" (mit klass. Musik)

Wein- u. Sektgut Wilhelmshof
Queichstr. 1; Tel. 06345-919147
www.wilhelmshof.de
1949 füllt Wilhelm Jung wegen des bes. Jahrgangs Weine in Flaschen. 1975 übernehmen Tochter Christa Roth-Jung + Ehemann Herbert Roth alles. Herbert liebt Sekt, der Sekt sticht bei e. Blindprobe im Fernsehen berühmte Champagnerhäuser aus! Man lockt mit Kunst, Jazz, Kammermusik, Käse. 2005 steigen Tochter Barbara Roth + Ehemann Thorsten Ochocki ein. Die Sekte seien „so gut,

dass sich die Franzosen ärgern" steht in d. Presse.
Flaschenwein: seit 1949
Reblagen (17 ha): Siebeldingen; Frankweiler
Reben (71% weiß) / Spezialität: Sekt
Wein-Preisspanne 2011: 5,50 - 19 €
Verkauf (Mo-Fr 8-12 +13-18 Uhr, Sa 9-17 Uhr); Weinprobe (1-60 Pers.); Siebeldinger Kunstwoche mit Musik (um Fronleichnam); Hoffest (Sept.)

Weingut Feitig-Richter
Weinstr. 52; Tel. 06345-8961 / www.feitig-richter.de
Familienbetrieb, Bioland seit 1989.

Weingut Ökonomierat Rebholz
Weinstr. 54; Tel. 06345-3439
www.oekonomierat-rebholz.de + www.fuenf-winzer.de
Ökonomierat Eduard Rebholz (†1966) erdenkt e. Wein „Typ Rebholz", ihn stören d. gesüßten Tropfen. Seit 1978 führt alles Hansjörg Rebholz + Ehefrau Birgit (3 Kinder). Wird 1991 zus. mit Dr. Wehrheim aus Birkweiler d. 1. Weingut d. Südpfalz im VDP.
Reblagen (19 ha): Siebeldingen; Birkweiler; Albersweiler Latt (Eduard bepflanzte 1947 d. steile Parzelle mit Gewürztraminer, für d. alte Pergola-Erziehung wurde um 1990 d. Holzaufbau komplett erneuert); Godramstein
Reben (85% weiß) / Spezialität: trockene Weine

Weingut Juliushof (Fam. Fritz Klein)
Weinstr. 84; Tel. 06345-2760

JKI - Institut für Rebenzüchtung Geilweilerhof
Geilweilerhof; Tel. 06345-41-114
www.jki.bund.de
Bundesforschungsinst. f. Kulturpflanzen (Rebenzüchtung + Pflanzenschutz im Weinbau), gegr. 1926 in e. alten Klostergut des Klosters Eußerthal, z.T. Bio.
Reblagen: Siebeldinger Mönchspfad (Alleinbesitz)
Reben: Pilzwiderstandsfähig wie Regent, Felicia, Reberger
Wein-Preisspanne 2011: 3 - 12 €
Verkauf (Mo-Do 8-12 + 13-16 Uhr, Fr 9-12 Uhr); Weinprobe im Zuchtweinkeller (Aug.); Rebenlehrpfadführung (Mai-Okt. am 1. Mi im Monat 15 Uhr); Weinforum mit Regent-Nacht (Juli); Tag d. offenen Tür (Sept.)

Einkehrtipps

Kanalmühle Siebeldingen: Heerstr. 16; Tel. 06345-1821 www.Kanalmuehle-Siebeldingen.de.vu (Mühle von 1859 am Albersweilerer Kanal. Mit d. Bau der B10 wird d. Kanal zugeschüttet, d. Mühle verliert ihr Wasser; heute Wein- u. Bierstube; Mi-Sa ab 18 Uhr, So/Fei ab 16 Uhr)

Landgasthaus Sonnenhof: Mühlweg 2; Tel. 06345-3311 www.soho-siebeldingen.de (Villa, erbaut um 1900 als Weingut mit Gästezimmern; südpfälzer Spitzen-Weine; Fr-So 12-14 + 17.30-22 Uhr, Mo-Mi 17-22 Uhr)

Speyer

Tourist-Information: Maximilianstr. 13;
Tel. 06232-142392
www.speyer.de; touristinformation@stadt-speyer.de

Wein & Sehenswert

Historisches Museum d. Pfalz Speyer (Domplatz 4; seit 1910; www.museum.speyer.de): darin auch e. Weinmuseum mit Ruländerecke + Römerwein; fulminante Sonderausstellungen

Dom (Domplatz; erbaut ab 1030 als größtes roman. Bauwerk d. Welt): UNESCO-Weltkulturerbe seit 1981

Altpörtel (Maximilianstr.): Stadttor - 55m hoch; im 1. OG e. Ausstellung über d. Geschichte d. Speyerer Stadtbefestigung (Apr.-Okt. Mo-Fr 10-12 + 14-16 Uhr; Sa/So 10-17 Uhr)

Judenhof (Kleine Pfaffengasse 21; Apr.-Okt. tgl. 10-17 Uhr, Nov.-März Di-So 10-16 Uhr; Tel. 06232-291971): mit Museum SchPIRA, Synagoge, Mikwe; J.J. Becher-Haus (www.johann-joachim-becher.de); Martin-Greif-Gedenkeinrichtung u.a.

Archäolog. Schaufenster (Gilgenstr. 13; Di-So 11-17 Uhr): Landesarchäologie mit „Gläserner Werkstatt". Vorplatz mit nachgebauten Giebelwänden röm. Streifenhäuser

Ev. Dreifaltigkeitskirche (Große Himmelsgasse 4; erbaut ab 1702): lutherische Stadtkirche

Ev. Gedächtniskirche (Bartholomäus-Welz-Platz 1; erbaut ab 1893; Mo-Sa 10-12 + 14-17 / 18 Uhr): Hauptkirche d. Protestanten in d. Pfalz; erbaut zur Erinnerung an d. Speyerer Protestation auf d. Reichstag 1529

Kath. Kirche (St. Joseph; Gilgenstr. 17; erbaut 1912/14): ist nach d. Dom Speyers 2. kath. Pfarrkirche

Feuerbachhaus (Allerheiligenstr. 9; erbaut um 1800; Di-Fr 16-18 Uhr, Sa+So 11-13 Uhr, im Juli nur Sa-So; www.feuerbachaus.de): Ausstellung zur Familie Feuerbach, Barockgarten, Studienbibliothek, Archiv

Purrmann-Haus (Kleine Greifengasse 14; Di-Fr 15-17; Sa+So 11-13 Uhr): Bilder d. Malerehepaars Hans Purrmann + Mathilde Vollmoeller-Purrmann; Archiv

Kulturhof Flachsgasse (Flachsgasse 3; Di-So 11-18 Uhr): Ausstellungen d. Kunstvereins (www.kunstverein.speyer.de) + Städtische Galerie

Sophie de La Roche-Gedenkraum (Maximilianstr. 99; März-Dez. Mo-Fr 10-17 Uhr, Sa 10-16 Uhr): Schriftstellerin Sophie de La Roche lebte hier 6 Jahre

Technikmuseum Speyer (Am Technikmuseum 1; Mo-So 9-18 Uhr; www.technik-museum.de)

Sea Life - Großaquarium (Im Hafenbecken 5; tgl. ab 10 Uhr; www.sealife.de): „eintauchen" in tropische Gewässer

Speyrer Altstadtfest (Sept.)

Speyrer Weinprobe (Okt.): Weinverkostung, Stände auf d. Maximilianstraße

Weinhandel + Einkehrtipps

Feuerbachhaus Weinstube: Allerheiligenstr. 9; Tel. 06232-70448 / www.feuerbachhaus.de (regionale Gerichte, feine Weine; Di-Fr ab 16 Uhr, Sa 11-14 + ab 17 Uhr, So 11-14 Uhr)

Zum Domnapf: Domplatz 1; Tel. 06232-606686 www.domnapf.de (nach Zerstörung 1689 wird d. Anwesen 1710 neu gebaut für d. Domglöckner; heute: Wein von Weingut Altes Schlösschen (St. Martin, Maikammerer Str. 7); Mo-So 11 - 23.30 Uhr)

Café Bistro Cristo: Herdstr. 5; Tel. 06323-6729551 www.cristo-speyer.de (Geburtshaus d. Heimatdichterin Lina Sommer; Di-Sa ab 11 Uhr, So 9-23.30 Uhr)

Restaurant Dreierlei: Holzstr. 4; Tel. 06323-76423 www.restaurant-dreierlei.de (dt., italien., indische Küche; Mo-So ab 11 Uhr)

Bar-Restaurant Philipp eins: Johannesstr. 19; Tel. 06232-78400 / www.philippeins.de (mit Innenhof, erbaut vor 1529; Di-Sa ab 18 Uhr)

Backmulde: Karmeliterstr. 11-13; Tel. 06232-71577 www.backmulde.de (Hotel + Restaurant mit edler Weinkarte - Winzer der Region; Di-Sa mittags+abends, So mittags)

Weinstube Eulenspiegel: Kleine Pfaffengasse 23; Tel. 06232-77599 (erlesene Pfälzer Weine; Mo-Fr ab 17.30 Uhr, Sa 11-15 + ab 17.30 Uhr)

Kardinal2: Korngasse 7; Tel. 06232-699188 www.kardinal2.de (Kunst, VDP-Spitzenweine, Restaurant, pfälz.-mediterrane Küche, Freisitz mit Blick auf Dom; So-Fr ab 11 Uhr, Sa ab 10 Uhr)

Weinstube Schwarzamsel: Korngasse 18; Tel. 06232-6865580 / www.weinstube-schwarzamsel.de („Pälzer Woi", runder Tisch f. alle Gäste; Sa 11-14.30 + ab 18 Uhr, So ab 17 Uhr; Di-Fr ab 18 Uhr)

Restaurant Paparazzi: Ludwigstr. 2; Tel. 06232-687359 www.paparazzi-sp.de (Im Wittelsbacher Hof (erbaut 1708/09; Keller von vor 1689) gibt's heute e. kulinarische Oase, idyllische Sommerterrasse, Weine z.B. vom Römergut Moll (St. Martin, Totenkopfstr. 48); tgl. 18-24 Uhr, im Sommer auch mittags)

Tor zur Pfalz: Maximilianstr. 7-9; Tel. 06232-602120 www.torzurpfalz.de (Hotel, großzügige Vinothek; Mo-Sa 10-18 Uhr, Do 10-20 Uhr)

Ratskeller: Maximilianstr. 12; Tel. 06232-78612 www.ratskeller-speyer.de (Wein in breiter Auswahl; Di-So 11.30-14.30 Uhr + Di-Sa ab 17.30 Uhr)

Zum Alten Engel: Mühlturmstr. 7; Tel. 06232-70914 www.zumaltenengel.de (Engel altern nie, so trägt d. Wirtschaft „Alter Engel" e. merkwürdigen Namen. Sie entführt d. Gast nach unten in d. alten Keller mit Kirchengestühl. Viel Wein aus d. Südpfalz; Sommer Mo-Sa ab 18 Uhr; Winter tgl. ab 18 Uhr)

Weinkontor Schwarz
Mühlturmstr 24; Tel. 06232-77566
www.weinkontor-schwarz.de
Wein aus d. Pfalz u. aller Welt (Mo-Fr 10-12.30 + 14-18.30 Uhr, Sa 10-14 Uhr)

Gasthaus Zum Halbmond: Nikolausgasse 4; Tel. 06232-676880 / www.halbmond-speyer.de (1702 für d. Fährmann neu gebaut; besterhaltenes Zierfachwerkhaus d. Speyerer Altstadt! Dt. Küche, Bio- u. Allergiker-Gerichte; tgl. 11 - 23 Uhr, Mo nur ab 18 Uhr)

Weinberg im Frühling

St. Martin (Verbandsgem. Maikammer)

Büro f. Tourismus: Kellereistr. 1; Tel. 06323-5300
www.maikammer.de (in dieser Kellerei mussten einst d. Untertanen ihren Weinzehnt abliefern; das alte Kelterhaus dient nun als Kulturscheune; Mo-Fr 9-12 Uhr)

Wein & Sehenswert

Heimatmuseum (Bergstr. 35): im Haus d. St. Martiner Musikerfamilie Kiefer (Aug.-Nov. So 14-18 Uhr)

Kropsburg (erbaut Anfang 13. Jh.-1689)

Kath. Kirche (St. Martin; Kirchstr. 12; 19. Jh.): Grabmal derer von Dalberg, Kirchenmauer mit St. Martin (1725)

Alter Zehnthof (Edenkobener Str. 5; erbaut 1608): Renaissance-Torbogen

Schloss d. Adligen Hund von Saulheim (Maikammerer Str. 5/7; erbaut um 1575): im Hof 2 Treppentürme, Wirtschaftsgebäude mit Kelterhalle auf Steinsäulen

Försterei d. Hund von Saulheim (Mühlstr. 27; erbaut um 1740)

Wein- u. Steinlehrpfad: 2005 pflanzte man e. histor. Wingert (Rebsorte Malenga; www.weinbauverein-sankt-martin.de)

Jungweinprobe (Mai): im ehem. Nato-Bunker mit Spitzenweingütern

St. Martiner Weinweg (Juni; ca. 1,5 km lang): Weinverkostung am Wein- u. Steinlehrpfad, überregional beliebt

Martinus Weinfest (um d. 11. Nov.)

Weingüter

Weingut Alfons Hormuth
Edenkobener Str. 11; Tel. 06323-5309
www.alfons-hormuth.de
Ein Vorfahr der „Hohermuths" segelte mit Christoph Kolumbus nach Amerika u. Georg Hohermuth („Georg von Speyer") wird 1530 von Kaiser Karl V. ein Wappen verliehen. 1495 schon lebt Gerichtsherr Jacob Hohermuth in St. Martin, wo es damals d. beste Wasser u. die reinste Luft geben soll. Als Alfons Hormuth 1989 stirbt, übernimmt Sohn Andreas mit 21 Jahren d. Weingut (Ehefrau Tanja; 3 Kinder). Sohn Matthias wird einsteigen. Hier soll sich jeder Kunde zu Hause fühlen.
Reblagen (9 ha): St. Martiner Baron
Spezialität: Frühburgunder, Sauvignon Blanc
Wein-Preisspanne 2011: 3 - 25 €
Weinprobe (1-15 Pers.)

Weingut Winfried Seeber
Edenkobener Str. 31; Tel. 06323-2301
www.weingut-seeber.de
Erwähnt 1732 (Gabriel Seeber). Ökologischer Weinbau ist Lebenseinstellung (Bioland seit 1987).
Reblagen: St. Martin - Baron, Kirchberg; Maikammer; Diedesfeld; Venningen
Spezialität: Cuvée Quadriga, Morio Muskat Sekt trocken, Scheurebe trocken, Morio Muskat trocken
Wein-Preisspanne 2012: 4,10 - 14,90 €
Verkauf (Sa 9-17 Uhr)

Weingut Raabe
Emserstr. 4; Tel. 06323-2117 / www.weingut-raabe.de
Im Adelshof d. Schlichterer von Erfenstein (erbaut 1604) d. Weingut von Joachim Raabe.
Reblagen (32 ha)
Verkauf (tgl. ab 8 Uhr); Weinprobe (2-80 Pers.); Gutsausschank **Alter Gutshof** (Kirchstr. 1; März-3. Advent tgl. ab 11.30 Uhr; Tel. -704956); Gästehaus - Wein steht auf d. Tisch (Tel. -980152)

Weingut Glaser (Markus Glaser)
Friedhofstr. 1; Tel. 06323-2759 / www.weingut-glaser.de
Straußwirtschaft

Weingut Helmut Schreieck
Friedhofstr. 8; Tel. 06323-5415 / www.schreieck-wein.de
Weinbau mit Tradition, geführt von Michael Schreieck.
Reblagen (16 ha): St. Martin; Edenkoben
Reben (zumeist rot)
Verkauf (Mo-Sa 8-18 Uhr, So 9-12 Uhr);
Weinprobe (1-75 Pers.); Gästezimmer

Weingut Alfons Ziegler
Jahnstr. 11; Tel. 06323-5337 / www.weingut-ziegler.de
Gründung 1958 von Alfons Ziegler + Ehefrau Anne; beim Anwesen ein Park mit südländ. Pflanzen.
Flaschenwein: seit 1958
Reblagen (16 ha): St. Martin; Maikammer; Edenkoben; Siebeldingen
Spezialität: Spätburgunder, Sauvignon Blanc
Wein-Preisspanne 2011: 3,70 - 13 €
Verkauf (Mo-Sa 9-18 Uhr); Weinprobe (1-40 Pers.);
Hoffest (alle 3 Jahre); Gästehaus Palatinum

Weingut Stephanshof
Jahnstr. 42; Tel. 06323-980901
www.weingut-stephanshof.de
1. Bioland-Weingut an d. Südl. Weinstr. (1982), von Stephan Kiefer.
Spezialität: Burgundersorten, trockene Weine
Verkauf (Sa 13-17 Uhr, So 9.30-12 Uhr, 1. So im Monat geschl.); Weinprobe (1-35 Pers.); **Straußwirtschaft** (Sept.-Okt. Sa+So/Fei 11-19 Uhr, mit Kuchen); FeWo

Weingut Gebr. Schreieck
Lärchengasse 13+15; Tel. 06323-1231
Verkauf (Tanzstr. 17)

Consulat des Weins - Herrengut St. Martin
Maikammerer Str. 5; Tel. 06323-804425
www.consulat-des-weins.de
Weingut d. Fam. Schneider. In dem Herrenhof von 1587 lebten bis 1604 die Frh. Hund von Saulheim.
Reblagen: St. Martin; Edenkoben; Maikammer
Spezialität: Gutswein, Lagenwein, Terroirwein
Wein-Preisspanne 2011: 3,20 - 9,30 €
Verkauf (Mo-Sa 8-17 Uhr, So 9.30-12 Uhr); Weinprobe (1-40 Pers.); **Hotel Schneider** mit Vinothek Consulat des Weins (Maikammerer Str. 44)
dazu: **vinification ludwigshöhe** in Edenkoben, Villastr. 62; Tel. 06323-804615 (im Cavaliersbau von Villa Ludwigshöhe, gegr. 2001 von Stephan Schneider)
Reblagen (10 ha): St. Martin; Edenkoben
Spezialität: Cuvée-Weine
Wein-Preisspanne 2011: 5,20 - 24,50 €

Altes Schlößchen - Ludwig Schneider GmbH
Maikammerer Str. 7; Tel. 06323-94300
www.altes-schloesschen.de
Auf e. Besitz des Klosters Eußerthal lässt Johann Hund von Saulheim ab 1587 das Schlösschen erbauen. Es gibt noch e. Gewölbekeller aus d. Zeit des Klosters (heute: Gruppenweinproben). Bei Weingutgründer Ludwig Schneider (+ Ehefrau Lydia) geht Fasswein mit d. Pferdefuhrwerk zur Gastronomie. Die 3 Söhne gründen um 1985 e. Erzeugergemeinschaft (auch Trauben anderer Winzer). Heute ist d. nächste Generation dabei: Jochen, Markus + Ralf.
Flaschenwein: nach 1945
Reblagen (80 ha): St. Martiner Baron; Edenkobener Kastaniengarten; Maikammerer Mandelhöhe u.a.
Spezialität: Trockene Elegance-Weine, Barrique-Weine (Carl-Johann-David-Serie)
Verkauf (Mo-Fr 8-18 Uhr, Sa 9-17 Uhr, So 9.15-12 Uhr); Weinprobe im Gewölbekeller (15. Jh.; 1-50 Pers.)

Weingut Rössler-Schneider
Maikammerer Str. 12; Tel. 06323-5075
www.roessler-schneider.de
Ein kleines Weingut übernehmen 1998 Robert Schneider + Ehefrau Priska.
Reblagen (6 ha): St. Martin; Diedesfeld
Verkauf (Sa 8.30-12 + 13-17.30 Uhr)

Weinkontor Ritter von Dalberg
Maikammerer Str. 34; Tel. 06323-2908
www.ritter-von-dalberg.de
Der Winzerverein Ritter von Dalberg zählt heute zur Winzergenoss. Edenkoben (Edenkoben, Weinstr. 130).
Verkauf (Mo-Fr 10-19, Sa 10-17, So/Fei 11-17 Uhr, Neujahr + Weihnachten geschl.); **Ritterstube St. Martin** (pfälz. Küche; Tel. 06323-9492370); Hoffest (Okt.)

Weingut Gernert
Maikammerer Str. 39; Tel. 06323-2794
www.weingut-gernert.de
1851 lässt Ritter von Will (Besitzer d. Kropsburg) dies Anwesen erbauen u. baut dabei den alten Brunnen von d. Burg mit ein. 1934 erwirbt Familie Gernert alles und verkauft ausschließlich Fasswein. Heute leiten alles Thomas + Marvin Gernert.
Flaschenwein: seit 1958
Reblagen: St. Martin; Maikammer
Spezialität: Barrique Cuvees, kräftige Rotweine, bes. Flaschenetiketten f. Melange de Sommelier, Rendévous Chevin
Wein-Preisspanne 2011: 3,20 - 21,10 €
Verkauf (Mo-Fr 9-18, Sa 9-16/18, So/Fei 10-12 Uhr); Weinprobe (1-40 Pers.); **Straußwirtschaft** (Juli-Okt.); Landhotel mit **Das Barrique Gewölbe** (Di-So 12-22 Uhr; www.das-landhotel.de)

Wein-Sekthaus Aloisiushof
Mühlstr. 2; Tel. 06323-2099 / www.aloisiushof.de
Das Weingut gründen 1950 Alois + Rita Kiefer u. ziehen 1980 in dies alte Fachwerkhaus. Heute arbeiten hier Michael, Bernhard + Philipp Kiefer (Ehefrauen Helga, Sabine + Mercedes).
Reblagen (22 ha): St. Martin; Edenkoben

Spezialität: Eiswein, Riesling Ambrosia
Wein-Preisspanne 2011: 3,90 - 35 €
Verkauf (Mo-Sa 9-12 + 13-18 Uhr); Weinprobe (10-30 Pers.); **Straußwirtschaft** im Hof (Mai / Sept.-11.11.); Hoffest (Mai); FeWo

Weingut Edgar Christmann
Riedweg 1; Tel. 06323-94270
www.landhaus-christmann.de
Das Weingut leitet Bernd Christmann, Christine d. Landhaus Christmann.
Weinprobe im Gutsausschank Kabinett (ab 50 Pers.); Weinfest auf d. Pergola (Juli); Weinlese mit Gästen; Übernachten

Weingut Seeber - Vinofactur
Totenkopfstr. 44; Tel. 06323-989993
www.vinofactur.de
Familienbetrieb von Alfons Seeber + Ehefrau Christine.
Reblagen: St. Martin; Maikammer; Kirrweiler; Venningen; Diedesfeld
Spezialität: Syrah, Cabernet Blanc (seit 2011)
Wein-Preisspanne 2011: 3,50 - 11,70 €
Verkauf (Mo-So 10-18 Uhr); Weinprobe (2-30 Pers.); **Straußwirtschaft Seeber's Vinofactur** (Mai-Juni / Aug.-Nov. Do-So ab 17 Uhr)

Weingut Gilda Moll
Totenkopfstr. 45; Tel. 06323-81275
www.Weingut-Gilda-Moll.de
Familienbetrieb von Robert + Jürgen Moll.
Reblagen (8 ha)
Verkauf (tgl. bis 18 Uhr); Weinprobe (1-50 Pers.); **Straußwirtschaft Zur Zitadelle** (Mai-Juni / Sept.-Nov. Sa ab 12 Uhr, So/Fei ab 11 Uhr); FeWo

Weingut Adriane Moll
Totenkopfstr. 48; Tel. 06323-94310 / www.roemergut.de
Das Weingut übernehmen um 1995 Adriane + Bruder Christian Moll von d. Eltern. Seit Jg. 2007 Wein aus ökolog. Anbau (Naturland). Christian (Maler) kreiert d. Etiketten, Adriane (Germanistin) benennt d. Wein. Beim „Wingertsberg", den sich d. Natur zurückerobert hatte (d. mechan. Bearb. war dort unmöglich), wird 2011 durch d. Bau von Terrassen moderner Weinbau möglich; d. Weingut erwirbt über 50%, entfernt d. Gestrüpp, beginnt 2011 neue Reben zu setzen.
Reblagen (15 ha; 30 ha zus. mit e. Partnerbetrieb; erste Lagen): St. Martin - Kirchberg (über 50% d. „Wingertsbergs") u.a.; Maikammer; Birkweiler; Edenkoben
Spezialität: schwere, ausgereifte Barrique-Weine, filigrane Weißweine + Blanc de Noirs (bes. Sauvignon Blanc), Semillon (Besonderheit)
Wein-Preisspanne 2012: 4,90 - 19,90 €
Verkauf (Mo-Fr 9-17 Uhr, Sa 10-15 Uhr)

Einkehrtipps

Burgschänke: An der Kropsburg 5; Tel. 06323 - 5924 (Wein aus St. Martin u.a.; Mi-Mo 11-18 Uhr)

St. Martiner Weinhäusel: Hornbrücke 2; Tel. 06323-981387 (mediterrane + vegetar. Küche; Mo-Sa ab 17.30 Uhr, So 11.30-14.30 + ab 17 Uhr; Sept.-Mitte Nov. kein Ruhetag)

Kirchstübel: Kirchstr. 9; Tel. 06323-949131 www.kirchstuebel.de (fantasievolles Essen, hausgebackene Kuchen, regionale Weine; Mi-Do 18-22, Fr-So 12-22; Mitte Sept.-Mitte Nov. Mi-So 12-22 Uhr)

St. Martiner Castell: Maikammerer Str. 2; Tel. 06323-951-0 / www.hotelcastell.de (frz. Küche, Wein vom Weingut Altes Schlösschen (Maikammerer Str. 7); Mi-Mo 12-15 +18-21.30 Uhr)

Weinstube Altes Rathaus: Tanzstr. 9; Tel. 06323-2404 www.altes-rathaus-sankt-martin.de (im alten Rathaus eröffnet d. Wein- u. Sekthof H. Schneider (Maikammerer Str. 48) 1979 St. Martins 1. Weinstube; Di-So 11-14 + 17-22 Uhr)

Boulevard: Tanzstr. 24; Tel. 06323-988254 (Café + Vinothek in d. ehem. Wirtschaft Zum Bären, einer echten Dorfkneipe)

Venningen (Verbandsgem. Edenkoben

Wein & Sehenswert

Dalberger Hof (Dalbergstr. 17)

Kath. Kirche (St. Georg; Hauptstr.; erbaut um 1920)

Rathaus (Hauptstr. 27): Renaissancebau mit Erdgeschoss-halle; Heimatmuseum u.a.

Weinfest (Juli): Wahl des Traubensaft-Prinzenpaars

Weinkerwe (Sept.)

Weingüter

Weingut Wolfgang Bauer
Altdorferstr. 3; Tel. 06323-2734 / www.gutshof-bauer.de
Gutshof Bauers Stuben (deftige Küche; März-Juli Di+So ab 12, Sept.-Nov. tgl. ab 12, Sa/So im Advent ab 12 Uhr)

Jung - Wein- u. Likörgut
Am Mittelweg 14; Tel. 06323-2465
www.weingut-jung-venningen.de
Familienbetrieb (erbaut 2000) mit Christine, Hans-Jürgen, Stephanie + Alexander Jung.
Flaschenwein: ab 2008
Reblagen (ca. 4 ha): Venninger Doktor
Spezialität: Spätburgunder, Liköre
Wein-Preisspanne 2012: 2,80 - 4 €
Verkauf (Mo-Do 13-18.30 Uhr, Sa 9-14 Uhr); Wein-/Likörprobe (3-25 Pers.)

Bioweine Croissant (Fritz Croissant)
Dalbergstr. 1; Tel. 06323-1538
www.bioweine-croissant.com

Weinessiggut Doktorenhof
Raiffeisenstr. 5; Tel. 06323-5505 / www.doktorenhof.de
Georg H. Wiedemann übernimmt das elterliche Weingut u. stößt im Kräuterbuch des Florenz von Venningen auf Rezepte f. Essig. Tochter Cathrin + Neffe Engelbert sind dabei, viel Handarbeit.
Spezialität: Essig aus eigenen Trauben; Etiketten z.T. aus Essiggemälden
Essig-Preisspanne 2011: 9 - 45 €
Verkauf (Mo-Fr 8-16 Uhr, Mi 8-18 Uhr, Sa 9-14 Uhr); Weinessigprobe (15-50 Pers.); Essigpralinen; FeWo

Einkehrtipps

Venninger Käseecke: Appenstr. 15; Tel. 06323-469003 www.venninger-kaeseecke.de (Mi-Mo ab 15 Uhr Café, ab 17 Uhr Käseküche)

Weinstube Marienhof: Edenkobener Str. 18; Tel. 06323-937370 / www.marienhof-venningen.de (liegt einladend am Ortsrand, mediterraner Stil; Do-Di 11-22.30 Uhr) dazu: **Weingut Marienhof** (Hauptstr. 10; Tel. -988766 www.der-marienhof.com; 24 ha Rebfläche)

Weinstube Spiegel: Hauptstr. 13; Tel. 06323-1831 www.weinstube-spiegel.de (Renaissance-Torbogen, gehobene Küche, Wein vom **Weingut Spiegel** (Großfischlingen, Hauptstr. 25); Di-Fr 17-22 Uhr, Sa-So 11-22 Uhr)

Walsheim (Verbandsgem. Landau-Land)

Wein & Sehenswert

Ev. Kirche (Hauptstr. 7): auf dem Walberg bei d. Reben, spätgot. Turm (1723)

Rathaus (Hauptstr.)

Weingüter

Weingut Karl Pfaffmann Erben
Allmendstr. 1; Tel. 06341-61856
www.weingut-karl-pfaffmann.de
Helmut + Sigrid Pfaffmann errichten 1974 e. modernes Anwesen. Sohn Markus (Ehefrau Marion) steigt 1998 ein + seine Schwester Stefanie.
Flaschenwein: seit 1955
Reblagen (60 ha): Gleisweiler; Walsheim; Nußdorf; Knöringen
Reben (70% weiß) / Spezialität: trockene Weine
Verkauf (Mo-Fr 8-12 + 13-18, Sa 9-16, So 10-12 Uhr); Weinprobe (1-25 Pers.)

Wein- u. Sektgut Wambsganß u. Harst
Hauptstr. 8; Tel. 06341-63217
www.wambsganss-harst.de
Einladend in warmen Farben, Weinbau im Nebenerwerb von Holger Wambsganß + Dr. Margit Harst.
Spezialität: Rosenmuskateller (rote Rebsorten-Rarität - Dessertwein, Sekt + Tresterbrand, mit Künstleretikett)

Weingut Heinz Pfaffmann - Kloster Heilsbruck
Hauptstr. 19-25; Tel. 06341-61696
www.pfaffmann-wein.de

Den Familienbesitz, eine Augenweide, leitet Gustav Pfaffmann. Siehe auch Kloster Heilsbruck (Edenkoben, Klosterstr. 170).
Reblagen: Kloster Heilsbruck u.a.
Verkauf (Mo-Sa 9-12 + 13-18 Uhr, So/Fei 10-12 Uhr); Weinprobe (1-100 Pers.)

Einkehrtipp:

Weincafé Schlupfwinkel: Hauptstr. 35; Tel. 06341-649214 / www.weincafe-schlupfwinkel.de (Nov.-März Sa-Mo 17-22, sonst: So 14.30-21, Fr-Sa, Mo 17-22 Uhr)

Friedensdenkmal bei Edenkoben

Weyher (Verbandsgem. Edenkoben)

Wein & Sehenswert

Altes Rathaus (Josef-Meyer-Str. 25; erbaut 1608): Renaissancetreppenturm + Arkadenhalle

Pfarrgartenmauer mit „Guten Hirten" von 1750 (Joseph-Meyer-Str. 20)

Kath. Kirche (St. Peter u. Paul; Kirchgasse 9; erbaut frühes 15. Jh.): im Kirchhof Grabmal Fam. Traitteur

Glockenbrunnen (Parkplatz Modenbachstr.)

Weyherer Weinpanorama (Mai): Weinwanderung, Stände d. Winzer, „schönstes Weinfest 2010"

Weinfest (Sept.)

Kunst und Wein (Herbst): überregional beliebt

Weingüter

Weingut Otmar Graf
Borngasse 7; Tel. 06323-980064 / www.weingut-graf.de
Familienbesitz von Otmar + Ehefrau Doris Graf u. den Söhnen Peter + Jürgen; umweltfreundlich (KUW), mediterraner Garten.
Reblagen (12 ha): Weyher; Rhodt; Burrweiler u.a.
Spezialität: Riesling <E> (Schiefer, Kalkmergel, Granit), Muskateller <E>
Verkauf (Mo-Fr 8-12 + 13-19, Sa 8-18, So 9-12 Uhr); Weinprobe (1-18 Pers.); **Gutsausschank Strohstube** (Sept.-Okt.); Gästehaus

Weingut Lutz
Froelichstr. 1; Tel. 06323-5900 / www.lutz-weine.de
Gregor + Johanna Lutz arbeiten seit 2008 biolog-organisch (Naturland).
Reblagen (14 ha)

Weingut Valentin Ziegler Sohn
Hübühl 9; Tel. 06323-988599 / www.wein.v-z-s.de
Das Weingut gründet 1884 Valentin Ziegler. Heute führen alles Helmut + Barbara Meier, geb. Ziegler. Sohn Georg steigt ein mit Erfolg.
Reblagen: Weyherer Michelsberg
Spezialität: Terroir-Weine
Wein-Preisspanne 2011: 3 - 15 €
Verkauf (Mo-Fr 14-19 Uhr, Sa 9-16 Uhr, Sept.-Okt. ganztägig); FeWo

Weingut Möwes
Hübühl 10; Tel. 06323-5602 / www.weingut-moewes.de

Weyher ...

Das Weingut gründen 1611 die Vorfahren Lutz, es gibt heute am Ortsrand e. Neubau. Rudi + Ehefrau Kläre mit Sohn Michael Möwes führen alles.
Reblagen (rd. 9 ha): Weyher - Michelsberg, Pfarrgarten (Granit - es gibt nur 6 ha in d. ganzen Pfalz); Burrweiler Altenforst (Schiefer!); Rhodt; Hainfeld
Spezialität: Riesling, Gelber Muskateller trocken, Rieslaner
Wein-Preisspanne 2011: 3,40 - 18 €
Verkauf (Mo-Fr 13-19 Uhr, Sa 9-16 Uhr); FeWo

Weingut Kaufmann-Ziegler
Josef-Meyer-Str. 4; Tel. 06323-3255
www.weingut-kaufmann-ziegler.de
Walter Ziegler gründet d. Weingut 1990. Im Herbst trällert im Winzerhof d. kleine „Dorschtel" alle Stunde sein Lied.
Reblagen: Weyherer Michelsberg
Spezialität: Sauvignon Blanc
Wein-Preisspanne 2011: 2,80 - 16,50 €
Gasthaus Zum Löwen mit Übernachten (Josef-Meyer-Str. 1; Tel. -4580; Di-Sa ab 17, So mittags + ab 18 Uhr)

Weingut Ludwig Seiler
Modenbachstr. 3; Tel. 06323-4219
www.weingut-seiler.de
1939 werden d. Trauben noch mit dem Ochsenwagen zur Kelter gebracht, heute wird am letzten Lesetag d. Erntewagen geschmückt. Das Anwesen erbauen Otto + Johanna Seiler 1951. 1989 übernimmt alles Sohn Ludwig (Bioland).
Reblagen (8 ha)
Reben (70% weiß)

Einkehrtipps

Gasthaus Zum Kronprinzen: Josef-Meyer-Str. 11; Tel. 06323-7063 / www.zum-kronprinzen.de.vu (auch vegetar. Gerichte; Mi-Mo 11.30-14 + 17.30-23 Uhr)

Winzerstube: Kirchgasse 19; Tel. 06323-987818 (traditionelle Küche; freundl. Atmosphäre; Sa+So 11.30-22 Uhr, Mo-Mi 11.30-14 + 17.30-22 Uhr, Fr ab 17.30 Uhr)

Ja, bedanken will ich mich

bei den Vielen, die uns halfen und unterstützten, dies Buch so wunderschön entstehen zu lassen. Auf jeden Fall geht mein Dank an all die vielen Weingüter und Einkehrgelegenheiten, die ausführlich meine Fragen beantworteten und die darüber hinaus wertvolle Tipps gaben und uns auch Fotos überließen. Nennen will ich auch die Gemeinden, die die Texte mit zum Teil sehr großem Einsatz prüften und korrigierten. Besonders bedanken will ich mich bei Erwin Unger, Gästeführer im Trifelsland und gebürtig in Gräfenhausen, der einen kritischen Blick auf unseren Weinweg 6 warf und viele nützliche Hinweise gab.

Auch bezüglich der Fotos gab es professionelle Hilfestellung, hier will ich ganz besonders Adnan Al-Karghuli danken, der einige verunglückte Fotos mit viel Geduld und Können zu ihrem Glanz verhalf. Nicht zuletzt halfen mir bei meinen Erkundungstouren die Gespräche unterwegs mit den aufgeschlossenen und hilfsbereiten Pfälzern und Pfälzerinnen.

Ganz vielen Dank dafür!

Mechthild Goetze

Literaturverzeichnis

Becht, M.: **Weinland Pfalz.** - Frankfurt, 2008

Becker, A.: **Die Pfalz und die Pfälzer** / bearb. von O. Bischoff. - Neustadt/Weinstr., 1961

Birnbaum, J. von: **Geschichte der Stadt und Bundesfestung Landau...** - 2. Aufl. - Kaiserslautern, 1830

Blaul, Fr.: **Träume und Schäume vom Rhein.** - Neuausg. - Ludwigshafen, 2007

Blinn, H.: **Fritz Eckerle 1877-1925.** - Landau, 1997

Braun, L.: **700 Jahre Kloster Heilsbruck.** - o.O., 1962

Bronner, Joh. Ph.: **Der Weinbau am Haardtgebirge von Landau bis Worms.** - Heidelberg, 1833 (Der Weinbau in Süd-Deutschland. Bd. 1.)

Carl, V.: **Lexikon der Pfälzer Persönlichkeiten.** - 3. Aufl. - Edenkoben, 2004

Carl, V.: **Pfälzer Sagen.** - Bd. 1-3. - Landau, 1967

Chronik Maikammer-Alsterweiler. - Maikammer-Alsterweiler, 1986

Culmann, H.: **Am romantischen Ufer.** - Pirmasens, 1924

Doerr, L.: **Geschichte von Gleisweiler.** - 1917

Edesheim - Festbuch. Hrsg. anlässl. d. 1200-Jahrfeier... - Edenkoben, 1956

Ehmer, E.: **Bornheim - ein Dorf und seine Geschichte.** Ortschronik. - Bornheim, 2004

Eichelmann, G.: **Eichelmann 2012 Deutsche Weine.** - Heidelberg, 2011

Feyl, R.: **Die profanen Stunden des Glücks.** Roman. - Köln, 1996

Frankweiler, Ortsgeschichte. - Frankweiler, um 1999

Franz, G.: **Weinerträgnisse, Weinpreise, Witterung und Ähnliches mehr in der Gemeinde St. Martin von 1767 bis zur Gegenwart.** - Ludwigshafen, 1927

Graff-Höfgen, G.: **Geschichte des Ruländers.** - Speyer, 2007

Graff-Höfgen, G.: **Vom Ruländer zum Grauburgunder.** - Wiesbaden, 2007

Hebel, Fr. W.: **Pfälzisches Sagenbuch.** - Mannheim, 2006

Hechler, K.; K. J. Ziller: **Festschrift - 1050 Jahre Dammheim.** 960-2010. - Dammheim, o.J.

Hucke, J.: **Südpfalz Weinlesebuch.** - Karlsruhe, 2009

112 Jahre Flurbereinigung in Edesheim 1890-2002. - aus: Edesheimer Heimatpost. 64. 2003 (Dez.)

Klimm, P.: **50 Französische Erinnerungsorte in der Pfalz.** - Mannheim, 2008

Kurpfälzer Jahrbuch 1929. - Heidelberg, o.J.

Laukhard, Fr. Chr.: **Magister F. Ch. Laukhards Leben und Schicksale.** - Bd. 2 [Elektron. Ressource]. - Hamburg, 2011

Lurz, M.: **Die Freiherren von Venningen.** - Sinsheim, 1997

Lurz, M.: **Die Ritter von Venningen. Verwaltung im Amt Kirrweiler.** - Sinsheim, 1996

Mangold, M. F.: **Die Pfalz im Glas.** - Offenbach, 2005

Payne, J.; A. Diel: **Gault Millau WeinGuide Deutschland 2010.** - München, 2009

Die Pfalz am Rhein und ihre Weine. - Neustadt, 1927

Projekt Gutenberg-DE: http://gutenberg-spiegel.de

Raumer, K. von: **Die Zerstörung der Pfalz von 1689...** - München, 1930

Sagen aus Rheinland-Pfalz / hrsg. von R. Schlundt. - 2. Aufl. - München, 1991

Schneider, L.: **Die Molken- und Traubenkur zu Bad Gleisweiler.** - Landau, 1853

Schwarz, A.: **Die Kurpfalz-Sektkellerei Speyer von 1921-1970.** - Speyer, 2007

Seebach, H.; R. Übel: **Zur Geschichte der Südpfalz.** - Bd. 1-3. - Mainz-Gonsenheim, 2004

1000 Jahre Albersweiler- St. Johann 991 - 1991 / H. Ammerich u.a. - Albersweiler, 1991

1200 Jahre Edenkoben / Hrsg. A. H. Kuby. - Mannheim, 1969

1200 Jahre Knöringen. - Knöringen, 1975

1225 Jahre Hainfeld, 781-2006. - Hainfeld, 2006

Über 1200 Jahre Hochstadt / Hrsg. G. Pressler. - Hochstadt, 1982

Weinatlas Deutschland / D. Braatz u.a. - München, 2007

Weinmann, F.: **Drei Kreuze auf dem Feld der Seselschlacht.** - in: Kultmale d. Pfalz. 1975; S.15-17

Wikipedia: http://de.wikipedia.org

Wittner, H. R.: **Schweizer in der Vorder- und Südpfalz.** - Großfischlingen, um 2003

Zipprick, J.: **Fünf Freunde entdecken den Hang zur Vergangenheit.** - in: Brandeins Neuland. Die Südpfalz. 01.2007

Außerdem: Homepage der aufgenommen Gemeinden

Hartmut Hillebrand Verlag

www.weinwege-geniessen.de

Annette Feuchter *Hartmut Hillebrand* *Manfred Urban* *Mechthild Goetze*

Das "Weinwege genießen ..." Team

Annette Feuchter (*1969), Marketing + Vertrieb: "Ich hörte von dem Buch-Projekt und wollte meine Begeisterung von diesen wunderschönen Weinwege genießen-Büchern mit anderen teilen. Nach meinem Dafürhalten sollten Wein- und Naturliebhaber dieses Buch einfach besitzen! Zudem ist es eine Freude, dass ich schon viele gelungene Veranstaltungen mit der Autorin in Buchhandlungen, Bibliotheken und auf Weingütern organisieren und begleiten durfte."

Hartmut Hillebrand (*1956), Verleger + Lektor: Vielleser - liest oft drei Bücher parallel. "Immer wieder genieße ich die netten Anlässe für eine gepflegte Weinprobe!"

Manfred Urban (*1954), Layout + Fotos: Schreinermeister und Wohnraumberater mit viel Sinn für Schönes; "Ich freue mich besonders an der Schönheit der Weinwege genießen-Bücher!"

Mechthild Goetze (*1956), Autorin: „Bei den Weinwege genießen-Büchern kann ich all meine Talente mit Vergnügen entfalten:
Schreiben - schon als Kind schrieb ich meine Lieblingsbücher weiter; Wandern + Radfahren in schöner Umgebung; Geschichten erzählen und meine Zuhörer und Zuhörerinnen fesseln bei den schönen Veranstaltungen.“

Das Buch ‚Weinwege genießen im Kraichgau‘ stellt eine der unbekannteren Weinregionen Deutschlands vor. Auf 180 Seiten wird die wunderschöne Hügellandschaft zwischen Odenwald und Schwarzwald liebevoll portraitiert.
Das attraktiv gestaltete Buch eignet sich nicht nur als Anregung für spannende Ausflüge, es kann ebenso ein optimales Geschenk sein zu einer (oder zwei) Flasche(n) Kraichgau-Wein.

Goetze, Mechthild

Weinwege genießen im Kraichgau

(Hillebrand, Hartmut)
ISBN: 978-3-942512-00-8, gebunden

180 S., zahlr. Fotos, Ktn - 19,5 x 16,2 cm
19,80 Eur (D)